>>> 绿色交通建设与维护丛书

地铁车辆基地及上盖物业开发规划与设计

周秀峰　王亚平　王　未　主编

中国建设科技出版社

北　京

图书在版编目（CIP）数据

地铁车辆基地及上盖物业开发规划与设计/周秀峰，王亚平，王未主编．--北京：中国建设科技出版社，2024.10．--（绿色交通建设与维护丛书）．-- ISBN 978-7-5160-4273-1

Ⅰ.U239.5；F299.275.53

中国国家版本馆 CIP 数据核字第 20248XK218 号

地铁车辆基地及上盖物业开发规划与设计
DITIE CHELIANG JIDI JI SHANGGAI WUYE KAIFA GUIHUA YU SHEJI
周秀峰　王亚平　王　未　主编

出版发行：	中国建设科技出版社
地　　址：	北京市西城区白纸坊东街 2 号院 6 号楼
邮　　编：	100054
经　　销：	全国各地新华书店
印　　刷：	北京印刷集团有限责任公司
开　　本：	787mm×1092mm　1/16
印　　张：	11.5
字　　数：	300 千字
版　　次：	2024 年 10 月第 1 版
印　　次：	2024 年 10 月第 1 次
定　　价：	68.00 元

本社网址：www.jccbs.com，微信公众号：zgjskjcbs
请选用正版图书，采购、销售盗版图书属违法行为
版权专有，盗版必究。本社法律顾问：北京天驰君泰律师事务所，张杰律师
举报信箱：zhangjie@tiantailaw.com　　举报电话：(010) 63567684
本书如有印装质量问题，由我社事业发展中心负责调换，联系电话：(010) 63567692

编委会

主　编　周秀峰（中国铁路设计集团有限公司）
　　　　　王亚平（广州地铁设计研究院股份有限公司）
　　　　　王　未（北京城建设计发展集团股份有限公司）

副主编　李鹏凯（深圳国家高技术产业创新中心）
　　　　　苏文华（广州地铁设计研究院股份有限公司）
　　　　　潘佩君（中交铁道设计研究总院有限公司）
　　　　　胡建国（中铁第六勘察设计院集团有限公司）

编　委　任景雷（中国建筑西南设计研究院有限公司）
　　　　　周　勇（广州地铁设计研究院股份有限公司）
　　　　　李　进（中铁十局集团城市轨道交通工程有限公司）

前　言

地铁车辆基地是地铁列车检修、整备、停放和乘务基地，是地铁工务、建筑、供电、通信、信号、综合监控、自动售检票以及机电设备等系统的管理和维修基地，是地铁运营物资的仓储物流基地，以及地铁教育培训基地。根据需要，地铁车辆基地还可设置地铁公安分局或派出所、控制中心、档案馆、文体活动中心等设施。

随着城市土地资源的日益紧张，地铁车辆基地建设发展呈现出两种趋势：一是利用地铁车辆基地上部空间进行物业综合开发，这种方式越来越受到当地政府及地铁公司的青睐，开发带来的经济效益越来越大，特别是在寸土寸金的一线城市；二是由于土地稀缺，车辆基地选址困难，被迫采用地下、半地下布置的案例越来越普遍。这些变化带来了建筑、结构、消防、交通、环保等方面的诸多新问题，进一步加大了车辆基地的规划与设计难度。

车辆基地上盖物业开发和地下、半地下布置形式，给地铁作业环境带来了较大的负面影响，而地铁车辆基地的线路及厂房布置又限制了上盖物业建筑布置的灵活性。这些情况直接影响业态、建筑高度、户型等地产开发的核心要素。车辆基地列车运行及车间起重机等设备工作时产生的振动和噪声，对物业开发的品质也有不利影响。这就要求地铁车辆基地及上盖物业在规划设计时，需要综合考虑地铁使用功能和物业开发的利益诉求。

本书结合国内一些典型的实践案例，介绍了地铁车辆基地及上盖物业开发规划与设计的相关内容，以期为相关专业学生及从业人员提供参考。全书共八章，包括绪论、地铁车辆基地规划设计、地铁车辆基地上盖物业开发模式与总体规划、地铁车辆基地上盖物业的空间形态与功能结构、地铁车辆基地上盖物业的交通组织设计、上盖地铁车辆基地建筑设计、上盖地铁车辆基地消防设计、上盖地铁车辆基地结构设计等内容。

本书在编写过程中参阅、引用了国内外的一些参考文献资料，在此向原著（编）者表示衷心感谢。由于作者水平有限及相关技术的快速发展，书中难免有疏漏和不足之处，恳请广大读者批评指正。

编　者
2024.6

目 录

1 绪论 ·· 1
   1.1 车辆基地基本知识 ··· 1
   1.2 我国地铁车辆基地上盖物业开发的起源、发展与实践 ····························· 4
   1.3 我国地铁车辆基地上盖物业开发的必要性、利弊与存在问题 ·················· 9

2 地铁车辆基地规划设计 ·· 15
   2.1 车辆基地规划 ·· 15
   2.2 车辆基地设计 ·· 20

3 地铁车辆基地上盖物业开发模式与总体规划 ··· 36
   3.1 上盖物业开发模式 ··· 36
   3.2 上盖物业开发总体规划 ·· 47

4 地铁车辆基地上盖物业的空间形态与功能结构 ··· 52
   4.1 上盖物业的空间形态 ··· 52
   4.2 上盖物业的功能结构 ··· 60

5 地铁车辆基地上盖物业的交通组织设计 ·· 73
   5.1 地铁车辆基地上盖物业交通组织设计的特点、目标与原则 ···················· 73
   5.2 上盖物业交通组织设计要点 ··· 76
   5.3 相关问题与策略研究 ··· 83

6 上盖地铁车辆基地建筑设计 ·· 88
   6.1 设计原则及技术标准 ··· 88
   6.2 建筑节能设计 ·· 90
   6.3 上盖地铁车辆基地建筑设计案例 ·· 91

7 上盖地铁车辆基地消防设计 ·· 100
   7.1 概述 ··· 100
   7.2 防火分区及消防道路 ··· 102
   7.3 建筑防火 ·· 105

  7.4 消防系统设计……………………………………………………… 106

8 上盖地铁车辆基地结构设计 ………………………………………… 110

  8.1 结构平面布置与竖向布置 ……………………………………… 110
  8.2 结构设计标准与设计步骤 ……………………………………… 114
  8.3 基础设计 ………………………………………………………… 132
  8.4 节点设计 ………………………………………………………… 139
  8.5 预留工程设计 …………………………………………………… 153
  8.6 超限结构抗震设计 ……………………………………………… 160

参考文献 ……………………………………………………………………… 173
后记 …………………………………………………………………………… 175

1 绪 论

1.1 车辆基地基本知识

1.1.1 车辆基地相关名词解释

1. 地铁车辆基地

地铁车辆基地是地铁系统的车辆停修和后勤保障基地，是以车辆停放、检修和日常维修为主体，集中车辆段（停车场）、综合维修中心、物资总库、培训中心及相关的生活设施等组成的综合性生产单位。

2. 车辆段

车辆段是停放车辆，以及承担车辆的运用管理、整备保养、日常检查和承担车辆定修任务的基本生产单位。

3. 停车场

停车场是停放配属车辆，以及承担车辆的运用管理、整备保养、日常检查的基本生产单位。

4. 检修修程

根据车辆状况和寿命周期所确定的车辆检查、修理的等级。

5. 检修周期

相邻两次同等级检修的运用里程或时间间隔。

6. 检修列位

车辆进行检修作业时占用的场地。

7. 车辆基地控制中心（Depot Control Center，DCC）

车辆基地内负责监控、调度、指挥、管理和协调运营、行车、施工及安防的所在地，一般还支持线路控制中心或网络运营协调指挥中心的相关工作。

8. 运用设施

车辆基地内承担列车运营、停车、列检、周月检、临修等的设施及设备，包括相关的站场股道、房屋建筑等基础设施，以及进行列检、周月检、临修作业的工艺设备。洗车机、调机等的工艺设备以及其他相关的辅助设施，也属于车辆基地运用设施。

9. 检修设施

车辆基地内承担车辆定修、架修、大修的设施及设备,包括相关的站场股道、房屋建筑等基础设施,以及进行定修、架修和大修作业的工艺设备和其他相关的辅助设施。

10. 上盖车辆基地

在地铁车辆基地用地范围内,满足车辆基地正常使用功能的前提下,利用车辆基地结构顶板和覆土地面,建设其他城市功能的车辆基地。

1.1.2 车辆基地各库分析与主要线路组成

1. 车辆基地各库分析

(1) 停车库

停车库一般用于列车的停放与日常整备,还可兼顾车体外皮洗刷、车厢内部清洁、车内垃圾收集及转运整备作业。停车库应根据停车列位作业需求设计,当天气状况对运营和作业有影响时,停车股道可按停车棚设计;当条件受限时,停车股道可按露天设计,并应设置司机上下车的道路、蹬车梯和遮雨设施。

(2) 列检库

列检库的任务是,利用列车停放时间和停放场地对车辆容易出现危及行车安全的各主要部件(如轮对、空气弹簧、转向架、受流器、控制装置、空气制动装置、车钩及缓冲装置、蓄电池、车门风动开关装置、车体、车灯等)进行外观检查,对危及行车安全的故障及时进行重点修理。列检列位数量宜根据列检制度,按不大于总停车列位的50%设置。

(3) 月检库

月检库的任务是,对车辆外观和一般功能进行检查,即对车辆主要部件的技术状态进行外观检查和必要试验,对危及行车安全的故障进行全面修理。月检库规模,应根据检修工作量和检修时间计算确定。

(4) 洗车库

车辆段、检修基地应设置洗车库,停放规模超过12列的停车场可根据需要设置洗车库。洗车库中的机械化洗车设备应包括洗车线、洗车机和生产线。洗车线根据选址用地条件及工艺布局,宜采用贯通式布置。当用地受限制时,可结合工艺布局按八字形往复式或尽端式布置。洗车库前后线路的有效长度,应满足远期列车编组长度、信号设备设置附加长度的要求。

(5) 架修库

架修库负责检测和修理车辆的大型部件(如走行部、牵引电机、传动装置等)。通过架车对车辆各部件进行解体和全面检查、修理、试验,对计量的仪器、仪表进行校验。车体要重新油漆、标记,组装后须进行静调和试车。架修库应由架修主库、转向架检修间和部件检修间组成,架修库的布置和尺寸应根据厂房组合形式和检修作业要求确定。

(6) 定修库

定修库用于定期对车辆进行预防性的修理,需要进行架车,对各大部件的技术状态和作用做较仔细检查,对检查发现的故障进行针对性修理,对车上的仪器和仪表进行校验，车辆组装后要经过静调和试车。车辆定修宜采用定位作业方式，按每股道一列位设计。定修库的规模根据定修工作量和检修时间确定，并宜设有通长宽型检查坑，坑内两侧应设固定照明及动力和排水设施。定修库可根据需要与架修库或临修库合并设置。

（7）临修库

临修库用于临时对车辆进行架车局部分解，对一些关键部件进行检测、修理。车辆临修宜采用定位作业方式，按每股道一列位设计。临修库应配备起重设备，具备转向架更换条件，库内应有备用转向架及大部件存放场地。

（8）静调库

静调库用于列车静态调试，其静调列位应满足单辆车及整列车调试的要求。当静调线与双周/月检库线或定修线合并时，应设有静调电源安全防护措施。静调库应设架空接触网或接触轨，库前应设隔离开关，库内应设外界调试电源设备。库内静调线列位上宜设有通长宽型检查坑，坑内两侧应设固定照明及动力、安全照明插座和排水设施。

（9）吹扫库

吹扫库用于对列车进行吹扫除尘维护作业。车辆吹扫宜采用定位作业，按一线一列位设计。吹扫库的布置和尺寸应根据厂房组合形式和吹扫作业要求确定，与其他厂房合并设置时，应以实体隔墙隔开。吹扫库应设置柱式检查坑及三层作业平台，检查坑及三层作业平台可按月检库设计。吹扫库可根据作业需要设置吸尘、高压冲洗等吹扫设备，设备选型应避免对工作环境的污染。

（10）不落轮镟轮库

转向架的轮对在运行中会发生踏面的擦伤、剥离和轮缘磨耗，需要及时镟削。不落轮镟轮库可以在不拆卸轮对的情况下对其踏面和轮缘即时进行镟削。不落轮镟轮库应根据工艺流程和库房组合情况合理布置，可单独设置，亦可与其他库房合并设置。不落轮镟轮设备必须设于库内，可在轮对不与车体分解时对轮对的轮缘和踏面进行修理加工，使同一转向架上的轮对在加工后有合适的公差配合。不落轮镟轮设备两端的线路长度各满足一列车的长度需要。

（11）调机库

车辆基地应配备调车机车及调机库，调车机车的牵引能力应满足牵引远期一列车在空载状态下通过全线最大坡度地段的要求；调车机车的数量应满足段内调车作业的需要。调机库的规模应按远期配属调车机车的数量确定，调机库内应设置起重设备、充放电设备等，可根据需要设置移动式架车设备及调试电源等。

2. 车辆基地主要线路组成

根据地铁车辆运维作业需求，车辆基地需设置不同作业线路，其基本组成、功能及设计原则如下。

（1）出入段线

出入段线是连接车辆基地与地铁正线的线路。出入段线设计需要解决的核心问题是接轨点和接轨方式的选择，既要保证运营需求，又要避免对正线交通的干扰，还要追求工程的经济性。

（2）停车线

停车线主要用于地铁车辆停放，在许多车辆基地还承担车辆日常列检作业，通常按本段配属列车规模扣除所需检修列位规模来设计停车列位规模。一般尽端式车辆基地可按 1 线 2 列位（2 个列车编组）确定，贯通式车辆基地可按 1 线 3 或 4 列位设计。

（3）列检作业线

列检作业线主要承担列车的日常检查，与停车线功能相近，常将停车线与列检作业线集中布设在同一车库内。

（4）周月检线

周月检线用于列车的双周、三月检查作业。周月检线应与出入段线有直接的通路，使周月检车辆可以直接入库检查。

（5）维修线

维修线包含定修线、临修线、架修线和大修线。待检修列车采用调机进行牵引推送，因此维修线应与调车线合理配设，使车辆调车作业顺畅。

（6）洗车线

洗车线用于对运用列车进行外观清洁，根据车辆基地规模大小设置机械洗车设施。结合段内作业流程，洗车线一般布置在车辆入段时的咽喉区，其布置形式有贯通式、"八"字往复式和尽端式三种，其平均作业时间约为：尽端式 28min，贯通式 18min，"八"字往复式 22min，所以在设计中应尽可能考虑贯通式布置，并且单独设置，不与出入段线共用，不影响其他列车作业。

（7）不落轮镟轮线

列车运行中会产生擦伤、偏磨等故障，不落轮镟轮线用于在列车不解体情况下对车辆进行全镟轮作业，降低行车事故风险。

（8）牵出线

牵出线用于段内调车作业，一般根据调车作业方式和工作量设置 1 或 2 条，并应本着方便调车作业、能与段内各线路连通的原则进行设计。

（9）试车线

试车线承担大、架修列车的动态调试任务，其长度原则上应满足列车试车最高速度行驶条件，但若条件实在不允许，可考虑在正线高速试车，段场仅维持 50km/h 以下的功能性低速试车条件。试车线一般布置在车辆基地一侧，靠近检修库，减少待测车辆走行和对其他作业的干扰。

（10）工程车线

工程车线是为工程车辆及轨道车、调机设置的，一般位置设置在调车需求量大的停车线群和检修线群之间，方便调车作业。

此外，车辆基地还会根据实际需求和用地条件设置回转线、铁路联络线、救援列车停放线、底架清（吹）扫线、材料装卸线等线路。

1.2 我国地铁车辆基地上盖物业开发的起源、发展与实践

如今在 TOD 模式（Transit-Oriented-Development，以公共交通为导向的开发模式）的引导下，地铁车辆基地综合开发常以站场为中心，对轨道站点、车辆基地及周边白地进行整体性高强度的地上地下空间一体化开发，打造集地铁车辆基地、居住、商

业、商务、办公、文化、教育等为一体并兼顾各种交通换乘的城市综合体，充分发挥公共交通对城市发展的引领作用。地铁车辆基地上盖物业开发是在地铁车辆基地上方加盖结构顶板，并在该盖板上进行物业开发，其本质为对土地的立体开发利用。

1.2.1 起源

从可以查到的公开文献看，可以认为我国香港地区的地铁观塘线九龙湾车厂，是最早进行地铁车辆基地上盖物业开发的项目。观塘线是香港地区兴建的第一条地铁线路，于1975年11月动工，1979年10月观塘至石峡尾段通车，九龙湾车厂同期建成使用。

九龙湾车厂上盖开发德福花园，大约在1982年建设完成并入住。当地政府初期买入部分住宅单位，作为消防员及警务员住宿用房。因该地区距离原启德机场较近，各航空公司也买入部分住宅单位，供员工住宿。而"香港铁路有限公司"（简称"港铁公司"）的总部也建于德福花园相邻的德福广场二期上盖。德福花园的物业开发利润，由港铁公司占50%，恒隆、合和各占25%。

九龙湾车厂上盖物业开发有以下特征，并成为我国香港地区地铁车厂上盖物业开发的基本模式。

1. 物业开发范围局限在运用库和检修库顶上盖，咽喉区和试车线露天布置。
2. 九龙湾车站紧邻车厂中部，交通条件优越。
3. 上盖物业形态以住宅为主，并配套有较大的商业开发面积。
4. 受原启德机场限高控制，上盖物业建筑层数为11~26层。
5. 转换结构采用厚板转换，上盖建筑平面为点式塔楼。

1.2.2 发展

从21世纪开始，北京、深圳、上海、广州等城市陆续对多个地铁车辆基地进行了综合开发。初期的地铁车辆基地综合开发主要对停车列检库进行上盖开发，随着经验的积累与技术的不断进步，如今的地铁车辆基地综合开发多为全覆盖开发，且多与邻近的轨道站点进行一体化开发。我国的地铁车辆基地综合开发大致可以分为三个阶段：

第一阶段，为地铁车辆基地简单上盖阶段。该阶段主要在车辆基地盖上进行居住物业开发，同时配置生活服务配套以满足小区居民的日常生活需求。我国内地的车辆基地上盖的实践，从北京地铁四惠车辆段起步，这是内地地铁与住宅建设有机结合的第一次尝试。该项目后期也暴露出交通设计不合理、配套设施不完善、环境设计缺乏、减振降噪不足等问题。

第二阶段，为地铁车辆基地分区域物业综合开发阶段。该阶段开始尝试针对车辆基地各区域特点进行与之相适应的物业开发，业态走向多元，并尝试与公共交通系统建立便捷的联系，如北京地铁郭公庄车辆段综合开发、深圳地铁塘朗车辆段综合开发。由于开发经验、工程技术、政策制度等方面的限制，车辆基地综合开发的规划、建筑形态及景观营造较为单调，各地块的交通联系较弱。

第三阶段，为多层次高强度的地铁场站一体化开发阶段。该阶段将地铁车辆基地、轨道站点及周边用地充分整合，进行站城一体化开发。随着开发经验的丰富、工程技术的提升及政策制度的完善，该阶段逐步实现了地铁车辆基地综合开发利用专项规划与地铁线网建设规划的同步推进，综合开发地块与公共交通联动性强，且多为运用库、检修库、咽喉区、出入段线全上盖物业开发，综合开发的规划布局更加灵活、建筑形态更加多样。总的来说，该阶段的综合开发依托轨道站点，实现居住、商业、办公、酒店及商务公寓等多种功能的混合开发，并结合景观、体育活动设施等打造高品质的城市综合体，如上海地铁徐泾车辆段综合开发、杭州地铁五常车辆段综合开发、深圳地铁长圳车辆段综合开发。

1.2.3 实践

1. 成都地铁崔家店停车场

（1）崔家店停车场概况

崔家店停车场分两层设置在地面以下，于2013年10月开建，成都地铁7号线开通时全面投用。该项目位于18m深的地下，总建筑面积18.29万m^2，上盖物业项目是按照"轨道＋土地"综合开发模式以市场化进行项目运作的首例。项目位于成都东部成华区成洛大道槐树店路以北原丰田汽车场内，紧邻地铁7号线建材路站和地铁4号线槐树店站。崔家店停车场的规划功能包括多层、高层住宅，商业，酒店及办公。目前地面地铁OCC（Operating Control Center，运行控制中心）已建成并投入使用，上盖物业开发部分做预留处理。

（2）工程经验总结

① 消防设计经验

地铁车辆基地建筑类型多，单体建筑面积大，置于地下时，消防审查难以通过，因此进行了消防性能化设计，停车场利用纵向贯通的下沉式广场（宽约20m）作为消防扑救场地，将运用库分成两半，并设置有消防道路。停车场消防设计通过进行消防专项安全评估获得审批。

② 物业开发经验

a. 地铁车辆基地功能地下化，为地上物业开发创造了较好的条件，对用地紧张的区域具有借鉴意义；

b. 地下双层车辆段节地效果好，但对工艺、结构、消防等问题均有较大影响，增加工程成本较高；

c. 为满足消防审查而设置的20m宽、下沉两层、纵向贯通的下沉广场，对上盖开发造成一定程度的不利影响，大面积开口处在进行二级开发时应考虑景观处理。

2. 杭州地铁七堡车辆段

（1）七堡车辆段概况

七堡车辆段是杭州地铁1号线和4号线的车辆基地，位于江干区彭埠镇七堡社区。是目前国内最大的地铁上盖综合体之一，总占地规模约50hm^2，总建筑规模约103万m^2，上盖由住宅、酒店、写字楼等开发建筑构成。

（2）工程经验总结

① 消防设计经验

a. 本项目进行了消防性能化设计，并召开了专家论证会；

b. 整体上盖，运管楼设置在盖板之外。

② 物业开发经验

a. 七堡车辆段 2007 年开始研究开发方案，在 2009 年开发方案招标完成，拿地后杭州市地铁集团有限责任公司与绿城房地产集团有限公司联合开发，对原上盖方案进行了调整，综合容积率达到 1.7，2014 年上盖一期交付；

b. 盖下为盖上开发预留条件，盖上带条件出让给开发商；

c. 与地铁站结合，提升车辆基地土地价值，也为车辆段提供了便利的交通环境；

d. 七堡车辆段咽喉区盖板、上盖小汽车库与车辆基地一次性建成；

e. 先将车辆段及开发方案稳定后调整控规。

3. 北京地铁五路停车场与平西府车辆段

（1）北京地铁 10 号线五路停车场概况

五路综合交通场站位于北京市区西三环和西四环之间，玲珑路和京密引水渠相交口的西北角。本车场为 10 号线和 6 号线的共址建设停车场，6 号线停车列检库下穿 10 号线场区，10 号线停车场整体上盖开发，其中停车列检库上盖做小高层住宅，出入线和咽喉区上盖做绿化及运动场地，白地区做高层住宅。上盖开发项目为京投发展·琨御府。

（2）北京地铁 8 号线平西府车辆段概况

平西府车辆段位于北京市昌平区，回龙观文化居住区北侧，车辆基地进行上盖一体化开发。其中运用库上盖做小高层住宅，咽喉区上盖为高品质公园，联检库上盖未进行开发，落地区为高层住宅。上盖项目为京投银泰·公园悦府。

（3）工程经验总结

① 消防设计经验

a. 地铁车辆基地上盖开发项目，是根据《地铁设计防火标准》（GB 51298—2018）中相关条款，认为车辆基地可以进行上盖合建的；

b. 本项目进行消防性能化设计，通过专家论证会，形成会议纪要，将通过论证后的性能化报告作为消防设计依据；

c. 运用库四周设置消防环道，环道上方或外侧按照不低于 25% 的比例开设自然排烟口，大库根据特殊消防设计计算后的要求，内部设置机械排烟及喷淋设施，无论地下还是地上库，丁、戊类厂房防火分区均不限。

② 物业开发经验

a. 二级开发商向政府上报开发相关手续，但在一级上报的时候要为二级考虑充分，在一级建设时要把一体化开发设计方案确定；

b. 车辆段上盖开发品质应该与白地开发去竞争，而且应该高于白地开发，以平衡盖下车辆基地带来的一些影响；

c. 盖上小汽车库结构与车辆段同步建设，以避免后期上盖建设对车辆基地的影响。

4. 青岛地铁辽阳东路车辆段

（1）辽阳东路车辆段概况

辽阳东路车辆基地位于青岛市崂山主城区西侧，东临深圳路、北靠合肥路、南接辽阳东路，主要承担着地铁 2、4、5 号线车辆大、架修，以及 2 号线车辆检修及停放任务。车辆基地运用库、咽喉区、出入段线为双层，进行全上盖开发。

(2) 工程经验总结

① 消防设计经验

a. 本项目进行消防性能化设计，初设阶段介入；

b. 大库四周设置消防环道，环道上方开洞率不小于25％；

c. 由于采用三轨供电，大库入库门与咽喉区采用防火卷帘分隔，其他立面与环道采用防火卷帘＋防火门窗＋防火墙的方式进行防火分隔。

② 物业开发经验

a. 结构超限设计由二级开发单位作为主导，盖上给盖下提资，盖下落实；

b. 运用库采用双层形式，节地效果明显。

5. 宁波轨道交通天童庄车辆段

(1) 天童庄车辆段概况

天童庄车辆段位于宁波鄞州区天童庄东环南路以东蔡江岸地区，地处轨道交通1号线东环南路站的旁边，承担地铁1号线车辆运用、停放及定修以下修程检修任务。上盖开发为绿城·杨柳郡，面积约18.9hm^2，预留落地开发白地约15hm^2。

(2) 工程经验总结

① 消防设计经验

a. 本项目进行消防性能化设计，初设阶段介入；

b. 车辆基地整个盖体周边外侧开敞，运用库与检修主厂房之间消防车道上方开口达80％；

c. 大库与咽喉区之间以及上部开敞的消防车道与大库之间可不采取防火分隔，上部不开敞的消防车道两侧应采取防火分隔措施。

② 物业开发经验

a. 初设阶段应将上盖一次投入成本纳入概算，但要明确资金分配原则；

b. 盖上盖下同步设计，分期建设，盖下为盖上预留条件，带条件出让盖上。

6. 上海地铁吴中路车辆段

(1) 吴中路车辆段概况

吴中路车辆段综合体项目，现称上海吴中路万象城，位于地铁10号线紫藤路站上盖，北至吴中路，东至虹莘路，南至虹泉路，西至外环线，是囊括地铁主题科技展示、商业物业开发、办公物业开发于一体的综合性开发项目，总体量超52万m^2。

(2) 工程经验总结

① 地标编制经验

a. 上海首先针对上盖车辆基地项目编制设计导则，导则的权威性低于地标，设计初期，遇到特殊问题时与消防、规划等相关部门通过一事一议的形式讨论，最终将各次会议结论汇总整理形成设计导则；

b. 编制导则成为上盖车辆基地项目在政府审批问题、业主建设管理问题、设计院设计问题等方面提供了依据，因此具有重要意义；

c. 导则出台后可以解决大部分争议问题，但仍存在很多特殊情况需要一事一议解决；

d. 导则起到一个"串线"的功能，以强调原则为主，将以规范为基础讨论出的特

殊问题结论串在一起,并不是独创的突破规范的标准;

e. 在进行上盖开发项目设计的过程中,列出了一些课题进行研究,将这些课题的结论结合导则的条款,以及全国各地的经验,形成了现在的上海市工程建设规范《城市轨道交通上盖建筑设计标准》(DG/TJ 08—2263—2018),为设计院的设计提供依据。

② 消防设计经验

a. 由导则指导主要消防问题,特殊问题再进行一事一议;

b. 盖下大库设置机械排烟及喷淋;

c. 盖下车辆基地,消防规范没有定义,设计原则为不突破现有规范,在现有规范基础上一事一议,形成各方都认可的结论;

d. 以大库顶板为分界,盖上盖下各自为独立体系,分两次申报,两次申报内容不互相影响。

③ 开发设计经验

a. "三个一"原则,即一个规划、一个意见、一个导则:

一个规划,针对土地、上盖综合利用,上海的规划调整内容;

一个意见,解决投资主体和资金来源的问题;

一个导则,解决建设过程当中涉及的技术和审批管理中的矛盾问题;

b. 盖上盖下投资比例分劈原则,可以按照一定比例拆分,但结构构件是贯通的,无法有效分劈,建议将上盖和不上盖整体相减来得出增量;

c. 已投入使用车辆基地对增设上盖进行改造,前提是不影响运营,建议将周边地块共同纳入改造范围,车辆基地上盖改造只是城市翻新中的一个交通缓冲优化。

1.3 我国地铁车辆基地上盖物业开发的必要性、利弊与存在问题

1.3.1 必要性

随着全国城乡建设发展,轨道交通是大城市公共交通的最佳方式之一。城市轨道交通需求与日俱增,截至2022年年末,全国已有44个城市的轨道交通建设规划获得批复,规划总里程约12928.37km,相应线路配属的车辆基地的数量逐渐增多,车辆基地占地规模也逐渐增大。若不进行合理的上盖开发,车辆基地空旷的"厂房"式建筑必将成为一个个影响城市环境和景观的工业建筑群体,占用的大面积土地势必造成土地资源的严重浪费。

通过对比北京地铁五路停车场和北京地铁太平湖车辆段,可以发现,五路停车场在不影响地铁运营使用的前提下,合理有序地进行上盖开发,车辆段占用土地资源被有效二次利用且该项目建成后较好地融于城市景观;太平湖车辆段由于建设时间较早而未进行上盖开发,紧邻北二环的太平湖车辆段严重割裂城市空间和功能,在北京核心城区形成一块"城市斑秃"。

地铁车辆基地上盖开发项目,实质是以地铁站点为核心的TOD模式(Transit Oriented Developmet,以公共交通为导向的开发模式),是充分利用车辆基地占地范围的土

地资源，增厚地表，合理加密城市空间的一种建设方式。下盖车辆基地与上盖开发作为有机整体，统一规划设计，分期建设实施，从而实现最佳的经济效益和社会效益。

1.3.2 利弊

1. 地铁车辆基地上盖物业开发的好处

（1）带动地铁片区的区域规划，引导客流、集约运用土地

车辆基地上盖开发项目的初衷比较明确，可以对土地充分利用，也可以满足我国地铁上盖物业及规划设计、大规模建设的需求，可以为地铁商圈经济发展提供科学依据，达到地铁上盖符合最大限度土地开发强度，同时科学地对地铁上盖物业合理业态组合配置，使得城市减少了各种机动车辆的出行，达到真正节能降耗的目的。地铁的快捷、环保、舒适、安全将带来巨大的客流量，地铁的人流效应和品牌效应促进沿线土地升值。地铁上盖物业带动区域经济发展，提高城市环境，整体节能降耗，促进城市整体功能提升，提高市民生活质量，促进城市社会经济的可持续发展。通过充分研究地铁轨道沿线站点的上盖物业，结合实际典型的项目案例，分析得出科学的建设结论，预计可以使开发建设地铁上盖物业项目提高10%~30%的经济效益。

地铁上盖物业与地铁经营的互补，使地铁建设运营实现了良性循环，可谓一举多得。地铁沿线的上盖物业集中开发是对沿线地块再一次立体整合，为城市建设增加了稀缺的土地资源，提高了集约用地水平，促进了土地资源精细化管理。由于地铁具有高效、快捷、大运量、按时抵达的优势，地铁出行成为城市人群的重要出行方式，使得地铁车站成为一个城市生活方式的节点，地铁上盖物业的开发兴建，更令车站站点周边上盖物业发展成为集办公、商业、娱乐、餐饮、居住等功能于一体的城市复合型功能区。地铁上盖物业的发展，增强了城市活动的强度，提升了城市活力，更新了城市的功能结构，带动了城市经济的发展。统计数据表明，在国际城市规划中，地铁上盖物业已经成为发展潜力最大、实用程度最高、抗风险能力最强的城市高效物业形式。

（2）土地利用最大化、综合化

所谓综合化就是将各种功能的建筑物及设施集中在一起，为提高经济利用价值或鼓励投资开发，在地下穿越道的单侧或双侧发展地下商业设施。很多城市利用城市道路交叉口及城市地铁枢纽站的地下空间作为商业区，一方面为行人提供丰富多彩的商业活动空间，另一方面也缓解了地面交通的紧张状况，在充分利用地下层空间的同时，统筹考虑地下空间与地面以上的公共商业项目安排及垂直交通组织，力争使人流在物业地下空间就能做内部纵深、垂直方向的输送。例如：可把步行街转入室内，把自然环境引入室内，内部空间可变化多样，为了给市民的购物带来便利，多个商业空间可在城市地铁枢纽站地下层连通发展成为大型地下商业设施，这样就为人们创造了一种安全、舒适、方便的活动空间。

土地开发强度与周边环境的关系，是在满足城市总体规划的前提下，及其他约束条件下，使土地利用最大化。上盖物业成为本区域经济的中心，推动区域经济的发展。中央商业区土地资源可提供的地面交通供给正逐渐耗尽，利用开发宝贵的地下空间资源，提供新的交通供给，以缓解地面空间资源紧张状况，支持城市的持续发展。将居民工作、生活的正常活动相对集中在地铁沿线，因此减少了机动车拥堵，从而大大降低了

能耗。

2. 地铁车辆基地上盖物业开发的弊端

由于上盖开发，结构荷载相应增加，结构预留基础形式必须是钢筋混凝土结构。车辆基地开间减少，使用不方便。地铁车辆基地设计使用年限为50年，开发用房如要求使用70年，加上开发时间往往延后，后期结构很可能无法满足安全要求，存在极大隐患。上盖开发结构根据消防要求，要增大防火等级，满足消防设计的方案。结构设计4h（小时）耐火极限设计。地铁车辆基地层高与物业开发的层高要求不统一，结构设计往往超限，如无锡地铁查桥车辆基地开发。

车辆基地运用库为戊类建筑，防火分区可以无限大。而上盖开发后，消防按地下建筑防火分区4000m²一个，通风系统的增加，防火墙和防火门的增加，停车和检修使用功能不方便，柴油发电机噪声和油烟长期污染开发物业用房。

（1）地铁轨道震动对物业开发的影响

地铁震动没有通过地层的隔震与衰减，振动将直接传递到上部建筑物上，随着楼层的增加，震动虽然会逐渐衰减，但毕竟有限。所以地铁轨道减噪声设施必须增加，造成造价成本的增加。

（2）上盖开发需要增加消防设施

上盖开发消防设计是重点之一，建议建筑消防方案应进一步分析，包括建筑防火门窗的增加、结构防火墙梁柱的增加、耐火等级的增加等。上盖开发的地铁车辆基地这样的大空间建筑的火灾特性与普通建筑还有着明显的差别，主要表现在以下几个方面。

① 火灾不受限制迅速扩散。上盖开发的地铁车辆基地体积庞大，由于建筑本身的限制，所以防火分隔比较困难，这样一旦发生火灾，大空间使得火灾具有足够的氧气供应，且空间高度上火灾浮力羽流不受限迅速上升扩展蔓延至其他可燃物体，从而极有可能发展成为重大火灾，造成巨大的人员伤亡和经济损失。

② 早期探测和初期灭火较难实现。上盖开发的地铁车辆基地层高较高，开场空间较大，早期火灾烟气在上升过程中，沿途烟气温度及密度大大降低，达不到感烟、感温探测器和自动喷水灭火装置所需要的启动值，从而不能发现并控制早期火灾。

③ 灭火和扑救比较困难。由于车辆基地内机车和线路复杂，消防车不能直接进入库内进行扑救，而只能在距着火点较近的消防车道内展开人工扑救。由于火势蔓延途径多，火势发展速度快等特性，给抢救物资和扑灭火灾造成了困难。另外，对于上盖开发车辆基地这样的建筑，消防人员缺乏扑救的实践经验，且灭火面积较大，消防供水量不足，均会影响扑救。

1.3.3 存在问题

1. 我国车辆基地上盖物业开发的现状

地铁车辆基地上盖物业开发在我国发展潜力巨大。据不完全统计，目前已有北京、上海、深圳、广州、南京、成都和宁波等多个地区开展了地铁车辆基地上盖物业开发的相关研究工作，北京、广州、深圳和杭州等部分城市的地铁车辆基地上盖物业开发已进入实施运营阶段，在实践探索和技术创新中积累了较丰富的经验。其中，典型项目有北京地铁五路车辆段上盖综合开发、广州万胜广场地上地下空间综合开发、深圳市前海综合交通枢纽站城一体化开发等。

2. 我国车辆基地上盖物业开发存在的主要问题

(1) 土地制度及政策层面问题

中国土地所有权的拥有者为国家或集体。在房地产市场蓬勃发展的背景下，地方政府为了提高地方财政收入、增加地方生产总值，采取了多种手段增加土地储备、控制供地数量和地价，但往往忽视了调控土地开发、引导城市空间发展。现行的土地开发和管理机制，不利于内地城市参照香港特别行政区的"地铁+物业"模式开发地铁物业，更不利于地铁车辆基地上盖物业模式的进一步探索与实践。

(2) 规划落地问题

地方政府部门在设计 TOD 项目规划方案时会更多地结合交通与土地之间关系进行考虑，对开发和利用应该放眼全局、多方考虑。可是，在具体实施时，由于资金压力、回报周期长等情况，地方政府都会同意房地产开发商先行施工，或者安排规划交通项目先行推进，这样会导致交通设施建设与周围土地开发不同步，造成两种缺陷较为明显的结果：一种是新投入开发使用的项目交通配套尚不完善；另一种是现行站内配套内容较少，难以满足公众的不同需求。无论导致了哪一种缺陷，都会影响 TOD 发挥其本身的功能，不能很好地引导城市的发展。

(3) 政府审批制度体系问题

国内城市车辆基地用地综合开发仍然以一事一议的办事方式进行，没有统一的办理制度体系。很多地铁建设城市正处于车辆基地物业开发的摸索阶段，缺少关于该项业务的成熟经验可以借鉴，当前对于土地使用的审批也没有明确统一的制度，在进行行政审批时缺少依据，这对综合开发项目的推进，对整个项目工程的推进速度有很大的制约。

(4) 政府内部协调机制问题

在车辆基地上盖进行土地开发，需要严密的规划和设计，并需要各部门对项目进行准确评估和考量，并给出相应的指导意见，其中包括人防、层高等硬性要求。部分城市的车辆基地物业开发较快，相关做法也相对完善，如北京地铁郭公庄车辆段土地进行土地招标时，随地段一并要求相关配套设计文案，有清晰明确的各部门批示。但现实中较多地铁建设城市都尚未形成稳定的政府内部协调及审批机制，也没有相关的法律法规作为明确依据和有效保障，特别是由何单位以什么形式呈送给哪个机构审批，同时是否需要政府职能部门的介入进行前期把关也尚未明确。

(5) 融资机制问题

在国内，地铁建设的投资主体仍然是地方政府，缺乏多元化的融资渠道。理论上，TOD 发展模式的一大优点为"溢价回收"（value capture），即地铁沿线物业的价值得益于交通设施的配置而提升，这部分增值效益反哺新的地铁及其他城市设施的投入。但现实中，土地开发与城市交通建设之间没有较好的协作机制，就是说，政府投资建设地铁，房地产开发商自行开发地铁沿线物业，两者分立，最后是房地产开发商获得了地铁带来的物业升值收益，而政府最多只能获取周边尚未拍卖土地的潜在升值效益。政府的投入和收益严重不平衡，不利于新的地铁建设发展。

3. 我国车辆基地上盖物业开发存在问题的案例

下文以昆明地铁世博车辆段上盖物业开发项目为例，对我国地铁车辆基地上盖物业开发存在的常见问题进行介绍，为我国地铁车辆基地上盖物业开发项目建设提供参考。

世博车辆段位于云南省昆明市盘龙区世博园片区，北侧紧邻东三环，西侧为白龙路，南侧为西南林业大学。现用地范围内主要以世博车市、废旧工厂和部分住宅为主，地形起伏较大（高程为：1909~1940m）且不规整。车辆段占地尺寸为860m（长）×250m（宽），用地比较紧张。

世博车辆段上盖物业开发，采用国内鲜有的"夹心饼干式"功能布局。竖向功能分布从下往上依次为：与地铁相连的地下商业街及地下车库层、沿街一层商业层、车辆段层、住宅车库层、上盖住宅层。新颖的功能布局给整个项目规划、设计、建设和运营阶段都带来了新的挑战和难题。

（1）项目规划阶段

世博车辆段上盖物业开发规划阶段面临的问题主要包括以下两点。

① 规划调整烦琐。世博车辆段原有规划土地性质为划拨土地，开展上盖物业开发应进行空间规划调整。作为昆明首个地铁车辆基地上盖物业开发项目，尚无参考案例和法理性依据，调整流程烦琐，需针对该项目进行专门的规划调整方案研究，周期较长且时间不可控。

② 分层权属尚未明确。地块出让需明确出让方式，而目前昆明市没有统一文件对地铁车辆基地上盖物业开发地块分层权属明确提供指导，分层出让的方式尚在探索阶段。

（2）项目设计阶段

世博车辆段上盖物业开发设计阶段面临的问题主要包括以下几点。

① 设计主体选择。车辆基地开发项目上盖设计可由原地铁设计单位进行，也可另委托设计单位，选择不同的设计单位对设计进度及质量会产生不同的影响。

② 设计输入不稳定。设计时需明确设计输入，但世博车辆段上盖物业开发缺少相应规范，覆土厚度、消防、人防和幼儿园是否可放置于盖上等问题的解决需耗费较多时间和精力，对设计进度及项目的顺利实施均会产生影响。

（3）项目建设阶段

车辆基地上盖物业开发建设通常有分阶段施工和一体化施工两种方式，不同建设方式具有不同的优缺点。

① 招投标阶段。分阶段施工方式便于招标，有利于选择更具技术优势的施工方；一体化施工方式对施工方要求高，较难选择到合适的施工方，若直接委托原地铁施工单位则存在法律风险。

② 实施阶段。一体化施工方式由同一施工方进行施工，管理更为方便；分阶段施工存在不止一个施工方，管理难度较大，成本增加。

世博车辆段上盖物业开发需选择合适的建设方式，并针对该方式的优缺点进行相应管控。

（4）项目运营阶段

世博车辆段上盖物业开发运营阶段面临问题主要包括以下两点。

① 维护管理界面不明。维护管理界面可按竖向和平面两个维度进行划分，竖向上：

项目运营后，因盖上、盖下由不同的单位进行管理，存在维护管理界面模糊等问题；平面上：世博车辆段与物业开发存在交叉管理区域，面临管理界面划分、是否需要物理隔离等问题，并需考虑隔离带来的通行不便等问题。

② 运营成本增加。车辆基地上盖物业开发后，受自然采光、通风等条件限制，需增加照明及通风设备；车辆基地咽喉区上盖物业开发后，出于安全考虑，需增加监控设备和信号复示等辅助措施，并需对咽喉区进行封闭管理，进而增加运营成本。

2 地铁车辆基地规划设计

2.1 车辆基地规划

2.1.1 车辆基地规划内容与要求

1. 地铁车辆基地规划内容

（1）地铁车辆基地是城市地铁系统中承担车辆检修、停放、运用以及各种运营设备保养、维修的重要基地，是线网规划中不可缺少的关键组成部分。地铁车辆基地的选址应符合下列要求：用地应与城市总体规划协调一致；应有良好的接轨条件；用地面积应满足功能和布置的要求，并应具有远期发展余地；应具有良好的自然排水条件；应便于城市电力、给排水及各种管线的引入和城市道路的连接；宜避开工程地质和水文地质不良的地段。

（2）根据《地铁设计规范》（GB 50157—2013）中相关规定，地铁车辆基地设置应根据线网规划统一考虑，按具体情况不同，可以一条线路设一个车辆基地，或几条线路合建一个车辆基地。一般情况下，城市地铁均由多条线路组成网络，因此地铁车辆基地应在线网规划中统筹安排，并明确各车辆基地在全线网中的地位和分工。一条线路设一个车辆基地或是几条线路使用同一个车辆基地，应根据城市地铁线路数量、技术经济条件和线网规划的安排等具体情况确定。

（3）地铁车辆基地通常设在线路一端靠近市郊的地区，线路很长时，车辆基地至另一端发车的空驶距离会很大，也会增加运营费用。根据国内外实践经验，线路长度大于20km时，可在适当位置增设停车场。

（4）车辆基地规划包括各车辆基地的总体分布、作业分工、场址选择、规模估计，通常作为用地控制规划的依据。

2. 地铁车辆基地规划应符合的一般要求

（1）车辆基地规划的重点是根据规划线网进行车辆基地选址，确定各段的合理分工及建设规模，达到控制建设用地的目的。

（2）根据规范要求，每条线路宜设一个车辆基地。当一条线路的长度超过20km时，可设一个车辆段和一个停车场。在技术经济合理时，可两条线路共用一个车辆基地。

（3）车辆基地应靠近正线，以利于缩短出入线长度，降低工程造价。

（4）各车辆基地线路应尽可能与地面铁路专用线相接，以方便车辆通行及物资运输。部分车辆基地不具备上述条件时，也可通过相邻线路过渡。

（5）各车辆基地的任务和分工，必须全网统筹规划、合理布局、有序发展。试车线长度应根据场地条件和城市规划要求确定，在可能的条件下，应尽量长一些。

（6）全线网车辆的大修任务应集中统一安排，可选定在几个车辆基地增设车辆大修任务，不单设大修厂。

（7）培训中心可以灵活设置。

（8）车辆基地用地性质应符合城市总体规划，应注意环境保护。

2.1.2　车辆基地规划应满足的基础条件

车辆基地规划应满足以下基础条件。

1. 车辆检修技术标准

车辆检修技术标准对车辆检修场地规模影响很大，在规划阶段应为将来实施留有余地，因此在制定车辆检修技术标准时，应充分研究可能的各种标准，选取用地规模要求较大的作为规划标准。

2. 车辆检修制式

目前各国地铁车辆检修采用两种制式：一种是厂修、段修分修制；另一种是厂修、段修合修制。

所谓厂修、段修分修制，就是修建专门的车辆大修厂，承担全线网各线车辆的大修任务，车辆的架修、定修及其以下的修理工作，由各线的车辆基地承担。厂修、段修合修制就是不设专门的车辆大修厂，车辆的大修在车辆基地内进行。

前一种制式，用于地铁线网规模较大的城市，具有一定的经济性，对于线网规模不大的城市，采用厂修、段修合修制更经济。从国内外城市的情况来看，只有莫斯科和北京采用厂修、段修分修制，其他城市均采用厂修、段修合修制。我国正在修建和计划修建地铁的城市，如上海、广州、南京、青岛和香港等城市也采用厂修、段修合修制。

采用厂修、段修分修制的优点是实行专业化生产，形成规模效益，有利于提高修车质量；其缺点是在工程建设起始阶段须同时修建车辆大修厂和车辆基地。由于形成有一定规模的地铁线网需经过几十年时间，因此大修厂在建成后相当长时间内，因系统规模小、大修车任务量不足，造成资源浪费。

采用厂修、段修合修制，上述问题可以避免。另外，因车辆做大修所用的大部分机械设备与车辆做架修所用的机械设备基本相同，将厂修与段修合并，可减少机械设备的重复投资，提高设备利用率。

2.1.3　车辆基地选址规划过程与原则

1. 车辆基地选址规划过程

车辆基地选址需要按照一定的方法进行，图 2.1 描述了该问题的研究技术路线。

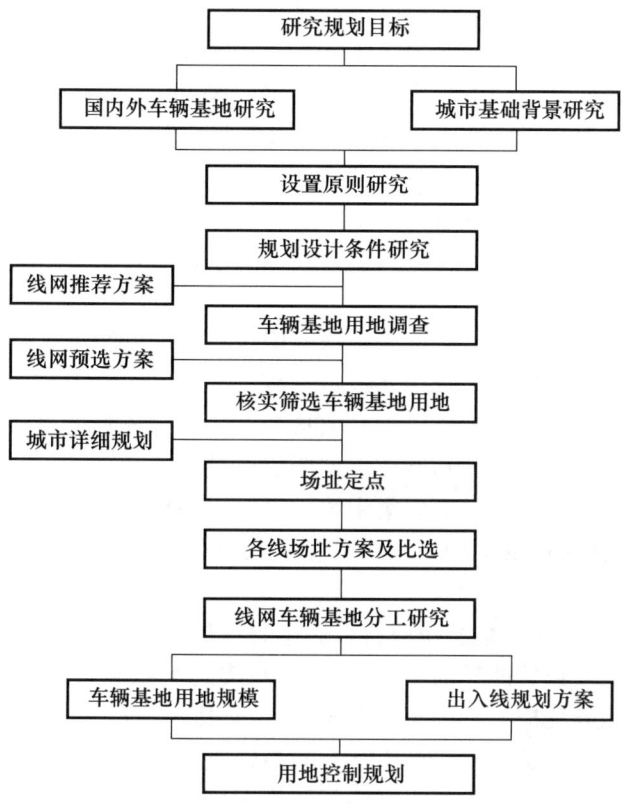

图 2.1 车辆基地选址研究技术路线图

2. 车辆基地选址原则

《地铁设计规范》（GB 50157—2013）中规定，车辆基地选址应满足下列要求：

（1）用地符合城市总体规划。

（2）有良好的接轨条件。

（3）宜避开工程地质和水文地质不良的地段。

（4）具有良好的自然排水条件。

（5）便于城市电力线路、给排水等市政管道的引入和道路的连接。

（6）有足够的有效面积及远期发展余地。

车辆基地选址的原则如下。

（1）车辆段、停车场要选择地势平坦、地质良好、无大的水文地质影响的地域，用地应相对集中，一般为长方形，便于车辆段、停车场的布置。

（2）地铁线路一般都穿越市区，线路中部多为市中心地区，要征用车辆基地那样的大规模用地很困难。因此，往往在郊外征用土地，采取在线路端部设置车辆基地的方法。这种方式与线路起终点在郊外、线路中部穿过市中心的情况相配合，早上车辆由车辆基地向市中心方向发车，晚上往郊外方向入车辆基地，配车的损失时间减少。

（3）车辆段、停车场及本线路上的折返线，三方面总的停车能力应大于本线远期的配属车辆总数。为便于列车进出，一条停车线存放的列车数不应超过 2 列。

（4）由于车辆段上除了列车停车库外，还有试车线、车辆检修设备、综合维修中心等，为充分利用这些设备，减少车辆段用地总量，应尽量将车辆段集中于一处设置，若分散布置，则所需用地面积将会增大。在技术经济合理、城市用地规划许可时，可以两条线路共用一个车辆段。当一条线路的长度超过20km时，为减少列车空走距离，及时对车辆进行检查，可以在线路的另一端设一个停车场。

（5）车辆段和停车场应靠近正线，且位于容易铺设较顺直的出入段线路的位置，以利于缩短出入线长度，降低工程造价，改善使用条件。

（6）车辆段及停车场的选址要考虑防火灾、防水害的要求，周围应有雨、污水排放条件。

（7）各车辆段线路应尽可能与地面铁路专用线相接，以便车辆及物资运输，部分车辆段不具备上述条件时，也可通过相邻线路过渡。

（8）各车辆段和停车场的任务分工必须从全网着眼，统筹规划，合理布局，有序发展。试车线长度应根据场地条件和城市规划要求设定。

（9）整个路网车辆的大修任务应集中统一安排，并集中设一处职工培训中心。

（10）各综合检修基地及车辆段用地规模应按规划分工所承担的作业量，并考虑将来技术发展及适当留有余地进行规划。

（11）车辆段和停车场用地性质应符合城市总体规划及环境保护要求。

在车辆基地中，要设置能够对全部保有车辆按列车编组进行停、放的停车线。因此，各停车线的有效长度应为（列车长度+8m）或其2倍长。虽然这个条件非常苛刻，但是由于列车在运行间隔为2min或其以下的高密度行车状态下列车编组是不可能的，因此原则上要避免分开存车。各存车线线间距视车辆宽度而定，通常为3.80m。

车辆基地的选址不仅要考虑其技术条件，还要考虑其经济条件。选址要考虑尽量减少拆迁、少占农田的要求，建成后尽量减少对周围居民生活的影响，尽量减少对地面交通的影响。

2.1.4 车辆基地的功能与规模确定

从功能角度来看，城市地铁车辆基地应包括车辆段（或停车场）、综合维修中心（或综合维修工区）、物资总库（或物资分库、材料库）等。

1. 车辆基地的功能

（1）车辆段的功能

车辆段的功能应符合下列规定：

① 应承担配属车辆的编组和管理工作。

② 应承担配属车辆的停放、周月检；在线动态检测、清扫洗刷、定期消毒等维护保养工作。

③ 应承担配属车辆的乘务工作。

④ 应承担配属车辆的定修、临修、架修、大修；跨座式单轨重点检修、全面检修；自动导向轨道年检、五年检及检修后的列车静态、动态试验工作。

⑤ 应承担车辆段内设备、机具的维修及管理和调车机车、工程车等的整备、维修及管理工作。

⑥ 应承担全线范围内运营列车救援及应急抢险工作。

(2) 停车场的功能

停车场的功能应符合下列规定：

① 应承担配属车辆的管理工作。

② 应承担配属车辆的停放、周月检、清扫洗刷、定期消毒等维护保养工作，可根据运营需要设置临修、镟轮等功能。

③ 应承担配属车辆的乘务工作。

(3) 综合维修中心的功能

综合维修中心的功能应符合下列规定：

① 应承担线路工务、建筑、供电、机电、通信、信号及自动化设备和系统的运用、巡检、抢修、检修、部件修理和管理，并应根据任务量设置相关配套设施设备。

② 应承担各系统设备以及土建设施的大修或大修委外管理工作。

③ 当线路较长时，可在相应的停车场设置综合维修工区。

(4) 综合维修工区的功能

综合维修工区应承担线路工务、建筑、供电、机电、通信、信号及自动化设备和系统的运用、巡检、抢修和管理，并应根据任务量设置相关配套设施设备。

(5) 物资总库的功能

物资总库的功能应符合下列规定：

① 应承担全线范围内各系统、各专业运营、检修所需的设备、材料、工器具、备品备件、劳保用品等的采购、保管、发放，以及废旧物资处置等管理工作，根据任务量设置相关配套设施设备。

② 同址共建的车辆基地，其物资总库可合并设置。

(6) 物资分库、材料库的功能

物资分库、材料库的功能应包括：线路各系统、各专业运营、检修所需的材料、配件、备品、钢轨、道岔、设备、机具、工器具、劳保用品及非生产性固定资产等的储备、保管、发放等管理工作。

2. 车辆基地规模确定

(1) 设施规模

① 车辆基地的规模应满足车辆运用、检修功能要求，并根据线路长度、行车交路、运行对数、运营计划、列车编组、车辆检修周期、车辆检修时间、车辆技术参数等因素确定。

② 车辆段、停车场的设计应满足车辆运用，检修任务量的需求，车辆段、停车场的规模应根据车辆技术条件、配属列车编组和数量、检修周期和检修时间计算确定。

③ 停车列检库的规模应按本段（场）运用车数加备用车数计算确定。

④ 车辆基地的办公及辅助用房规模应根据生产组织构架及定员确定。

⑤ 城市地铁线网中的车辆大架修设施宜集中设置，大架修规模应以承担城市地铁线网远期配属列车数进行控制，宜预留大架修规模的扩建条件。

(2) 检修标准与配属车辆数量

① 车辆检修宜采用日常维修和定期检修相结合的检修制度。

② 车辆检修规模宜根据检修制度所规定的检修工作量和检修时间计算确定。对于

终点可能延伸的线路，检修规模应预留余地。

③ 车辆日常维修和定期检修的检修修程、检修周期和检修时间应根据车辆技术条件、车辆质量、既有车辆基地的检修经验及国家现行标准《地铁设计规范》（GB 50157—2013）的要求确定。

④ 对于制约车辆检修时间的零部件，宜实行换件修。零部件检修，宜采用专业集中检修与社会化委托相结合的维修模式。车辆零部件检修设施规模及设备选型，应根据年检修工作量确定。

⑤ 车辆基地各检修列位数，应根据运用车辆全年走行公里、检修周期、检修时间和各修程的检修不平衡系数计算确定。检修不平衡系数宜按双周、三月检1.2，定修、架修、大修1.1计取。

⑥ 配属车辆应由运用车、备用车和检修车组成。运用车数量应按列车运行图确定，并应按各设计年度高峰小时列车开行对数、运行交路、旅行速度、折返时间等进行计算，设有大小交路时应分别计算。备用车和检修车数量的计算应符合下列规定：检修车应根据车辆检修制度和检修任务量计算确定；备用车初期、近期宜按运用车的10%～15%计算，远期可按6%计算。

2.2 车辆基地设计

2.2.1 车辆基地设计原则

从设计的角度来看，车辆基地总体上主要分为四个部分：咽喉区、库区、厂前区和其他区域。

咽喉区是指车辆基地范围内站场最外侧道岔的岔首至最内侧库前出库信号机的区域，是车辆基地的库区与正线的连接地段，有出入段线和很多道岔，它直接影响整个城市地铁的正常运行。咽喉区规划设计中既要注意保证行车安全、满足输送能力的需要，又要保证必要的平行作业，还要努力缩短咽喉区长度，尽量节省用地。

库区包括运用库、检修库等，负责日常车辆各种修程作业。各库之间应有便捷的联系。

厂前区为办公生活区，辅助生产办公房屋均布置于该区域内，一般包括综合楼、综合维修中心、乘务员公寓、物资总库、锅炉房等建筑。

其他区域是指道路、绿化与其他用地。

车辆基地的线路要根据车辆基地作业要求，结合用地特点来布置。一般地，车辆基地设计原则包括以下三方面。

（1）收发车顺畅。车辆基地是列车运营的起始与终止场所，其设计要结合线路特点，保证列车流畅出入，满足能力要求。

（2）停车检修分区合理。在部分线路较长的场合，车辆段与停车场的确定需要考虑位置分布，以保证运营组织与管理的方便性。

（3）用地布置紧凑。城市地铁系统一般在市区，土地资源稀缺，且价格昂贵，车辆段与停车场的设计要紧凑，以降低建设费用。

2.2.2 车辆基地设计技术要求

1. 一般要求

（1）为满足地铁工程的运营和车辆及设备的维修保养和检修，设车辆基地。

（2）车辆基地的功能应根据城市地铁线路的规划和线网中车辆基地的分布及既有设施综合分析确定，避免重复建设。

车辆基地包括停车场、车辆段、综合维修中心、物资总库和职工技术教育培训中心及必要的办公生活设施。

（3）车辆基地的选址应满足下列要求：

① 符合城市地铁线网规划。

② 出入段线宜为双线（停车场除外），并避免切割运营正线，保证列车出入正线的进路安全可靠、方便迅速、经济合理。

③ 避开工程地质和水文地质不良地段。

④ 便于电力线路、道路及各种管线的引入。

⑤ 有良好的自然排水条件。

⑥ 有足够的远期发展场地。

（4）车辆基地的建设应初、近、远期相结合，其股道、房屋和机械设备等均应按近期设计；用地范围应按远期规模控制。当近、远期工作量变化不大时，停车库及检修库可按远期一次速成。

（5）车辆基地的设计应贯彻节约用地的方针，尽量减少用地范围的房屋拆迁工程。

（6）车辆基地的设计应贯彻节约能源的方针。

（7）车辆基地的设计应有完善的消防措施。总平面布置、房屋建筑、设备和材料的选用等均应符合有关防火规范的要求。

（8）车辆基地的设计应积极推广采用行之有效的新技术、新工艺、新材料和新设备，并应推行设备本地化。选用机具设备时，宜采用国家标准系列产品；选用专用设备时，宜采用标准设备或成熟的非标准设备，其中涉及人身、行车安全的设备，必须经有关部门鉴定批准方可使用。

（9）车辆基地的设计，对其所产生的废气、废液、废渣和噪声等应进行综合治理，并应符合国家和地方现行的治理、排放标准及有关规定。环境保护设施，应与主体工程同时设计、同时施工、同时投产。

（10）车辆基地的设计中，站场、房屋建筑、供电（含电力）、给排水及消防、通风空调各专业设计尚应符合《地铁设计规范》（GB 50157—2013）有关规定和现行国家、行业或地方相关标准、规范和规定。

2. 总平面布置

（1）车辆基地总平面布置应以车辆段为主体，充分考虑综合维修中心、物资总库和培训中心等设施的功能要求，根据有利生产、有利安全、方便管理、方便生活的原则进行统筹安排。各项设备、设施宜分区布置，并应充分考虑远期的发展条件。

（2）车辆基地的线路、房屋、设备和设施的布置应根据生产性质、作业要求，并应结合地形、地质、水文和气象条件，充分考虑消防、卫生、通风、采光、绿化、环境保护和城市规划等方面的要求，力求布置紧凑、整齐，经济合理。

（3）车辆段的布置应根据车辆运用和检修的生产特点及要求，力求工艺顺畅、作业方便。

（4）综合维修中心宜靠近车辆段布置，其房屋、设备宜适当集中设置，动力设施和生活办公设施宜与车辆段相应设施共用。

（5）物资总库的布置应方便汽车运输，并有起重运输设备及场地，以便材料及设备的储存和发放。根据需要可设材料线，以便材料设备的运输和装卸作业。

（6）车辆基地应根据段址地形条件合理布置排水设施。

（7）车辆基地内应合理布置汽车运输道路和消防通道，段内道路应与外界公路连通。

基地内道路应为混凝土路面，主要干道路面宽度为 7.0m，通行汽车道路路面宽度为 4.0m，其他运输道路路面宽度为 2.0m。

（8）车辆基地应设围蔽设施并设门卫室。围蔽设施应结合当地环境条件，选用通透美观的结构形式和材料。

3. 车辆段

（1）车辆段的设计应以车辆技术参数和资料为依据。

（2）车辆段的规模应根据配属列车数量、车辆年走行千米、车辆修程、检修周期和停修时间等主要资料计算确定。

（3）车辆检修修程、检修周期和停修时间应根据车辆的技术标准和质量情况，并结合车辆运用环境、线路条件、人员的管理水平、技术水平等因素综合分析确定。有条件时由车辆供货商提出，作为设计依据。本技术要求推荐采用指标如表 2.1 所示。

表 2.1 车辆检修周期和停修时间表

类别	检修修程	日常维修和定期检修周期指标		检修时间
		里程/10^4km	时间/y	
定期检修	厂修	100~120	10~12	35/32d
	架修	50~60	5~6	20/18d
	定修	12.5~15	1.5	8/6d
日常维修	月检	—	每月	2/2d
	例检	—	每天或双日	2h

注：1. 表中分子为近期天数，分母为远期天数；
　　2. 表中检修时间是按部件互换修考虑；
　　3. 车辆检修修程、检修周期和停修时间表所列指标，可根据采用车辆及工程的有关情况做适当调整。

（4）车辆段的功能和任务应根据本工程的具体情况，充分考虑路网规划中车辆检修运用设备的分布和既有线路车辆检修运用设备功能和规模确定。根据需要可选择下列全部或部分功能要求。

车辆段的完整的功能和任务应包括下列项目。

① 本线列车的运用和管理工作，包括列车的停放和段内的调车、编组作业。

② 本线列车的日常维修保养工作，包括列车的日常检查、一般故障处理、清扫洗刷和月检查工作。

③ 本线各折返站存车线上的列车技术检查。
④ 管辖范围内列车的定期检修工作，包括定修、架修和厂修。
⑤ 本线列车临时故障检修工作——临修工作。
⑥ 段内设备和机具的维修及调车机车、轨道车辆的日常维修工作。
⑦ 本线列车运行中出现事故的救援工作。
⑧ 设计任务书规定的其他任务。

(5) 车辆的检修宜采用部件互换修工艺，以缩短车辆检修库停时间。创造条件，逐步过渡到状态修。

(6) 车辆检修的方式宜采用定位作业，部分部件可根据需要采用流水作业方式。

(7) 车辆段规模的计量单位宜按列位或单元计算。车辆段宜将停车、列检和月检各库合建为一座运用库，其规模应满足本段配属列车的存放能力（可扣除沿线折返线及尽端站存车线的停车列数及检修列车数）。

(8) 车辆段应根据作业需要设出入段线、洗车线、试车线和各种库线（包括停车、月检、静调和临修、定修、架修、厂修各库线及调车机停放库线），以及牵出线、调头线、存车线、走行线等。

(9) 车辆段出入段线宜采用双线，并充分利用段型，实现两站接轨，以满足列车调头作业和运营中调整需要。出段线尚应根据行车和信号的要求，留有必要的转换轨长。

(10) 洗车线宜为贯通式布置。为避免洗车作业对其他径路的影响，洗刷设备前后线路的有效长度均不应小于1列车的长度。

(11) 为进行车辆检修后的全面试验，应设试车线。试车线应设于车辆段的边缘地带。试车线宜为平直线段，其长度应根据车辆性能试验要求计算确定，并应在线路的适当位置设置不小于半个列车长度的检查坑。为保证安全，试车线应采取隔离措施。

(12) 段内应根据调车作业的需要设牵出线。牵出线的数量和有效长度应根据调车作业方式、工作量确定，并符合有关规范的规定。

(13) 为停放调车机车，段内需设置调车机车停放库线。

调车机车停放库线的数量应根据调机台数确定，并宜按每线停放1台调车机车设计。其中一条库线上应设检查坑。

(14) 车辆段应根据功能要求设置相应的库线，包括停车库（棚）线、月检库线和定、架、厂修库线。各种检修库线应根据工艺和作业要求合理布置，月检库线宜采用架空股道，各种库线在库前宜有不小于15m的平直线段。

(15) 为完成车辆检修后的静调作业，应设静调线。静调线宜设于定修库内或与月检库线合用。静调线平直线段的长度不应小于列车的长度。静调线应设宽型检查地坑或采用架空股道，并宜于两端及中部分别设踏步或斜坡道，坑深为1.2m，静调线宜为零轨（线路标准有较高的要求）。

(16) 临修线供临时故障车检修之用。临修台位长度宜按停放一列车计算，并应考虑解列作业，满足一辆车架车作业的要求。临修线两侧应根据采用架车设备和作业方式设架车基础。

(17) 为满足车辆日常维修、保养、试验和定期检修的要求，车辆段应设相应的生产房屋。

车辆段主要生产房屋包括以下三部分。

① 运用生产房屋：停车列检库/棚（南方宜设棚，北方寒冷地区或西北风沙地区应设库）和月检库（统称运用库）及其辅助生产房屋。

② 检修生产房屋：顶、架、厂修库和临修库及其边跨、不落轮镟轮库、调机库。

③ 其他生产房屋：空调检修间、机械钳工间、空压机间、蓄电池间、变电所、车辆段控制中心等，以及其他生产房屋。

此外，还应有综合办公楼、行车公寓、食堂、浴室、门卫等办公及公共生活设施。

（18）运用库中停车列检库（棚）和月检库的设计应符合下列要求。

① 停车列检库（棚）

a. 车库长度应根据每股道停车列数、车列之间运输消防通道的要求及作业等因素计算确定。

b. 贯通式停车列检库（棚）线宜按每线停放两列车设计，尽端式停车列检库（棚）线宜按每线停放一列车设计。

c. 库（棚）宽度应按铺设股道数量，股道间作业、运输通道等因素确定，并符合表2.2的规定。

表2.2 各种车库主要尺寸参数表（单位：m）

项目名称	车库名称					
	停车库	列检库	月修库	定修库	架（厂）修库	调机库
车体之间通道宽度（无柱）	1.6	2	3	4	4.5	2
车体与车间侧墙之间通道宽度	1.5	2.0	3	3.5	4.0	1.7
车体距柱子边通道宽度	1.3	1.8	2.2	3.0	3.2	1.5
库内端部通道宽度（由墙内至检查坑端）	4	4	4	5	5	3

注：调机库如系单线库时，车体与侧墙（或柱）之间的距离应有一侧不小于2m。

d. 库（棚）高度应根据接触网的架设高度和车顶作业要求确定。

e. 库（棚）地面宜为混凝土地面，轨面宜高出库内地面20mm。列检股道应设检查坑，坑深宜为1.2m～1.4m，其长度根据车列长度确定。

② 月检库

a. 车库长度应根据每股道检修列位数，并考虑横向通道计算确定。

b. 车库的宽度应根据库内股道数及作业要求确定，并应符合表2.2的规定。

c. 车库高度应根据车顶作业要求确定。

d. 为便于作业，车库内股道宜采用架空方式设置。股道外侧宜设双层作业平台，以方便车顶作业，作业平台的高度应根据车辆的尺寸和作业需要确定。车顶作业平台应考虑安全防护设施。

e. 车库宜设置辅助生产房屋和工作人员更衣、休息等办公、生活用房。

（19）定、临修库宜合并设置，采用两线或三线库；架修、厂修库应根据检修方式和作业要求设计。

车库的长度、宽度，应根据检修台位数、车辆长度、作业方式和检修工艺要求确定。

车库内应设起重设备,起重设备类型及起重量应根据检修工艺确定。

车库修车线轨面至起重机走行轨面高度应根据架车高度、从车顶吊运作业要求,及起重机规格、型号等因素确定。

(20) 车辆段主要设备的配备应保证地铁车辆检修、运用和试验的需要,应设置相应的机械加工、起重、动力、电气、清扫洗刷和检测试验各类设备,以及调车机车和各种运输车辆。

4. 物资总库

(1) 为满足地铁工程各单位所需机电设备、机具、材料、劳保用品等的采购、储存和发放的管理,应设物资总库。

(2) 物资总库宜根据总布置的情况设于车辆段用地范围内的适当位置。

(3) 物资总库应设有各种库房和办公、生活用房,各种库房的设计规模应根据需要存放的材料、配件和设备的种类、数量计算确定,不同性质的材料、物资宜分库存放。其中存放易燃品的杂品库应单独设计,并符合《建筑设计防火规范(2018年版)》(GB 50016—2014)的规定。

(4) 为便于材料、配件和设备的装卸及运输,物资总库应配备必要的装卸、起重设备。根据需要可设材料装卸线,其长度满足材料装卸的需要。

(5) 为满足材料、配件和设备的运输,物资总库应根据需要配备载重汽车、平板车等运输车辆,应有汽车运输道路,并与车辆段运输道路和外界公路连通。

(6) 根据需要,物资总库可设小型柴油库和油泵间,小型油库的设计应符合《汽车加油加气加氢站技术标准》(GB 50156—2021)的有关规定。

(7) 物资总库应有足够面积的露天存放场地,并应设围墙和门卫室。

5. 车辆基地的线路、轨道和路基及桥涵

(1) 车辆基地的线路配备应满足功能及工艺要求,做到安全、方便、经济合理。

(2) 线路平面及纵断面设计应满足下列要求:

① 出入段线:最小曲线半径不应小于200m;最大坡度不应大于3.5‰(或根据采用车辆的性能确定)。

② 车辆基地线:最小曲线半径不应小于150m;车辆基地线宜设于平道上,困难时库外线路可设在0.15‰的坡道上;试车线应设于平直道上。

(3) 轨道设计应满足下列要求。

① 钢轨:采用50kg/m钢轨。

② 扣件:整体道床线路扣件与地下线路相同;碎石道床线路采用Ⅰ型弹条扣件。

③ 轨枕:

a. 道岔及其前后15根轨枕采用油浸防腐蚀木枕,每千米1440根。

b. 除上述地段均采用钢筋混凝土轨枕,出入段线及试车线每千米铺1600根,其他地段每千米1440根。

c. 凡设检查坑地段均采用钢筋混凝土整体道床,每千米支点1440对。

④ 道床:

a. 库内及车辆段出入段线隧道内部分线路宜采用整体道床。

b. 库外线路宜采用碎石道床，道床厚度不小于25cm。

⑤ 道岔：出入段线（正线上出岔）和试车线采用9号道岔；车辆基地线采用7号道岔。道岔轨型应与连接线路轨型一致，两道岔间插入短轨应符合《地铁设计规范》（GB 50157—2013）的有关规定。

（4）路基宽度、路拱形状、路堤、路堑及边坡等宜参照现行国家铁路局有关设计规范设计。

（5）路肩设计高程不应小于1/100洪水频率（或1/100潮水位）＋波浪爬高值＋安全高值。

（6）路基排水系统应满足下列要求。

① 出入段线：路基两侧设侧沟。

② 车辆基地内线路：路基排水自成体系，排入附近河涌或城市排水管网。

③ 电缆沟排水：宜利用地形采用自然排水，困难时可自成体系，设相应集中机械提升排入附近河涌。

（7）桥涵位置、孔跨、设计标准、建筑材料选用等宜参照现行国家铁路局有关规范进行设计。

6. 房屋建筑

（1）车辆基地的房屋应满足生产的使用要求，充分考虑所在地区的建筑特点及规划的有关要求；并考虑地区的气候特点，采取适当防雨、防风、防沙措施。

（2）房屋布置应力求分区明确、布局紧凑、联系简捷，做到节约用地，并宜注意朝向。

建筑物的造型应在满足使用功能的基础上，做到错落有致、格调明快、整体协调；室外应与周围环境相协调，室内按功能使用要求确定装修标准。

（3）车辆基地应设两个及以上汽车出入口，并应有环形汽车通道以满足消防要求。

① 行车通道穿越建筑（构筑）物部分的净空高度不应小于4.5m。

② 设单行车通道时，其较长路段内宜有回车辆基地地。

③ 道路与轨道平面交叉时，应采用混凝土平过道，平过道的宽度不应小于7m。

（4）车辆基地的办公、生活房屋宜合并建成综合楼，以便节约用地、方便使用。

（5）物资总库，除堆放大型、笨重材料库房及危险品库外，其余均宜设多层库房。设多层库房的材料库应设提升设备。对于存放仪表、电器零部件的库房，室内应设防尘装修。材料库房均应有良好的采光和通风条件，并有防鼠、防盗设施。

（6）车辆段检修主厂房及运用库等多跨或大跨度建筑，宜采用排架（混凝土或钢）结构，屋面宜采用钢网架结构及轻型屋面体系，并应有隔热、保温、防水、通风设施和防火措施。

（7）一般生产房屋和六层以下跨度不大的办公、生活房屋宜采用混凝土框架结构或砖混结构。

（8）房屋设计应与各专业密切配合，做好环境绿化规划设计。

（9）车辆段内房屋抗震设防基本烈度应满足当地的抗震设防要求。

7. 给排水与消防

（1）车辆基地给水及消防应包括生产、生活和消防给水系统及气体灭火系统；排水系统由生产废水和生活污水系统组成。

(2) 给水工程设施要安全可靠，保证各用水点对水量、水质和水压的不同要求。

(3) 排水系统工程应能及时达标排出段内各车间和办公生活房屋所产生的污（废）水，各类排水管道应便于清通。

(4) 车辆基地应有完善的水消防系统，并根据设备的要求设置必要的气体灭火设备，以便迅速有效地扑灭各类火灾。

(5) 给排水设备和材料选用应满足下列要求：

① 各种设备应技术先进、性能优良、可靠性高、规格统一、维修方便，宜选用国内产品（含中外合资产品）。

② 管道材料应选用抗杂散电流腐蚀的管材，以延长管道寿命。在杂散电流分布地点的给排水和消防设备应采取防止杂散电流腐蚀的措施。

(6) 设计中与城市给、排水管道衔接时，应分别与市自来水公司和市政管理部门协商，并应达成书面协议。

(7) 给水系统设计应符合下列要求：

① 车辆基地给水水源采用城市自来水，在不同自来水干管各引入一根进水管（总计两根）进入车辆段。

② 段内给水系统应按环状供水管网布置，以满足消防用水要求。

③ 室外给水系统宜采用生产、生活和消防共用管网。

④ 车辆段用水量应按下列原则确定：

a. 工作人员用水量按每人每班 50L 计，时变化系数为 2.5。

b. 冷却系统补充水按循环冷却水量的 2%～3% 计。

c. 冲洗水量按每次 $2\sim4L/m^2$ 计。

d. 生产用水量按生产工艺要求确定。

e. 各附属建筑物和绿化用水量按《建筑给水排水设计标准》（GB 50015—2019）确定。

(8) 消防给水系统应满足下列要求：

① 车辆段消防给水系统应包括室内、外消火栓消防系统和消防水泵接合器。

② 车辆段室外环状管网水压不应小于 0.1MPa，压力不足时，应设调蓄增压设施。

③ 车辆段的室内外消火栓用水量、消火栓间距及灭火时间、室内消防管道、消防水箱及消防泵房等设计，应符合《建筑设计防火规范（2018 年版）》（GB 50016—2014）的规定。

④ 车辆段和地铁沿线按同一时间发生一次火灾考虑。

(9) 车辆段内变电所的控制室，车辆段控制中心通信、信号设备室等应设气体灭火系统，设计应满足气体灭火系统的要求。

(10) 车辆段应设火灾报警系统，系统的保护范围宜包括车辆段控制中心、运用库、检修库、维修中心综合楼、办公楼、食堂和物资总库材料库等，设计应符合《火灾自动报警系统设计规范》（GB 50116—2013）的规定。

(11) 车辆段排水量计算宜采用下列标准：

① 工作人员生活排水量按每人每班 50L 计，时变化系数为 2.5。

② 消防废水量、冲洗废水量与其用水量相同。
③ 生产车间的排水量与用水量相同。
（12）污水处理与排放应满足下列要求。
① 生产废水包括以下几类。

a. 含油废水：车辆段等生产过程产生的含油废水经调节、沉淀、隔油、气浮、过滤、吸附、消毒等系列处理，达到国家及当地污水排放标准后，排入附近河涌或城市排水管网。

b. 重金属有毒废水：车辆段蓄电池间及酸、碱性蓄电池维修作业产生的含铅、镉、镍的有毒废水，须经必要的水质处理，符合标准后才可排放。

② 生活污水：各车间和办公楼的卫生间的粪便污水须经"化粪池"及"埋地生物滤池"生化处理后排入附近河流。

③ 生活污水和生产废水的处理，应结合总布置的情况和当地的排放条件采用集中或分散方式。

④ 污水处理与排放方案应送业主报请环保和有关市政部门批准。

8. 通风空调与电力工程

（1）通风空调

① 车辆基地内的生产、生活、办公房屋应根据当地的气候条件和生产、生活的需要设置通风、空调、采暖及防、排烟系统。

② 综合办公楼、车辆段控制中心和食堂等人员集中的房屋应设置空调设备，空调设备选型应通过技术经济比较确定。

③ 空调通风设计应满足下列要求。

a. 室外空气空调计算参数干球温度、湿球温度、相对湿度值及室外通风计算参数参照《民用建筑供暖通风与空气调节设计规范》（GB 50736—2012）确定。

b. 生产房屋和设备用房设计参数，按具体工艺要求确定。

（2）电力工程

① 车辆基地电力工程包括变配电所、动力供电、室内外照明和地区低压线路，设计应满足所有动力照明设备用电要求。

② 段内变电所位置宜靠近负荷中心，且进出线方便。

③ 中低压供电设计应满足下列要求：

a. 电源及电压等级：两回 35kV（或 10kV）电源引自 110/35kV（或 110/10kV）主变电所，动力照明供电电压等级为 0.4/0.23kV。

b. 主接线及运行方式应按供电系统的要求确定。

c. 变压器容量应按近期用电容量选择，一台变压器故障，另一台应能承担全段一、二级负荷供电。变电所房屋设计应按远期需要预留位置。

d. 0.4kV 侧接线及运行方式：单母线断路器分段，正常运行时母线分段断路器断开，两段母线独立运行。一回电源故障时，母线分段断路器自动投入，承担两段母线上的一、二级负荷供电。

e. 低压配电系统 0.4kV 主断路器的选择：动力配电回路断路器宜为三极，进线、出线、母线分段和照明回路宜为四极。

f. 功率因数补偿及其补偿方式，由供电系统统一考虑。

g. 计量装置除低压总计量外，动力、照明、空调通风应分别计量，以利经济核算。

h. 接地装置宜设置在变电所附近，接地电阻不宜大于 0.5Ω；低压配电宜采用TN-S系统。

i. 继电保护自动装置及所用电系统应与全线供电系统技术要求统一。

j. 所用通信宜装地铁内部电话及市电各一部。

④ 动力供电设计应满足下列要求：

a. 在动力负荷较大且集中的车间，由变电所直接供配电不经济合理时，宜增设车间配电室配电。

b. 动力供电宜采用放射式和树干链式相结合的方式，一、二级负荷和大容量负荷供电宜采用放射式供电。

c. 除有特殊要求或容量过大变压器难以承受采用降压启动外，其他宜采用直接启动。

d. 动力供电电缆应根据不同供电设备和所处环境条件采用与用电设备同样防护等级要求的型号电缆。穿管敷设电缆宜采用 FEC（BYG）管；埋地敷设电缆需穿钢管时注意平行于有接触网股道的长度和距离，注意将杂散电流影响降到最低限度。

⑤ 照明供电应满足下列要求：

a. 照度标准宜参照《建筑照明设计标准》（GB 50034—2013）执行。（注：该国标的最新版本 GB/T 50034—2024 将于 2024 年 8 月 1 日起施行）

b. 光源和灯具应广泛采用节能光源和灯具，室内照明应以荧光灯为主，白炽灯为辅；高大厂房宜采用混光照明；在旋转机械处所应采用广照型工厂灯；路灯灯柱宜采用高压钠灯。

c. 照明供电系统应采用分区分回路交叉方式供电，以提高供电的可靠性，生产厂房应采用放射式供电、集中控制；生产办公及生活房屋宜采用分散就地控制方式；室外照明宜采用集中控制方式。

d. 应急照明电源宜不配专用直流成套装置。变电所应急照明电源与控制保护操作用直流电源共用，其余需要设置应急照明处所可装自带蓄电池的应急灯。

e. 照明配电箱与配线方式相适应，根据不同类型分别采用嵌入式或挂墙式。

f. 照明供电采用电缆（线）应考虑地区气候特点，推荐采用阻燃型产品，以策安全。

⑥ 动力照明分路供电，室内外照明回路分开。室外电缆宜采用电缆沟内敷设为主，穿管埋地为辅，当采用钢管埋地敷设时应采取可靠防腐措施。

2.2.3 总平面布置

1. 车辆基地总平面布置要求

（1）车辆基地总平面应合理布局、功能分区明确、节约用地、交通组织顺畅。

（2）车辆基地总平面布置应以车辆运用、检修设施为主体，结合综合维修、物资仓储、综合办公和其他设施、设备的功能要求，以及道路、管线、消防、环保、绿化等要求，统筹安排和布局，并应满足远期发展的要求。

(3) 车辆基地总平面布置应符合下列规定：
① 站场配线应齐全，工艺流程应顺畅，应避免作业干扰。
② 生产及办公生活区域各功能区应相对集中布置，并应方便管理。
③ 应减少人员跨轨作业及行走距离。
④ 应便于物流运输。

2. 车辆基地房屋布置要求

（1）生产房屋应以运用及检修库为核心布置。

（2）各辅助生产房屋应根据生产组织需要按系统布置，与运用和检修作业关系密切的辅助生产房屋宜分别布置在相关车库的侧跨内或邻近地点，性质相同或相近的房屋宜合并设置。

（3）空压机间、变配电、给水、供暖设施等动力房屋，应设置在相关的负荷中心附近。

（4）产生噪声、冲击振动或易燃、易爆的车间应单独设置；产生粉尘、有毒和有害气体的车间或设施应布置在常年主导风向的下风侧，并宜远离生活、办公区；排出的有害、有毒气体、粉尘、废液经治理后应符合国家现行有关环境保护及卫生标准的规定。

（5）应根据生产和管理需要配备乘务员公寓、食堂、办公楼、浴室、职工更衣休息室、晾衣场地及卫生设施。当乘务员公寓与其他楼宇合设时，应采取分隔措施，宜设置独立的电梯。当办公房屋与其他房屋合建时，应满足办公房屋的使用功能和环境要求，并应分区明确。

（6）锅炉房、厨房等后勤用房的燃料、蔬菜食品以及厨余垃圾等物品的运输应设有单独通道。

3. 车辆基地出入口与道路布置要求

（1）应合理设置车辆基地与外界道路相连通的出入口；车辆基地主要出入口不应与城市快速路直接连接，并不应直对城市主要干道的交叉口。

（2）车辆基地道路应符合下列规定：
① 主要库房建筑物周围应形成环形道路，当需设置尽端式道路时，应设置回车场地。
② 主干道的路面宽度不应小于7.0m，转弯半径不应小于9.0m。
③ 通行汽车的次要道路的路面宽度不应小于4.0m，转弯半径不应小于9.0m；其他道路的路面宽度宜为2.0m～2.5m。
④ 应有消防车道，布置应符合现行国家标准《建筑设计防火规范（2018年版）》（GB 50016—2014）和《地铁设计防火标准》（GB 51298—2018）的规定。消防车道宽度不应小于4m，穿过建筑物门洞时其净高不应小于4m；尽端式消防车道应设回车场，回车场面积不应小于12m×12m。消防车道路面、扑救作业场地及下面的管道和暗沟应能承受大型消防车的压力。

4. 车辆基地其他区域布置要求

（1）车辆基地内应设置机动车和非机动车停放场地等配套设施，车辆停车位数量应符合现行国家标准《城市停车规划规范》（GB/T 51149—2016）的规定，并应按要求设置充电桩。抢险车辆停放位应设雨棚及冲洗场地。

（2）车辆基地的排水系统应与市政排水设施结合，并应满足防洪、防涝要求。

（3）车辆基地周界围蔽或围墙设施应符合下列规定：

① 其设计应结合当地的环境要求，选用安全、实用、耐久、美观的材料和结构形式，整体围墙的上端应高于场界外侧地面2.8m，墙体顶端宜配合采用玻璃碎屑、铁丝网、电子围栏等防止攀爬的设施。

② 车辆基地出入线、试车线、洗车线和镟轮线及车场线群外侧应设置通透的围蔽设施，轨道与道路平交道口处应采取安全分隔措施。

③ 全自动运行的车辆基地自动驾驶区域、接触轨制式作业区域应设隔离设施，出入段线敞口段应设置安全防护及隔声设施，隧道口及轨行区不能采用围蔽封闭的区域应设置周界防护系统。

（4）当采用汽车运输电客车时，应在车辆基地设置新车装卸线，装卸线可与轨道车停放线或材料装卸线兼顾使用；运输新车的大型汽车通道的转弯半径不宜小于25m，通行高度不宜小于5m，汽车载荷等级应按公路Ⅱ级设计。

（5）车辆基地的绿化应在总平面布置时统一设计、全面规划。股道区绿化，不得采用灌木或乔木。

（6）车辆基地应设置垃圾存放点，存放点不宜设置在办公区域、设备存放区、排污管道上方或其他影响办公运营的区域，宜采用绿化遮挡。

（7）车辆基地内宜设置员工训练和演练场地，并宜设置安全围蔽、夜间照明等基础配套设施和器材。

（8）车辆基地中的易燃品、危险品、污染物应有单独隔离的存放区域，并应符合国家现行有关标准的规定。

5. 车辆基地进行上盖物业开发时的布置要求

（1）应与上盖物业开发统筹规划和设计，并应有明确的界面划分，不得相互干扰。

（2）应满足车辆基地的使用功能，做好交通、消防、排水、防水、通风、采光、安防等方面的永临结合设计。

（3）应结合环境影响评价要求，采取相应的减振和降噪措施，减少对上盖物业开发的影响。

2.2.4 站场与线路设计

1. 车辆基地调车、车辆作业速度要求

（1）段内运行速度，调车模式不宜大于15km/h；自动驾驶不宜大于25km/h。

（2）连挂速度宜为3km/h～5km/h。

（3）洗车库洗车作业速度宜为3km/h～5km/h。

（4）出入库作业速度不宜大于5km/h。

（5）试车线试车速度宜按车辆最高运行速度确定；当试车线长度不足时，宜按不小于车辆最高运行速度的60%确定。

2. 车辆基地线路设计要求

（1）出入线

① 出入线应在车站端部接轨，并宜选在线路的终点站或折返站。列车从车辆基地

出入线进入正线前宜具备一度停车条件,当不能满足信号安全防护距离要求时,应设置安全线。

② 出入线应连通上下行正线,当出入线与正线交叉时,应采用与正线立交的方式,其列车通过能力应根据远期线路的通过能力和运营要求计算核定。

③ 出入线宜按双向运行设计。尽端式车辆段应采用双线出入线;贯通式车辆段应在两端分别接入正线,主要方向端同时具备出段和入段功能,另一端可为单出或单入功能。

④ 当车辆基地设在线路中部时,出入线宜结合接轨条件选择八字形两站接轨。

⑤ 规模不大于 12 列位的停车场出入线可按单线双向运行设计。

⑥ 出入线宜根据需求设置信号转换段(点),其长度应根据行车和信号的要求确定。

(2) 材料线

地铁车辆基地应设材料线,并应与出入线顺接,材料线宜与综合维修中心、物资总库就近布置,并应设有便捷的运输道路,材料线在材料堆放场地一侧宜设置硬化地面;有效长度宜满足调车机车长度、2 节平板车辆联挂长度和安全距离 10m 的要求。连接主要出入口和材料堆放场地的道路宜满足长钢轨运输的要求。

(3) 停放线

地铁大架修基地宜设置待修车及修竣车停放线,并宜靠近大修库设置,其有效长度应满足远期检修列车编组长度加 1 台调车机车长度及安全距离 10m 的要求。

(4) 牵出线

地铁车辆基地的牵出线设置应满足车辆基地总平面布置和调车作业的需要,并应符合下列规定:

① 牵出线数量应根据调车作业方式、工作量分析确定。

② 牵出线有效长度应满足远期列车编组长度、1 台调车机车长度、安全距离的要求,并不应小于式(2.1)的计算值。

$$L_q = L + L_d + L_a + 6 \tag{2.1}$$

式中,L_q 为牵出线有效长度,m;L 为远期列车编组长度,m;L_d 为调车机车长度,m;L_a 为安全保护距离,m,非自动驾驶为 10m,自动驾驶车辆的安全保护距离由信号专业确定;6 为信号安装及司机瞭望距离,m。

③ 牵出线宜设在直线上,当设置于曲线段时,曲线半径不宜小于 300m,牵出线不宜设在反向曲线上。

(5) 调头线

地铁车辆基地宜根据线路特征、总平面布置、运营和检修要求设置列车调头线。

(6) 库线

地铁车辆基地库线应包括停车列检库、周月检库、静调库、吹扫库、镟轮库、定临修库、大架修库、油漆库等,各库线库门外宜设有长度不小于车辆定距的直线段。当条件不满足时,应加宽库门或采取相关措施满足限界要求。

(7) 联络线和交接线

地铁车辆基地与铁路之间宜设置联络线和交接线,并应符合下列规定:

① 联络线宜与铁路车站接轨、与车辆基地站场线路连通。
② 联络线和交接线应按铁路标准进行设计。
③ 交接线的股道设置数量不宜少于 2 股道。
④ 交接线的有效长度不宜小于远期列车编组长度、铁路调车机车和隔离车的长度、轨道交通调车机车长度、交接线两端的安全距离各 10m 等的总和长度。

（8）走行线

当车辆基地运用库按贯通式库型设计时，应设联系车场两端咽喉区的走行线。

（9）车场线的轨道

地铁车辆基地车场线的轨道设计应符合下列规定：

① 钢轨及道岔应符合下列规定：出入线、试车线采用的钢轨及道岔型号应与正线一致；车场线应采用 50kg/m 钢轨、7 号道岔。
② 道岔轨型应与连接线路轨型一致，两组道岔间插入短钢轨不应小于 4.5m，困难条件下可为 3m。
③ 道床应符合下列规定：出入线及试车线道床，地面线宜采用有砟道床；地下线、高架线宜采用无砟道床；库内线路应采用无砟道床；库外线路可采用有砟道床。

（10）车挡

地铁车辆基地在轨道尽端应设置车挡，并应符合下列规定：

① 试车线、牵出线的终端应设缓冲滑动式车挡。
② 其他车场线终端应设固定式车挡。
③ 库内宜采用摩擦式车挡或固定式车挡，当车辆带排障器时宜采用液压车挡。

（11）车场线的线路平面及纵断面

① 出入线应符合下列规定：最小曲线半径 A 型车不宜小于 250m，B 型车不宜小于 200m；最大坡度不应超过 3.5%；竖曲线半径不应小于 2000m。
② 试车线宜为平直线路，困难条件下，在满足试车速度要求时可设适当曲线。当试车线设置在隧道内时，线路设计应满足隧道排水的要求。
③ 地铁车辆基地车场其他线路应符合下列规定：最小曲线半径不应小于 150m，其中使用调车机车作业的牵出线最小曲线半径不宜小于 300m；曲线间夹直线最小长度可为 3m；线路宜设于平道上，困难条件下库外线路的坡度可按不大于 0.15% 设计，咽喉区可设不大于 0.3% 坡度；平板车线的设置宜方便调车机车的联挂、进出出入线进行正线巡检、检修、抢修、救援等作业；有效长度应满足停放 4 辆平板车、2 台牵引机车、10m 安全距离的要求。

（12）线路路肩高程

车辆基地线路路肩高程应根据城市竖向规划、内涝水位、土石方填挖平衡，以及周边接驳等因素确定，并应满足防洪评估报告要求。

3. 车辆基地站场雨水排放系统设计要求

车辆基地站场雨水排放系统应符合下列规定：

（1）车辆基地的雨水排放应满足当地对海绵城市的设计要求，站场排水应与道路排水、屋面排水、周边排水相结合，应预留整体排水规划和接驳条件。对于上盖开发车辆基地，应结合上盖物业的建设时序，做好永临结合的排水设计。

（2）站场路基面应设排水横坡，宜采用重力自流排水方式，段内排水设施应采用排水沟与排水管相结合的形式。

（3）检查坑和室外电缆沟的排水宜采用重力自流排水方式站场排水系统，困难条件下可自成体系，采用集中机械提升排水方式。

4. 上盖物业对站场设计的影响

若车辆基地要进行上盖物业开发，上盖的设计和建造对车辆基地站场设计有直接的影响，且贯穿整个站场设计过程。

（1）上盖物业对站场线路设计的影响

线群布置应考虑上盖物业开发条件。

车辆基地一般以列车运用和检修作为主要任务，其盖下主要厂房为运用库和检修主厂房，若按普通无上盖车辆基地设计，则以咽喉区轨道线束长度控制其位置，可将其错开布置，以缩短咽喉区长度。若需考虑方便上盖建筑的规划布置，则可将运用库和检修主厂房对齐并列布置，使60%的上盖区域具有整块方正齐整的柱网区，为盖上物业规划设计提供更好的条件。

站场咽喉区由于线路曲线较多、道岔较密集，柱网布置较为困难，有条件时，线路和道岔布置可根据建筑柱网的需要适当进行调整，留出柱位。

出入段线区域相比其他区域较狭窄，但配合试车线、洗车线、牵出线等站线布置规整，也可方便上盖柱网布置成较规整的区域。

原则上结构柱网需利用线路间的空地布置，并不得侵入限界。站场设计初始阶段就应由站场、限界、结构专业共同确定柱子截面标准尺寸、线路限界宽度和布跨宽度。运用库和检修主厂房线路建议按2线1跨布置，咽喉区股道线束也建议以2线为1线束，对应库房布跨宽度，减低柱网布跨难度。

（2）上盖物业对站场排水设计的影响

车辆基地上盖物业的设计建造，将站场排水明显分为盖下和盖外两个部分（盖上物业排水由给排水专业考虑）。

① 盖下站场排水。车辆基地整个站场均位于盖下，因此，盖下站场排水明显不同于普通站场，若按普通站场排水考虑，需设计施工路基面排水横坡，并且每2~4股道间设线间排水槽，站场咽喉道岔区需增加数条排水槽，且线间位置较窄，纵向排水槽极易与咽喉区柱网位置重合，布置非常困难。同时，计算盖下站场汇水仅有消防洒水、清洗用水及上盖沉降缝漏水，汇水量极少，因此盖下站场排水仅在盖板沉降缝附近设置数条横向排水槽即可。

② 盖外站场排水。盖外区域主要为上盖周边露天路堤边坡部分，可用浆砌片石封闭，本身汇水量不多，主要承接盖上物业雨水汇水。盖上物业雨水收集后，汇往数个排水出口，顺最外侧柱网通过管道排往盖外路堤边坡，需站场和给排水合并计算汇水量，最终确定路堤边坡坡脚上主雨水排水沟截面尺寸，在路堤边坡坡脚设置主排水沟。

（3）上盖物业对场区道路的影响

上盖地铁车辆基地，除了普通车辆基地的场区道路和通段道路外，还有通盖上物业的通道。

通段道路除考虑车辆段车流外还需考虑盖上物业车流量，标准适当提高，并预留市政管网通道。

场区道路不超过以下标准：主干道宽度7.0m，次要道路宽度4.0m。道路弯道段及交叉口由于内圆的原因，宽于道路其他部分，易与结构柱网冲突，应调整道路弯道或交叉口位于柱网较大空隙处，以便于上盖结构布跨。盖下道路由于柱网密集，视线不佳，弯道和交叉口处应布设反光镜及减速带，道路标志标线清晰明确。

通上盖道路需考虑与盖下道路隔离，盖上盖下出入口门禁区分或位置分开。通上盖道路通常以公路桥的方式连接，坡度一般不大于6%，需注意桥墩基础与结构柱网基础的位置，桥梁外廓尺寸与上盖外廓尺寸之间的间距，特别是桥梁与上盖接口附近位置。

3 地铁车辆基地上盖物业开发模式与总体规划

3.1 上盖物业开发模式

3.1.1 车辆基地综合物业开发模式

1. 地毯模式

地毯模式指地铁车辆基地水平布置在地面,通过将传统的综合楼、联合车库整合并布置于地面成为一体化平台,该层为地毯模式的最底层,是综合开发的建设基地。一体化平台上部布置综合开发物业,如住宅楼,商业建筑等。物业通过高差变化接驳基地与周边市政道路,在有高架地铁站接驳的情况下,物业同时与地铁车站接驳,通过倒装形式相连,此时人流步行平层到达车站,做到上盖物业与高架地铁车站的无缝衔接。

地毯模式侧重于车辆基地综合开发与城市周边环境的协调,对车辆基地本身面积压缩没有要求,其规划设计重点在于交通流线规划、建筑平面规划、综合管线布置、风景园林规划等,该模式为获取最大的开发利润,对容积率要求尽可能提高,以增加物业开发面积,如图3.1所示。

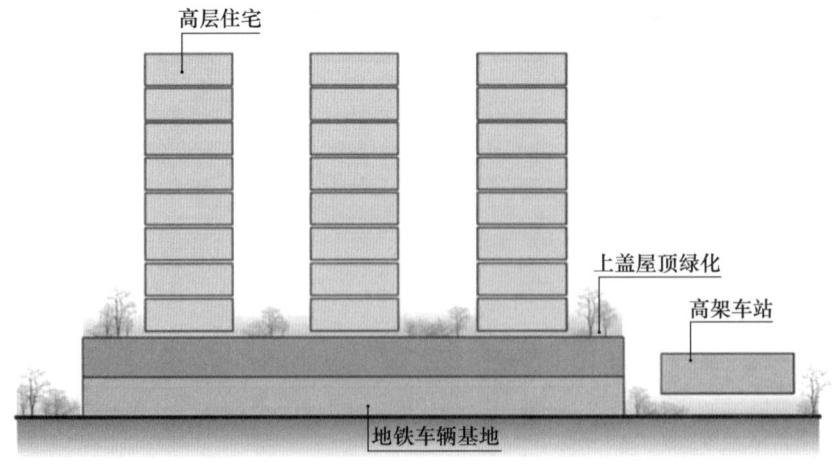

图3.1 地毯模式示意

地毯模式的主要优点：上盖物业与高架地铁站紧密相连，人流流线通过两者互相连接无高差，亦可避开风雨；车辆基地下部工作厂房通过盖板完全隔离，通过不同的平台结构达到易于管理的目的。车辆基地厂房、库房本身设在地面，储存列车，维修检修生产组织方便并与传统的操作习惯相符，车辆基地自身结构体系建筑于地面，工艺流程较为简单。

地毯模式的最大缺点：这种模式没有很好地运用城市珍贵的土地资源，不能对车辆基地等进行整合，也不能很好地衔接城市中的其他主要道路；而且因为车辆基地上盖高度一般较高，所以盖上建筑通常只有一栋或者几栋，有很明显的孤岛感；地铁车辆基地的建设基础需要有超过1000m范围的全封闭围墙，用以建设足够的检修工坊以及很多列车线路，对城市空间的影响比较大，还会干扰周边其他交通的规划；车辆基地等必备的咽喉区通常以漏斗的形状出现，因为其对视野的要求非常高，而且有很多岔道和分线，所以大多设计成为开敞式。同时因为咽喉区的柱网位置很难确定，所以咽喉区会影响车辆基地的整体设计。

基本能够允许地形高差变换的地形如丘陵、山地等，很多都是应用的地毯模式，如重庆、香港。这种地形的城市如果能够正确处理地形的高差变化，增加城市空间的层次，丰富车辆基地上盖建筑的内容，就可以不打破城市原本的规划，形成多元化的建筑群体。

2. 地下模式

在车辆基地土地开发利用的过程中，除了地毯模式，很多国家采用的另外一种方式名叫地下模式。地下模式的含义就是：地面上的建筑主要用于地铁管理人员的工作，而地面下的建筑主要是各种大型厂房，用于停车场、车辆段等。这样就可以尽量减少规模巨大的车辆基地对城市其他公共交通和建筑空间的干扰。地面下的车辆基地能够很好地融入周围环境，同时按照城市设计的整体规划，确定地面上的建筑的具体分布，如图3.2所示。

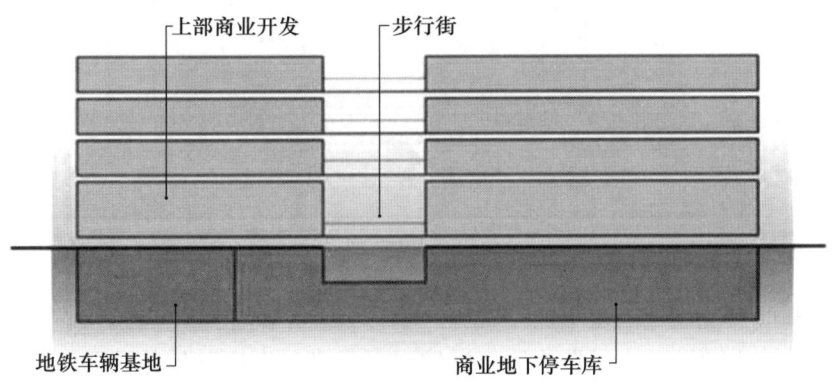

图3.2 地下模式示意

地下模式的好处在于，它可以提高城市土地资源的利用率，而且因为地铁本身就在地面下运行，所以对线路高度没有太大的限制，就不会出现U形槽，既可以保障地铁运行的安全性，又可以尽可能少地占用地面上的空间。在以前，原本位于大中城市中心位置或者后面逐渐变成中心位置的郊区的车辆基地大多采用地下模式，如日本光丘车辆基地及新加坡金泉车辆基地都是采用了地下模式，唯一的区别仅在于其上方建筑群的布局。

地下模式的不足之处在于，如果地下水位比较高，就需要加强地铁的防水、排水措施，建成后如这些技术问题没有得到解决，则会造成巨额、难以弥补的损失，所以地下车站的建设需要满足一定的地质要求。同时，地面下的车辆基地通常没有很好的通风和采光，需要严密监控其火灾发生的可能性。现阶段，因为地下模式的施工难度普遍较高，而且成本居高不下，所以其应用并不普遍。

3. 高架模式

最近几年，为了更好地开发车辆基地所占用的土地资源，国内研发出了高架模式。因为绝大部分大中城市的可用土地资源都比较少，所以车辆基地都可以通过高架线路来进行连接。如果在交通道路上方建设起地铁车站，那么可以发现线网的坡度并不适合列车的行驶，因此，如果车辆基地等大库内规定的标高大致等同于地铁的规定高度，那么就可以应用这种模式。当车辆基地的高度距离地面超过10m时，就不会对地面交通造成太大的影响，同时还可以充分开发高架下方的空间，建设起配备的餐饮店、商店等，还可以建造景观公园、民用住宅等。这种模式中，由于周边的建筑紧挨着地铁站，所以交通非常便利，而且周围的各种配套设施会反过来为车站带来足够多的客流量。为了协调高架模式下车辆、民众等能够正常出行，就需要进一步分析并确定高架车站周围的交通线路。如图3.3所示为高架模式。

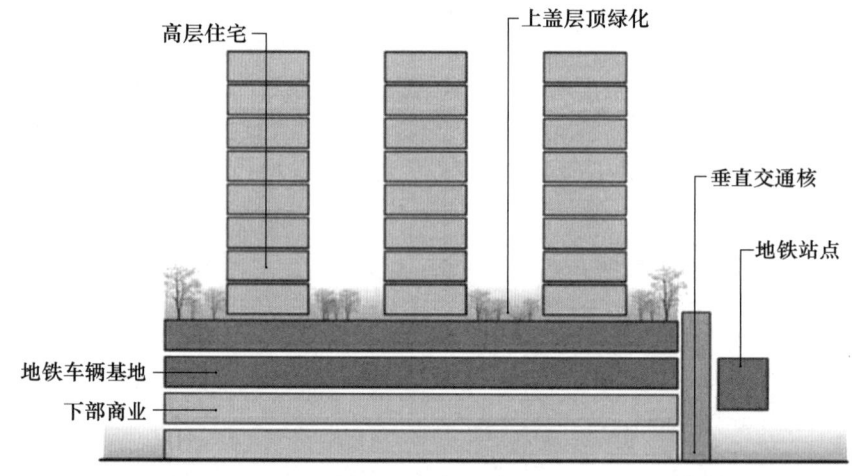

图3.3 高架模式示意

将车辆基地建设在地面之上的模式为高架模式，不同于地毯模式，它不会干扰地面交通的运行，施工难度较小且造价比较低廉，而且满足车辆基地的消防、通风、采光等要求。在高架模式中，可以重新开发车辆基地下方的空间，保证交通道路和地面空间之间能够很好地衔接，让它形成一个综合了多种功能的建筑体，而不只是一个孤岛。而且这种模式可以轻易连接到附近的高架地铁站，丰富该区域空间的内容。

高架模式的不足之处也非常明显，因为这种模式的车辆基地的建设都是位于地面之上，而且需要进行物业的开发。在以前，为了满足街道的整体规划要求，规模较小的停车场多采用这种模式，但是会干扰城市的空间结构。因为不能取消咽喉区，所以高架咽喉区下方地面多没有固定的形状，而且采光较差，不管是植物景观带还是建筑柱网都不能应用。所以，应当在满足城市空间结构要求的基础上，应用高架模式。

车辆基地综合开发的模式与车辆基地自身工艺布局密切相关，按照综合开发物业与车辆基地的相对空间关系，综合开发还可以分为上盖平台开发、临街开发、车辆基地与车站联合开发等模式。

（1）上盖平台开发模式

将车辆基地加盖开发成纯居住小区，或是开发成商业、图书馆、运动场等公建相结合的模式，适用于地面式、地下式车辆基地。

（2）临街开发模式

在车辆基地周围实施合理的商铺、门面、服务行业设施等项目的沿街商业开发。适用于地面式、高架式车辆基地。

（3）车辆基地与车站联合开发的模式

车辆基地设站时，可采用此种模式，适用于地下、地面式、高架车辆基地。

这三种开发模式并非独立发展，而是互相结合以适应用地基础资料，城市周边空间与规划，从空间形体上，车辆基地的综合开发可根据是否包含上盖平台、上盖平台的类型，分别概括为全上盖开发模式、上盖开发结合落地开发模式、纯落地开发模式等几种模式，下文将就地毯模式下的全上盖开发模式及上盖开发结合落地开发模式做案例解析。

3.1.2 全上盖开发模式

1. 全上盖开发模式概述

全上盖开发模式，顾名思义，即车辆基地于地面正负 0.00 标高基础上，在不改变原有工艺布局的基础上将整个车辆基地地块统一加建整体顶盖，与市政道路标高接近的原车辆基地为一层，顶盖中设置夹层做设备层为二层，平台上方为三层，主要用作住宅、商业、写字楼等多功能开发。上盖开发模式的难点在于三层大平台与市政道路的衔接、各功能空间的组织，一般采用坡道、扶梯、电梯等手段满足交通需求，并通过层高变化等方式减弱平台既有高差。

2. 香港特别行政区车厂上盖开发情况

香港地铁是较早也是将"地铁物业开发"实行的最好的运营单位之一。由于我国香港地区山地丰富，城市土地资源相对紧缺，港铁物业开发使用全上盖开发模式，经过实地调研与资料整理，将港铁目前所有车厂进行归纳整理，以便清晰简述港铁车厂物业开发情况。

表 3.1 列出为目前港铁在香港特别行政区内下属所有车厂（车辆基地）的物业开发情况，从表 3.1 可见，大部分位置较好、地质情况适合开发的车厂都已经进行了物业开发。下文对九龙湾车厂上盖开发物业进行具体分析。

表 3.1 港铁车厂物业发展情况汇总

车厂	所属区位	开发形式	地铁交通	物业构成
何东楼车厂	沙田飞火炭	上盖开发	东铁线	住宅
九龙湾车厂	九龙区九龙湾	上盖开发/落地开发	观塘线	住宅/商业/写字楼/大学

续表

车厂	所属区位	开发形式	地铁交通	物业构成
荃湾车厂	荃湾区荃湾	上盖开发/落地开发	荃湾线	住宅/商业
柴湾车厂	香港岛西湾山	上盖开发/落地开发	港岛线	住宅/商业
小蚝湾车厂	大屿山小蚝湾	无	机场快线/东涌线	无
将军澳车厂	将军澳小赤沙	落地开发	将军澳线	住宅
八乡车厂	新界元朗	无	屯马线线	无
大围车厂	沙田飞大围	落地开发	屯马线线	住宅
屯门车厂	屯门散石湾	上盖开发	香港轻铁	住宅
黄竹坑车厂	南区香叶道黄竹坑	上盖开发	南港岛线	住宅

3. 九龙湾车厂上盖开发分析

（1）项目概况

1980年，德福花园项目依托九龙湾车厂上盖与九龙湾地铁站应运而生，是港铁最早也是最为著名的车辆基地开发项目。其建设思路为，将车辆基地全部上盖，并在上方兴建商业与住宅，这样的上盖方式可以有效地缓解城市土地资源紧张、车辆基地地块对地块规划的割裂，提高了土地利用效率。德福花园项目在车辆基地盖上开发大体量住宅小区与商业后，成功带动城市副中心区域发展，也为港铁本身带来更多客流，可谓双赢，此后港铁汲取德福花园项目的开发经验，开发了众多车辆基地上盖项目。

德福花园1980年修建完成后，共建设41座住宅楼，前期被作为政府、公司宿舍使用，后来逐步完成住户私有化，项目同时在负一层至四层设置德福广场大型商业。除去住宅与商业外，项目还设置大学分部、幼儿园、派出所、泳池、健身房等配套服务设施。德福广场同时承载了连接九龙湾站、德福花园以及九龙湾工业区的主要交通通道的功能。

德福花园项目是最早的车辆基地上盖项目，其"上盖小区＋商场"的设计手法几十年来依旧被后续开发者们研究、学习，德福花园配套齐全，生活方便，交通流畅，到今天依然有被研究借鉴的意义。

（2）区位概况

项目位于九龙湾伟业街，项目一侧为观塘线九龙湾站。九龙湾站为架空车站，通过电梯、升降机与人行天桥等可以到达港铁总部大楼、淘大花园、德福广场等项目。乘客在九龙湾站可以通过德福花园到达巴士总站，通过地铁换乘巴士的方式到达附近居住、商业、工业区。

（3）项目现状分析与总平面规划解读

① 项目现状

德福花园项目建设于九龙湾车厂平台上方，九龙湾车厂也是目前香港地区最大的地铁车辆存放设施。从地铁站穿过九龙湾车站和购物中心，上平台即可到达德福花园，项目经过几十年的不断发展、改变依旧生机盎然不显老态。

项目所在九龙湾车厂为贯通式布置，南北向均有地铁咽喉区，两个出入断线均与车厂接轨，通过盖下的走行线互相连通。九龙湾车厂的设置形式导致用地占地面积大，南段与北段被迫与城市肌理割裂。项目根据车辆基地固有建筑形式上盖，与东侧地上站九龙湾地铁站相连。

项目最东侧为大型商业项目德福广场一期，通过广场上平台，西侧为德福花园私人住宅及其附属花园、水池。项目南侧为德福广场二期以及上盖港铁总部大楼，中部西侧为落地开发的牛头角警署，项目通过北侧绿化＋南侧落地开发办公大楼的形式，减弱车辆基地其既有的规模布局。

建筑立面上，通过对德福花园住宅楼定期翻新刷漆，为红、绿、蓝三色，装修入户大堂，定期清理与维护，使得几十年来大楼不显陈旧。

② 总平面规划

a. 主次入口综合设计。德福花园项目主要分为三个功能区域：上盖住宅区、与地铁接驳的购物中心、港铁总部。项目的主次入口均位于三大功能区中，并与地铁车站、上盖平台、相邻市政道路关系密切。项目最主要的人流出入口位于项目东侧，与地铁九龙湾站相连，通过地铁出口可直接到达德福广场一期商场，穿过商场并上台阶后可到达上盖平台住宅花园。上盖住宅为均匀点式布局，穿过中心花园到达项目南侧德福广场二期与港铁总部大楼。位于用地西侧的香港大学专上进修学院，出入口位于市政道路伟业街，并可通过人行天桥直达对面。

项目车行主要出入口与伟业街南北两侧接驳，通过约250m长单向车行坡道登上上盖平台，伟业街四个方向均设置接驳点，道路在项目西南侧集合进入上盖平台区。

项目通过人车分流的出入口设计原则，利用上盖建筑群的既有特点进行上盖平台双层平台设置，保证不同功能建筑群互不干扰，最大化发挥地铁站带来的人流优势，减弱上盖平台高差劣势，极为高效明确。

b. 基地交通流线设计。德福花园项目人行、车行交通流线如图3.4所示。虚线线型为人行流线，实线线型为车行线。项目通过分区块/分层次的方式实现人车分流，在项目用地西南角为巴士总站，在此地人车混合，人流从二层平台下至一层，成为除地铁交通以外的公共交通枢纽。大多数情况下，人行环线位于平台二层，车行环线位于平台一层，从地铁出口上平台达到二层，经过大片花园广场后，穿过玻璃穹顶的商业街道到达德福广场二期商场。

（4）项目功能业态

德福花园项目上盖住宅建筑群建设住宅建筑21栋，共计41座，层高为11～26层不等，位于车厂运用库上盖区域。小区配套设计健身房、网球场、儿童游乐场、泳池、公园、溜冰场、保龄球馆、水池景观、鱼池公园等。主要人流通过地铁站九龙湾车站，穿越商场德福花园一期达到用地内部。德福广场一期为毗邻九龙湾地铁站建设的上盖商业综合体，商场主要为连接港铁总部大厦的阳光走廊与大厦下三层商业购物中心。港铁总部大楼为九龙湾车厂咽喉区一侧落地开发建筑，是香港地铁总部所在，其下三层为德福广场二期商场所在，上部为写字间。项目用地西侧为香港城市大学专上学院。

（5）九龙湾车厂与九龙湾地铁站

九龙湾车厂为港铁观塘线维修车厂，负责观塘线1500V直流电电动车组的维修保养。由于位于港铁总部大楼，车厂也提供车务人员培训工作。

九龙湾地铁站是一个地上车站，是港铁观塘线的中途站，车站主色调为红黑色，为地上架空站。设置两个岛式月台，相邻双向轨道分别行至牛头角与彩虹站。九龙湾地区作为城市副中心，拥有工业贸易区，住宅区与商业区，九龙湾站承担大量公共客流，在早晚高峰时段十分繁忙。

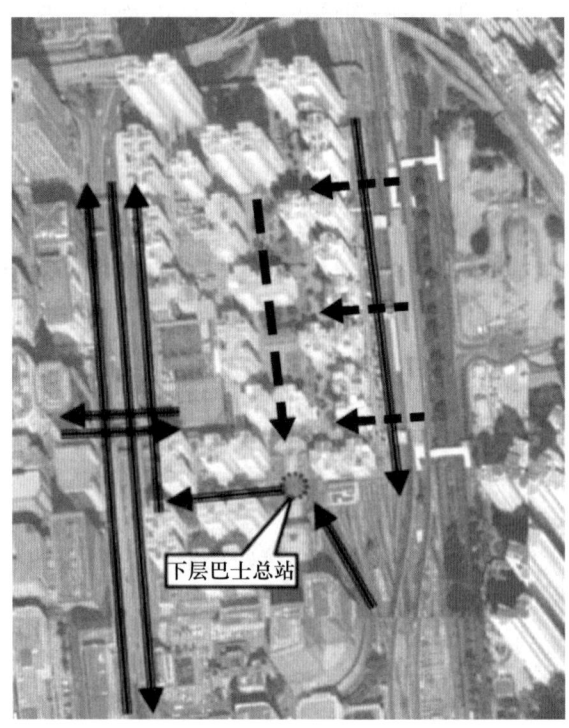

图 3.4　交通流线图

从九龙湾站出口通向德福花园，设置一个公共交通交会处，大量穿梭巴士、小巴于此设总站往返不同地区，通过现场调查发现该公交总站十分繁忙，是重要的公共交通接驳点。

(6) 九龙湾车厂上盖开发规划设计

九龙湾车厂/德福新城项目的建筑主要由行列式与围合式组成，组织方式依托车辆段本身形式，上部住宅直接叠加开发于车厂正上方，写字楼塔楼沿咽喉区点式布置，主要采用叠加的组织方式，如图3.5所示。

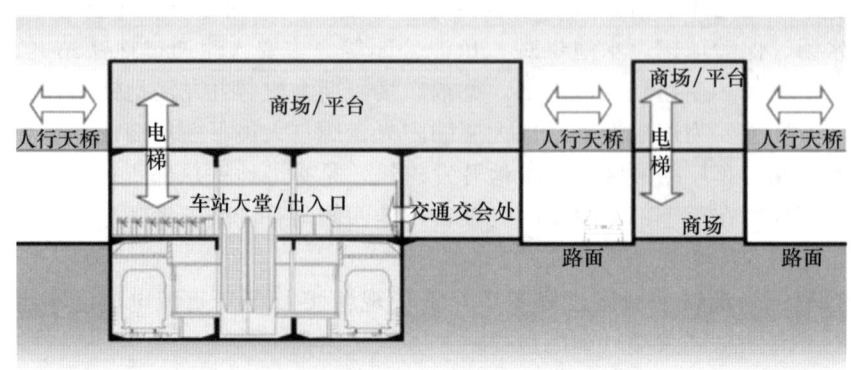

图 3.5　剖面分析图

项目界面由车辆基地、设备层、塔楼裙楼、沿街商铺与多层通过中庭公园，人行天桥、城市道路空间相连。上盖住宅因退让平台防火距离与车厂本身封闭要求，对外通过消防车道车行可达，通过天桥与地铁站人行可达，并利用平台高差结合商场层数的变化减弱空间生硬感。项目竖向界面由横向体量车厂与上部纵向体量住宅分开，下部由车厂围墙、沿街商铺组成工业风格界面，主色调为白色与灰色，上部住宅采用白色与彩色相间，使之尽量与下部呼应不至过于生硬，项目大体尺度适宜，车行上下道通过天桥衔接较生硬，无绿植软化界面，但整个项目系统性良好。

项目与较早的杏花邨项目同为门厅式出入口的衔接地铁站点空间形式，高架站与附属站房虽未独立建筑，也承担地铁换乘与上盖物业的主要出入口，由于项目大型商业综合体属性明显，又带有一些合建式衔接的特点，换乘厅可通过扶梯、楼梯等垂直交通与各单元连接，通过视觉导向与竖向交通，人流成功被引导到商场、办公楼、住宅、学校各个功能单元。

3.1.3 上盖开发结合落地开发模式

1. 上盖开发结合落地开发模式概述

上盖开发结合落地开发模式是在全上盖开发模式的基础上，通过收储车辆基地周边地块，同时部分开发车辆基地内较规整，较容易前期预留结构柱网的大库部位进行上盖开发的一种开发模式。该模式优势在于分期开发难度低，落地物业收回成本较快，同时可反哺上盖物业开发经费。上盖结合落地开发模式难点在于上盖区域与落地区域间的竖向高差处理，一般采用台阶式、坡地式创造阶梯式广场或利用电梯、扶梯等垂直交通工具交通互联。

上盖结合落地开发模式具有投入可分期、前期资金回收迅速等优势，是广州、深圳、宁波等地近年来车辆基地物业开发所采用的主要模式。下文对柴湾车厂上盖开发结合落地开发物业进行具体分析。

2. 柴湾车厂上盖开发分析

经填海后杏花邨于 1986 年落成，是香港地铁公司比较早期的上盖物业发展项目之一。交通上，杏花新城主要依赖地铁港岛线杏花邨站。

杏花新城内亦设置大型购物中心 MTR（Mass Transit Railway，港铁）商场、青少年与老人活动中心、配套邮政局及配套医疗中心，并且在项目内附设一间幼儿园、一间中学，杏花新城一、二期全长约 616m，宽约 411m，用地大致为一个不规则四方形。

（1）区位概况

柴湾车厂上盖项目杏花新城位于香港岛（以下简称"港岛"）地区东侧西湾山下，项目自然条件优越，周边区域经过多年发展，生活气息浓厚，附近也有商场、学校、医院等附属配套设施。

① 区位位置。项目位于港岛地区最东侧，公共交通主要依靠地铁港岛线与巴士，毗邻的东区走廊快速道路是港岛地区最重要的交通要道之一，项目内部的市政道路盛泰道南通永泰道，北面直接接驳东区走廊。

② 地铁线路。项目依托港岛线柴湾车厂与杏花邨车站而建，项目与地铁车站形成地上车站直达，并形成多个无缝接驳口。港岛线位于港岛地区的北岸，即经过中环和铜

锣湾等香港最繁华的CBD（Central Business District，中央商务区）区域，杏花新城项目距离CBD区位仅8站，具有非常良好的区位优势。

（2）总平面规划解读

① 场地内道路现状与设置分析。杏花新城总平面呈不规则多边形，杏花邨地铁站贯穿项目中轴线，杏花邨为地面站，从地铁站出站，通过台阶与杏花新城西侧上盖物业无缝对接，项目东侧临海物业为落地开发区域，出地铁地面站，通过台阶/电梯，穿过马路可以到达东侧小区，地铁为该项目带来了主要客流。

杏花邨站下设置道路盛泰道，该路为市政道路，供项目外部、内部车辆共同使用，盛泰道在北侧开始上坡，直接上上盖物业平台，形成小区内车行环道，可满足消防与使用需求，盛泰道上坡段引出匝道与快速路东区走廊相连，项目的车流出入主要来源于此。

项目内部道路则分为两区，西侧上盖平台与东侧沿海落地。上盖平台西南角设置四层地面停车场集中解决停车需求，平台内部为人车混行的机动车道，车辆也可通过小区内部道路到达各栋架空层停车。东侧落地开发区域北侧设置一个地面停车场解决停车问题，沿盛泰道一侧为人车混行车道，沿街楼栋架空层也可直接停车，东侧沿海位置与中间均为专用人行道，建筑首层架空层不允许停车。

杏花新城的交通设计主次明晰，分区明确。以盛泰道为项目主干道上接市政，下连小区路，解决了上盖项目车行交通最大的难点——上盖平台高差问题。通过地面车站直接接驳上盖平台沟通人流，车行道路衔接主干道沟通车流，项目在规划设计层面上梳理交通，化不利为优势，成功解决上盖物业出入口众多，接驳口复杂，地面自身高差关系等问题，是成功的出入口规划与交通流线规划。

② 项目总平面规划。针对地铁车辆基地自身场地特点，杏花新城项目从规划设计与建筑设计的角度，作出了相对合理的解决策略。项目平面设置直接放弃无法上盖建筑的车厂咽喉区，在库房区直接上盖，并且引入地铁站无缝驳接，在提升物业价值同时使地铁站物业利益最大化，地铁接驳系统与高差处理科学合理，项目出入口、轴线、节点都经过充分考量。

③ 出入口设计

a. 地铁接驳系统。地上车站杏花邨站与物业杏花商场平行设置，出站后，通过二层平台，东、西行平层到达杏花新城商场，或下电梯直达地面盛泰路，过马路到达项目东翼落地开发部分；在地铁出入口平台西行，上台阶直达上盖物业花园平台部分，通过花园可达各栋单独物业楼栋。

杏花新城项目地上商场与地铁车站的接驳模式设置在人口密度较大的地区较为常见。杏花新城将商场物业、住宅与车站联合开发，使得人流出站后仅有三个选项：下楼梯/电梯到达地面；步行5m直达同层商场；回头上大型台阶到达私家花园。在地铁出入口平台，人流可以通过视觉与标志引导，对商场、私家花园、马路自由选择。杏花新城项目充分考虑了最简洁有效的联合开发模式：地毯模式、疏散及时、通达便利。

通过地铁车站上楼梯直达上盖私家花园的花园平台，视野开阔，为上盖小区的主要出入口。花园平台长约55m，宽约45m，通过台阶、坡道、花池等景观设计手法，将各户业主引入楼中，小区大致布局较为清晰。地铁线路通过处进行了简单的隐蔽处理，通过 2m 高围墙将平台上方的通风口围蔽，其余非平台位置能直视地铁轨道的位置，则直接通过围墙进行围蔽，同时也作为平台的界限所用。上盖物业小区的主要步行人流来自地铁车站，通过平台花园顺势进入上盖小区成为步行距离最短，人车分流最佳的方案，这种小区出入口与商场、马路出入口背向设置的方式，既避免了纯地铁人流与住户人流相互干扰，又可以分别服务于上盖私家花园与地铁出入口。

杏花新城西侧上盖小区除开主入口地铁出入口外，还设计了一条直达东侧落地开发小区的步行空中走廊，走廊位于杏花邨 5 座与杏花邨 9 座之间，是步行到达东侧小区的最近路线，也是一个纯业主人流出入口。

b. 基地高差处理手法。前文场地内道路分析表明杏花新城项目的设计要点与难点除去与地铁站点的接驳，就是基地高差处理的手法。

杏花新城项目为典型的地毯开发模式：上盖小区、杏花邨地铁站、小区内道路均处于同一平面，在这个为正负零零的基准平面上，上盖面即地面，城市道路功能被无限弱化，仅剩下机动车车道的机能，社区内大部分人行交通均从上盖平台面展开。上盖小区与落地开发小区的步行交通则通过长约 100m 的纯步行天桥完成连接。杏花新城商场的主要大门是设置在地面层，然而场内主要业态均布局于地铁站台层，与上盖小区零高差，如图 3.6 所示。

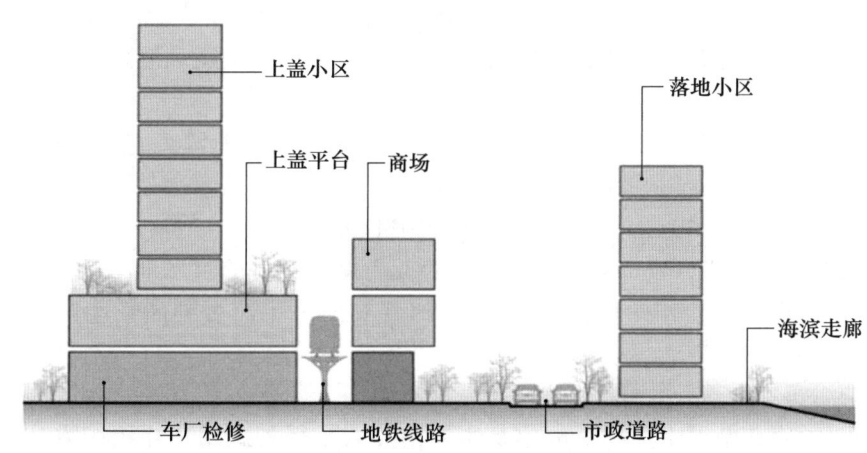

图 3.6 杏花新城项目高差示意图

根据前文对于项目内交通的分析可以得出：市政道路通过高差变化接驳小区内部道路，同时利用既有地形接驳城市重要道路。而地铁检修所需要的车厂运输、检修功能，直接由地面层的市政道路完成，不影响上盖部分交通。

项目地毯式的处理手法将柴湾车厂与社区人群几乎完全隔离，不同的高差反而得到了分流人群的优势，值得一提的是，这种铺开模式的成功也得益于柴湾车厂可上盖面积较小：400m×135m，并且并未开发难以完成柱网布置的咽喉区。项目上盖小区由地铁站、商场配套带来的人流量较大，以及小区内学校、幼儿园、停车场、小商业、老人活动中心等配套布置较为完善，成功避免了上盖小区的孤岛化，但同时造成了城市景观的割裂。

（3）项目功能业态构成

通过归纳了解车辆基地的物业开发特性，可以初步了解此类型规划设计开发的基本业态组成。杏花新城主要业态由：住宅小区、购物商场、地铁站、学校、停车场与景观组成。一层为车厂检修工厂、市政道路、商场首层、落地停车场与落地开发小区的首层；二层为地铁车站与线路、上盖平台、上盖小区首层、学校、上盖停车楼与商场重点营业层；三层到四层为商场、上盖停车楼；五层以上到顶层二十层为纯住宅。

项目一层为地面层，主要功能为引入车流，驳接市政交通，项目西侧距离山体较近，交通不便，首层可开发价值小。上盖平台下部基本不做物业开发，仅供车厂检修使用。在东侧落地开发小区部分，由于项目直面大海，景观资源优越，首层是主要的人群活动区域，靠海物业也是项目住宅均价最高的部分。

项目二层为地上地铁站出站平台，是项目最重要的活动层。上盖小区的消防交通环道也从市政道路引入，在平台上完成三边的环绕，靠近地铁车站一侧作为平台最重要的驳接处，利用景观设计手法软化了不同功能的衔接。同时利用天桥衔接了二层平台住宅与首层落地开发住宅，使其不完全孤立，与此同时，地铁站上方商场也能够持续性吸引人流。本层除了普通的物业住宅、商场，同时建设了能够长期维持居住人群的基础配套：幼儿园、小学、中学、运动场地等，结合国内车辆基地开发项目综合业态建设较弱的实际情况，本项目值得借鉴。

（4）柴湾车厂与杏花邨地铁站

柴湾车厂是港岛线的车厂，它的主要维修用房设置于盖下，地面仅能看到咽喉区与部分物料堆场、必须露天并远离住宅区的功能用房。车厂由柴黄色混凝土组成主体景观界面。

杏花邨地铁站是港铁港岛线的中途站，在香港东区白沙海湾杏花邨。车站在地面，设有两个侧式站台。本站是港岛线唯一一个地面车站，而车站旁边是港岛线的柴湾车工厂，上盖的是港铁公司物业杏花邨和大型购物中心杏花新城。

作为香港地铁上盖开发的第一代产物，杏花新城以今日的眼光来看依然保持了社区完整性，交通可达性，国内的地铁车辆基地的开发如果定位为纯居住小区＋区域级商场，依然值得学习。

（5）柴湾车厂上盖开发规划设计

柴湾车厂/杏花新城上盖项目的建筑主要由点式、行列式组成，组织方式依托车厂本身形式，上部住宅直接叠加开发于车厂正上方，沿街面住宅建筑并联展开，沿道路连续排开，主要采用叠加与并联组织方式。

项目界面由车厂、设备夹层、平台塔楼、多层通过街边绿化，扶梯坡道与城市道路空间相连。上盖住宅因退让平台防火距离与车厂本身封闭要求，对外仅通过消防车道与广场、天桥相连，对外稍显隔绝。项目竖向界面由横向体量车厂与上部纵向体量住宅分开，下部由车厂围墙、沿街商铺组成工业风格界面，主色调为白色与橙色，上部住宅采用纯白色，使之尽量与下部呼应不至过于生硬，项目大体尺度适宜，车行上下道之处较生硬缺乏系统性。

项目为独立式衔接地铁站点空间形式，由于是地上站，采用了门厅式出入口，高架站与附属站房虽未独立建筑，也承担地铁换乘与上盖物业的主要出入口，门厅与车厂综合开发通过连廊与台阶相连。

3.2 上盖物业开发总体规划

3.2.1 地铁车辆基地上盖物业开发总体规划要点

地铁可缓解城市交通拥堵、汽车尾气污染、人口过度集中等问题，作为必须配套建设的停车场及车辆段，却也给城市总体规划带来了诸多问题，例如动辄几十公顷，甚至上百公顷的用地与集约节约用地的基本国策不符、场段内巨大的工业建筑体量与周边城市环境格格不入、对城市道路及功能区划切割严重等。在这样的背景下，将地铁建设与居住、办公、商业、文娱等物业开发结合起来，成为目前地铁建设的重要发展趋势。

然而，在我国内地，由于相关理论研究及项目实践起步较晚，地铁车辆基地上盖物业发展水平远远低于我国香港地区及其他国外城市，其中，规划设计理念及技术是重要瓶颈之一。结合北京、上海、深圳等城市已有的类似项目规划经验，下文对地铁车辆基地上盖物业开发总体规划的要点进行梳理总结。

1. 用地规划

在场段上盖物业开发中，集约用地是最重要的基本原则。实际上，根据国内外的开发经验以及发展趋势，上盖物业开发，在规划设计层面，绝不仅仅局限于真正意义上的场段大库建筑盖上范围。人们逐渐认识到，无论从城市整体规划、空间衔接，还是从综合成本、交通组织、建筑形态等各方面，都需要具有整体观、全局观。事实上，可以看到，国内比较成功的开发案例，例如深圳地铁前海车辆段上盖，除了库房建筑上盖部分，从规划设计阶段，就将场段周边的"白地"一并纳入，整体设计。一方面，这不但摊薄了项目开发成本；另一方面，这也能够更好地统筹协调与城市空间衔接、交通组织等问题。因此，在场段设计伊始，就预留周边一定范围的白地，用于后继综合物业开发，就显得尤为重要。而在有的城市，甚至将被场段穿越和切割的所有规划街区，全部纳入统一规划，这是值得研究和推广的积极做法。

2. 产品策划

在以往的普遍认知中，场段上盖开发，是在节约利用日趋紧张的土地资源，以及优化城市整体风貌控制的需求下，不得已而为之的被迫之举。加之地铁场段因车辆行驶及检修所带来的震动、噪声等问题在上盖开发的较早阶段未予以足够的重视，也缺乏有效的技术手段，因此，从上盖开发的业态策划定位上，一般认为不太适合建设高端的居住或办公、商业建筑，很多上盖开发定位于满足低端居住需求的保障性住房，或总部办公用房。

然而，随着城市交通的日益恶化，人们越来越厌倦在日常通勤中消耗大量的时间和精力，"地铁物业"早已成为开发建设项目最具市场吸引力的策划概念之一。地铁上盖物业有效促进沿线商业、酒店、写字楼的增值，吸引各种生活、商务、文化、娱乐等设施向周围集中，从而形成了地铁中的商圈经济的引擎。尤其是在地铁减震隔震、吸声降噪方面的技术不断发展的今天，借助地铁的超强辐射能力，人们对地铁上盖物业的认识也逐渐改变，这为上盖物业的策划定位提供了更加宽广的空间。这对于除"北上广深"之外的非一线城市的场段物业开发，具有重要的意义。只有具备高溢价的产品，才能更现实地支撑上盖开发相比一般项目更高的成本。

而在业态策划阶段，也必须综合考虑技术因素。比如，由于盖下建筑受工艺设计的限制，其柱网尺寸较大，布置也较规则，加之竖向交通组织的点位、数量有限，因此，不太适合布置一些需要灵活多变空间的功能，如以传统小建筑群落组合布局的商业街、观演建筑等。

3. 总图布局

场段的库房建筑盖下部分，由于受库内轨道及工艺布置的限制，和一般落地开发的项目不同，盖上开发的建筑布局较为规矩，尤其是住宅建筑，多为顺着轨道线方向的行列式布局。这虽然较好地兼顾了库下的工艺布局要求，但也造成了盖上建筑群体关系单一、空间呆板、建筑对视严重等弊端。因此，在条件具备的情况下，盖下工艺设计尽量多预留轨间空间，使得盖上规划建筑群落能够适当错动，甚至小角度旋转，为总体布局提供更有利的条件。同时，结合前面提到的库房周边预留白地，通过加强白地部分建筑布局的变化，使得项目整体空间布局及群体关系得以改善。

总图布局还需要注意的重要问题，就是对于交通组织的综合考虑。尤其是对于非地下场段的项目，一方面在总图上，务必做到场段的人车交通与物业开发部分严格区分，另一方面，对于非地下场段的上盖物业开发，联系库上库下的人行及车行垂直交通和坡道，位置的选取必须综合考虑周边城市道路、场段内工艺道路，以及盖上自身交通组织的均衡性。

4. 空间衔接

由于地铁场段内的工艺建筑平面尺度巨大，对于项目与城市空间之间的关系来说，很容易形成长达上百米甚至200m的建筑立面，加上一般场段库房建筑高度在10m左右，且立面为照顾库内自然采光通风及排烟，大多采用无外墙的开放空间。这些因素使得项目与周边城市空间衔接生硬，因此，规划设计中应尽量采取适当的措施与设计手法，使其与周边城市空间自然融合及过渡。

3.2.2 地铁车辆基地上盖物业开发总体规划案例

1. 天童庄车辆段概况

天童庄车辆段工程属于宁波市轨道交通1号线一期工程，段址位于宁波市鄞州区邱隘镇蔡家岸村，规划用地面积约40万m^2。段址原始地貌主要为农田和水塘，分布有少量农舍和简易厂房。

天童庄车辆段为宁波市轨道交通线网性大架修车辆段，设计有大架修4列位；定修1列位；周月检3列位和停车列检32列位。新建房屋总建筑面积143499m^2，铺轨长度15.785km，围墙内用地面积20万m^2。

天童庄车辆段总平面采用并列式段型，运用库与检修主厂房为尽头式并列布置；出入段线由东环南路站接轨；洗车线为咽喉区八字线布置；试车线布置在车辆段南侧，长度为1250m。轨道交通运营公司和公安分局也设在天童庄车辆段。

为了尽量增加物业开发白地面积，车辆段办公、生活房屋、公安分局、文体中心等建筑物布置在上盖平台层。

天童庄车辆段上盖工程包括+10m高程的夹层车库和+15m高程的上盖平台，10m

高程盖体平台面积为 19.6 万 m^2。夹层车库的范围包括上盖平台下除检修主厂房和单身公寓区域外的其他区域，总建筑面积（$12.86×10^4$）m^2，布置停车位 2152 个，其中 600 辆为轨道交通生活办公使用，其余为后期物业开发使用，布置非机动车位 2000 辆；职工宿舍位于车辆段出入段线上方，建筑面积为 $75000m^2$，宿舍约为 1400 间。

上盖平台层包括 A、B、C、D 四个区域，A 区布置有车辆段综合楼、培训中心及乘务员公寓、食堂、综合维修中心、公安分局等建筑物，总建筑面积 $50182m^2$；B 区布置物业开发住宅，规划建筑面积 $84588m^2$；C 区布置文体中心，建筑面积 $14073m^2$；D 区位于 10m 高程。

2. 天童庄车辆段地块规划及土地出让

天童庄车辆段物业开发地块划分为落地物业开发的 A 地块和 B 地块，以及上盖物业 G 地块和 F 地块。

2015 年 12 月宁波市国土资源局（更名前）将天童庄车辆段的两块白地和一块盖上平台用地挂牌转让，出让地块的基本情况和主要规划指标要求见表 3.2。2016 年 1 月宁波市国土资源局公告地块出让结果见表 3.3。

表 3.2 出让地块主要规划指标表

序号	地块名称	土地用途	出让面积 /m^2	起始价 （元/m^2）	保证金 /万元	容积率	绿地率 /%	建筑密度 /%	建筑限高 /m
1	1 号线天童庄车辆段 0m 层-A 地块	城镇住宅	84040.6	楼面地价 3040	10731	2.1	30	32	100
2	1 号线天章庄车辆段 0m 层-B 地块	城镇住宅、批发零售、住宿餐饮	48168.9	楼面地价 2880	5827	2.1	住宅 30 商业 20	32	100
3	1 号线天童庄车辆段 15m 层-G 地块	城镇住宅	54393	楼面地价 2900	6626	2.1	30	32	45

表 3.3 地块出让结果公告表

序号	地块名称	出让面积 /m^2	用途	土地级别	容积率	出让年限 /年	供地方式	受让人	成交价格 /万元
1	1 号线天童庄车辆段 0m 层-A 地块	84040.6	城镇住宅	六级	2.1	70	挂牌出让	宁波轨道交通宁兴置业有限公司	79947
2	1 号线天童庄车辆段 0m 层-B 地块	48168.9	城镇住宅，批发零售，住宿餐饮	六级	2.1	70	挂牌出让	宁波轨道交通宁兴置业有限公司	45216
3	1 号线天童庄车辆段 15m 层-G 地块	54393	城镇住宅	六级	2.1	70	挂牌出让	宁波轨道交通宁兴置业有限公司	33353

F 地块为天童庄车辆段房地产综合开发项目配套幼儿园，项目位于宁波市轨道交通天童庄车辆基地 15m 高程层上盖，项目总用地面积约为 $7350m^2$，总建筑面积约为 $5145m^2$。

2016年8月浙江绿城集团对本项目物业开发的产品定位进行了专题研究。

3. 区域规划及项目区位

（1）区位价值

宁波市区东郊邱隘/五乡板块，紧邻东部新城，承接发展红利。

（2）区域交通

周边道路体系完善，地铁1号线扩大了客群辐射范围。

① 本案距离东部新城核心区（宁波市新市政府）约3km，驾车行驶约10min。

② 本案紧邻东环南路——宁波南北交通主干道（北至镇海，南至东钱湖）。

③ 本案向北2km进入通途路，向南1km进入环城南路，驾车行驶约5min。

④ 本案距离绕城高速入口约4km，驾车约20min。

⑤ 地铁1号线一期于2014年5月开通，二期于2016年3月开通，本案位于邱隘站之上，无缝对接地铁1号线，用时20min可直达三江口，用时30min可直达北仑。

（3）区域规划

以生态居住、城市休闲和先进制造业为主，人口导入条件一般。

① 生态居住。利用紧邻大城市的区位优势及优美的乡村景观特征重点发展吸引大城市外溢人口的低密度开发的生态居住功能。

② 城市休闲。根据位于生态廊道中的城镇发展要求，依托宽阔的城市生态廊道及后塘河等丰富的水系岛屿、临近镇区的阿育王景区等自然人文景观资源，结合高端居住区的开发，重点打造城市休闲及旅游服务等功能。

③ 先进制造业。抓住南车项目落户五乡的契机，对现有工业进行提升，重点培育先进制造业功能。

（4）规划对比

区域能级较弱，毗邻高端产业集聚区，承接城市外溢人口。

① 五乡板块：打造东郊复合功能区。

利用紧邻大城市的区位优势及现状优美的乡村景观特征，重点发展吸引大城市外溢人口的、低密度开发的生态居住功能，重点打造城市休闲及旅游服务等功能，抓住南车项目落户五乡的契机，对现有工业进行提升，重点培育先进制造业功能。

② 东部新城核心区：打造宁波政治经济。

与以三江口为核心的老城区一起构成"一城二心"的总体空间格局，是宁波城市向东发展最为重要的一个区域，也是宁波未来政治经济文化和商业中心。分为核心区与东片区，核心区面积为8.45km^2，总面积15.85km^2，累计投资超千亿元，并已初具规模。

③ 明湖居住区：打造中低密度花园型生活社区。

明湖居住区是未来东部新城都市生活向自然生活的过渡区域，旨在创造宁静与闲适的居家生活。按照规划，居住区将以明湖为中心，创造4个可满足不同市场需求、风格各异的居住社区。

④ 高新区板块：长三角重要的科创基地和高新产业基地。

宁波国家高新技术产业开发区是新时期宁波城市建设的重点，其发展与建设的目标应着眼于全省乃至更大的经济区域，担负提升宁波、服务浙江、辐射东南沿海、参与国际竞争的重任。因此，本区的功能定位：长江三角洲地区重要的科技创新基地和高新技术产业基地。

4. 地块分析

（1）地块四至现状分析

0m 层-A、B 地块内部较为平整，南侧为已建成轨道交通办公区，地块南侧边界与地块高差约 5m，南侧出行需地块内部再建车行道路；15m 层-G 地块平整，本身高差 15m，底部为地铁车辆段及办公用地库通行道路；地块东西北三侧有水系，水质较好。

（2）周边配套

配套体：2km 范围内，生活类配套匮乏；商业配套基本依托东部新城。

（3）规划指标

近 40 万 m^2 总建，虽被切分为三块，但可统筹规划。在产品方向上，有多种产品组合的可能性，如高层、小高层、洋房。规划指标见表 3.4。

表 3.4 规划指标表

地块名称	出让面积/m^2	计容面积/m^2	容积率	用途
0m 层-A 地块	84040.6	176485.3	2.1	R2
0m 层-B 地块	48168.9	101154.7	2.1	R2+B1
15m 层-G 地块	54393	114225.3	2.1	R2
整体	186602.5	391865.3	2.1	R2+B1

注：R2—二类居住用地，这种用地设施较齐全、环境较好，以多、中、高层住宅为主用地；
B1—商业用地，即商业及餐饮、旅馆等服务业用地。

5. 区位分析结论

（1）优势条件

① 区位及交通：东部新城延伸板块，通达性高，轨道交通 1 号线的直接利好。

② 规划利好：承接东部新城的都市生活宜居片区；工业用地逐步退二进三。

③ 资源条件：地块三面环水，景观资源优厚，且地铁交通资源直接接轨。

④ 本体现状：整体占地面积较大，有充裕的规划空间，2.1 容积率有丰富的产品组合。

（2）劣势条件

① 区域认知：区域能级相对较弱，依附于东部新城的发展与成熟。

② 区域客户：地缘性为主，吸纳外来客户能力较弱，外溢中低端客群为主力。

③ 配套条件：2km 范围内，生活类配套匮乏；商业配套基本依托东部新城。

④ 本体条件：总建近 40 万 m^2，规模大，本土客户基量不充足，需要扩大目标客群范围。

（3）核心策略

大盘造城、提升配套、扩容客群。

4

地铁车辆基地上盖物业的空间形态与功能结构

4.1 上盖物业的空间形态

地铁车辆基地上盖部分是城市公共空间的一部分,其规划设计应从居民的生活需要出发,整合场地资源,为居民提供一个集居住、商业、办公、休闲等为一体的城市综合体。在规划设计中应以人为本,在保证区域经济发展的同时,充分考虑人文精神,营造高效、安全、便捷的物质环境。

地铁车辆基地上盖物业开发的空间形态受到场地的用地条件和工程技术手段的限制,其开发强度和片区风貌是可控的。从区域的层面来看,地铁上盖物业的建筑体量、空间组织、建筑造型和高度都受到刚性的约束,且限于车辆基地本身的规模和尺度,导致其上盖物业的开发容易形成体量规整、较为整体的建筑风貌。而不同的上盖区域由于受到下部功能结构和柱网尺寸的影响,其上盖开发的功能和强度也会有所不同。通常情况下,在车辆基地咽喉区的上方宜形成视觉开阔的绿化广场,而柱网规整的停车库上方则有利于高密度、高强度的商业、住宅和办公的开发。因此,在车辆基地上盖物业规划设计时,应在充分考虑盖下基础设施正常使用的情况下,合理安排分区格局,塑造宜人的建筑尺度,改善片区的城市生活氛围。

4.1.1 空间形态组合

1. 空间形态组合原则

(1) 城市整体优先原则

地铁车辆基地上盖物业的规划设计侧重于将场地中的建筑、交通、公共空间、绿化景观、地域文脉等各种元素相互融合,形成一个整合状态的空间系统。城市整体优先,即是指在项目前期充分论证的基础上,将整体系统的优化作为首要的设计目标,而根据不同的目标配置功能,尽量避免因目标不明确而产生的重复投资。

(2) 生态环境优先原则

生态环境建设是城市可持续发展中重要的发展目标之一,也是城市空间环境舒适性的重要保障。生态环境优先原则一般包括两个层次的内容:一是城市的区域环境,根据区域规划和城市设计的要求,在城市不同的区域会形成不同功能构成的区块,二是与生态景观相关的环境因素。

（3）建筑功能单元的适应性原则

地铁车辆基地上盖物业规划设计属于城市设计的范畴，其包含了多样的功能，在保证车辆基地功能的同时应合理安排各功能分区的位置和开发配比，从而形成一个既有整体系统又有交叉共享的城市综合生活中心。

（4）组合效益扩大化原则

组合效益扩大化原则的实质是对功能配置的合理化，发挥1+1＞2的效果。车辆基地上盖物业开发中各功能块的占比应包括对城市效益、区域效益和建筑单体效益的考量，发挥其应有的作用。

2. 空间形态组合模式及适用性

（1）行列式

车辆基地上盖物业开发中行列式的布局模式是指车辆基地各功能建筑沿轨道方向或垂直于轨道方向布置，从而形成行列式的空间形态。通常此类车辆基地的规模相对较小，开发的功能较少，大多出现在以居住功能为主导的车辆基地开发项目中。建筑的朝向要充分考虑盖下功能的柱网布局，减少不必要的结构转化。因此建筑的空间布局受到其影响较大，尤其是在咽喉区部分的上盖开发，应在充分保证盖下功能的基础上。一般来说，建筑以成排的居住建筑为主，也有少数实践案例如深圳地铁前海车辆段在咽喉区上方布置多层板式办公楼，形成多层次的行列式布局。

① 典型案例。深圳地铁龙华车辆段上盖物业由香港地铁公司获取开发权后进行一体化的规划设计和开发建设。车辆段开发占地20.4万 m^2，地铁停车场位于地面层。车辆段上盖功能以居住为主导，商业、幼儿园等作为配套设施。车辆段区域内包括落地开发区、上盖居住区，以及一处集中商业。落地开发区内点式高层沿城市次干道和平路横向展开，形成连续的竖向居住界面，居住功能底部为沿街商业，将车辆段用房包围在内部，从而形成良好的商业界面。主要的人行交通出入口与地铁4号线龙华站通过天桥连接，并配有一层的集中商业满足内部居民的使用，同时利用其屋顶与上盖平台形成连续的界面。车辆段上盖物业整体形成"三"字形的排列方式，两端的两列为32层，内部一列23层，而在车辆段西侧落地区沿用地边界垂直于车辆段轨行区布置一列14层的点式高层。点式高层建筑之间设置幼儿园、小区文化室等一些配套设施以及绿化景观来营造良好的居住氛围。

② 模式特征与适用范围。"行列式"的空间组合模式，其空间结构较为清晰，流线明确，形态较为规整，私密性较好，适合于车辆基地物业功能较为单一的，或者功能之间的相互关系较少的开发实践（图4.1）。

该模式在以居住功能为主导的上盖物业开发中较为常见，其模式的主要特征可归纳如下：

a. 从空间形态上需考虑与周围道路交通的衔接关系，以及城市的主导风向，保证较好的内部风环境，同时对周围的景观留有合适的廊道。

b. 行列式的空间模式符合车辆基地停车库、列检库等大空间的柱网布局方式，能较好地结合盖下结构体系，降低施工的难度以及开发成本。

c. 在高层居住单元的下部或在落地开发区常设置商业等配套服务功能，并结合车辆基地的界面组织形成线性的商业空间。

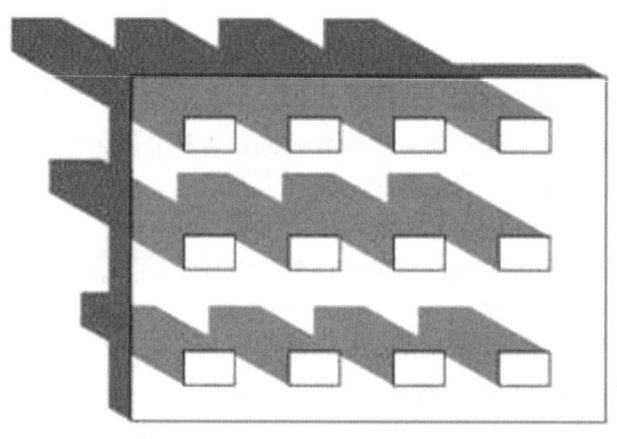

图 4.1　行列式空间布局模式

（2）组团式

组团式从空间形态上看，形成多个相对独立的建筑组团，分布在车辆基地的不同区域。通常包含多种功能设施，如居住、商业、绿地景观、休闲娱乐等，各功能设施通过独立的交通出入口与城市空间相联系，在规模较小时，也可共用出入口通过串联式的交通组织各部分，并加强相互之间的共生关系。从建筑形态和区域分布来看，居住功能建筑一般为多层和高层，且其对空间私密性的要求相对较高，因此一般位于车辆基地远离城市界面的一侧的落地开发区，以及在停车库、运用库的上盖区域。商业功能建筑通常位于靠近城市界面的一侧，对城市功能形成补充，其空间形态一般以单体多层建筑或高层商住建筑裙房的形式出现。绿地景观起到分割动静分区的作用，在上盖物业内部空间组织中，一般位于商业功能建筑和居住功能建筑之间；也有部分以地景式的形态成为城市和上盖物业之间的过渡空间。

① 典型案例。深云车辆段与综合基地位于深圳市南山区龙苑路以北，宽约 307m，长约 905m，占地面积约 32.02 万 m^2，总建筑面积约 16.23 万 m^2，上盖面积约 11 万 m^2，规划为地铁体育文化公园（含实训基地）。深云车辆段主要包括车辆段设施、实训基地、办公会议和文化公园等四大部分功能，其各自形成相对独立的组团，并通过串联式的交通相互联系。基地南、北、东三侧被塘朗山山体围绕，西侧紧邻溪流峡谷，整体景观基质优越。根据车辆段的功能设置和塘朗山登山路径的要求，形成"一心、一轴、一入口"的车辆段上盖物业空间结构。

整个上盖物业在东西向高度控制上形成阶梯式天际线，东侧靠近山体布置小高层住宅形成居住组团，西侧临近溪谷布置低层休闲商业建筑形成商业组团，而会议办公位于车辆段南侧靠近城市快速路出入口的区域自成一区，避免对车辆段内部交通的干扰。在南北向通过居住建筑的高低错落与南端的高层塔楼结合在一起形成丰富变化的天际线。

车辆段范围内最主要的界面为西南侧南坪快速路的景观界面。设计通过上层平台的局部退后并布置多层商业建筑，与南端高层塔楼一起形成丰富变化的界面形式，在纵深上后侧小高层住宅与山体作为背景，具有良好的视觉纵深感。

② 模式特征与适用范围。"组团式"的空间形态组合模式，是在车辆基地上盖物业开发中最为常见的一种类型（图 4.2）。其针对车辆基地占地规模过大的自身缺点，通

过散布上盖功能，重构空间结构从而弱化空间尺度过大的问题。一般来说，组团式的结构模式在功能组合上主要有以下两种情况：一种是将各车辆基地上盖功能分区独立布置，各自与城市空间直接相连，从而降低流线的交叉，提高各功能的使用效率；另一种是混合各建筑布置形成不同的组团空间，这种方式一般适用于青年社区、单身公寓等强调交流的城市功能中。这类空间形态组合模式一般适用于车辆基地规模较大、功能较为复合的综合物业开发，其在空间上对城市的分隔作用较小，在功能上形成对周围功能的补充，且其建筑界面变化较多，空间层次较为丰富，有利于形成较强的趣味性。

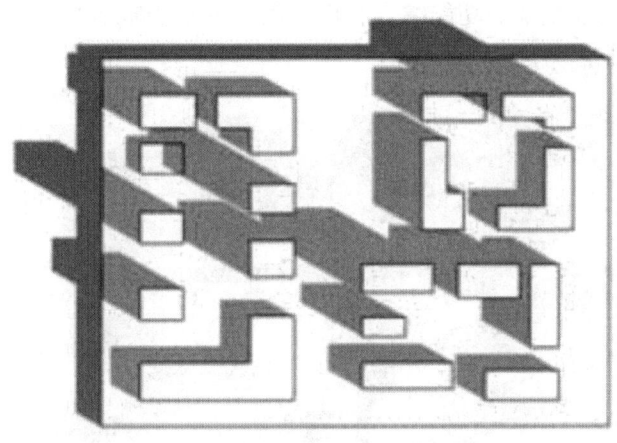

图4.2 组团式空间布局模式

（3）围合式

围合式是指在车辆基地上盖物业的开发中，以某种功能为空间核心，其他功能在空间结构上围绕其展开，形成一个建筑形态较为围合的建筑群体。围合式的车辆基地上盖物业一般包含中心功能和辅助功能。中心功能通常包括功能较为复杂的城市外向型服务设施，如商业功能和公共服务功能，通过中心功能和地铁站点的结合布置，能形成有效的区域的换乘中心和商业中心，利用地铁人流涵养商业功能，提高城市生活的便利程度，且在空间布局上形成以其为中心的围合式的区域结构。此外，集中各类公共服务设施有利于形成规模效应，减少不必要的出行机会，降低城市地铁的拥堵现象，有利于资源的共享。辅助功能通常指居住功能，其在空间结构上围绕商业功能和公共服务功能展开，组合形成围合式的综合体。

① 典型案例。深圳地铁前海车辆段上盖物业开发是以办公、商业、酒店等功能为主，并包含居住功能的大型城市综合体。车辆段基地地处未来前海CBD区的东南角，南临滨海大道，西临商务核心区。这个车辆段上盖物业的开发被分为9个地块，规划注重居住区的私密性和商务区的开放性特点，并通过合理的交通衔接处理好私密空间和交通空间之间的关系。

整个车辆段在空间布局上结合其自身的要求以及各功能本身的需要，形成了以办公和商业为中心，居住功能在外围围合式的空间模式。其中商业和办公功能空间形态上为多层，结合城市地铁站点和公交车首末站，形成车辆段上盖物业与城市界面衔接的人行出入口；而居住功能位于北侧试车线上盖区域以及停车库和运用库外侧的落地开发区域，开发强度较高，从而形成高层建筑的空间形态与周围的CBD区域相呼应。

② 模式特征与适用范围。"围合式"的空间结构，适合以商业功能为主导或公共服务功能为主导的上盖物业开发中（图4.3）。从空间形态上看，类似于"行列式"与"巨构式"的结合，因此这类布局模式，能充分发挥各功能的相互作用，创造高效的城市生活中心。车辆基地的中心功能部分，通常位于停车库和运用库上方，鉴于其开发强度的要求，以多层的商业和会展空间为主；而周围的用地大多为落地开发区，适合高强度的物业开发，一般以高层办公楼和高层住宅为主。建筑界面高低结合，较为灵活，空间形态内低外高，在车辆基地用地中心形成功能复合度较高的中心，形成较好的视觉景观中心。同时结合交通换乘等功能综合布局，服务于车辆基地和周围的区域，极大地提高了上盖物业的商业活力。

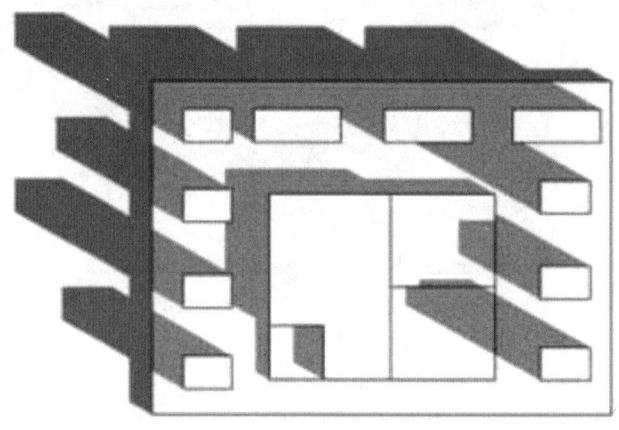

图 4.3 围合式空间布局模式

（4）巨构式

"巨构式"的车辆基地上盖物业开发，一般在规划中的新区中心地段和未来的城市发展重点区域较为常见。其大多将自身的屋顶层，与周围的建筑体或交通换乘站点形成便捷的人流到达通道，利用屋顶的开敞空间形成广场引导和组织人群。并且通过巨构建筑内部垂直向交通联系地下、地面和空中多个层次的空间，同时引入室内大中庭整合内部的功能分区。围绕中庭空间，设置主动线贯穿整个建筑，并由主动线放射若干支线形成类似树形结构，提高室内空间的可达性和利用率。"巨构式"的上盖物业开发通常复合多种物业功能，各功能之间联系紧密，并且根据功能之间的相互关系有效地组织和利用空间，通过便捷高效的步行系统相互联系，形成完善的步行体系。在此类开发形式中，临近城市道路的建筑界面大多设置复合型的商业服务功能，以满足周边城市的需求。在视觉感受上，为了弱化其庞大的体量，通常采用横向或竖向的划分来打破连续的立面感受，创造相对舒适的视觉体验。此外，在立面设计的手法上较多地通过材质或色彩的变化，以及退台式的造型手法，形成灵活的空间形态。为了打破通常水平立面的单调感，结合管廊和竖井，将立面进行分段，前后进退，虚实结合，色彩搭配，上盖物业融合成为一体。

① 典型案例。伦敦地铁 White City（怀特镇）车辆段距今已有一百多年的历史，其位于伦敦市区的核心位置，由于城市的发展和自身设施的老化，该车辆段慢慢退出日常的使用。21世纪前10年间，伦敦地铁着手新建 White City 车辆段，新的车辆段完全位

于地下，以避免整个厂区受英国多变而恶劣天气的影响。White City 车辆段的上盖开发形成了全英第三大的购物中心，总面积超过 14 万 m²，拥有约 4000 个停车位。该车辆段的开发建设投资超 15 亿英镑，建成一个功能高度复合的城市商业综合体和区域活力中心。

该车辆段上盖物业内部由多个商业单体构成，利用贯通的玻璃顶覆盖建筑单体之间的间隙，从而形成一个巨大的建筑体量。巨构建筑内部由几个通高的采光通廊划分物理空间，形成尺度相对适宜的商业界面。

② 模式特征与适用范围

"巨构式"适用于地处城市总体规划中新城的商业、交通或综合服务中心地段的车辆基地开发（图 4.4）。其建筑形态一般比较高大、具有标志性，形成区域的中心。但通常也会存在建筑尺度过大、界面生硬等问题。在规划设计中应强调对建筑体量的切分和整合，有利于弱化大尺度的视觉形象，从而形成较为适宜的空间形态。巨构式的建筑，其内部功能复合程度高，交通较为复杂，且常结合地铁站、公交车站等交通枢纽功能设置，形成零换乘的交通节点。

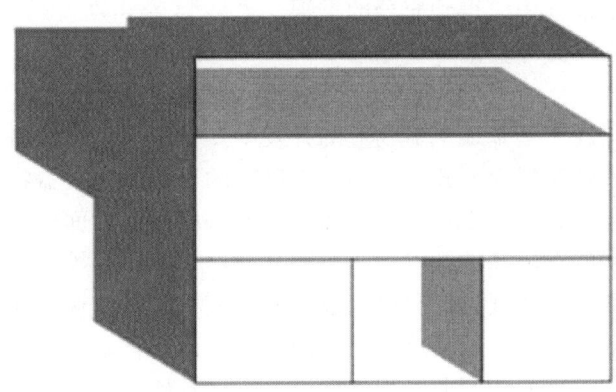

图 4.4 巨构式空间布局模式示意

4.1.2 建筑界面

1. 建筑界面构成原则

（1）整体景观营造原则

地铁车辆基地上盖物业的规划设计中，需重视将建筑的第一立面和第二立面统一设计，而不应各自独立设计，避免造成立面效果不统一的情况。立面上的广告位等设施，应考虑其形式、材质、色彩和空间序列等方面，力求与建筑立面达到和谐与统一。例如，同一类型的广告标识可以采用同样的材质、造型，并通过并列、互补、延续等手段，将广告标识形成有序的空间组合。

（2）主次分明原则

在车辆基地上盖物业的开发中，由于车辆基地的体量较大，因此建筑界面的延展性较好。在大尺度的建筑群体空间中，应加强对母体等方式的运用，以期强化第一立面的秩序感。此外，应注意形成第一立面和第二立面的主次关系，以第二立面点缀环境，烘托第一立面,从而体现建筑群体的主题和特色。

(3) 弹性控制原则

在车辆基地的物业规划中,应通过制定相关的城市设计导则以实现对后期的开发项目进行有效的、灵活的控制。弹性控制的内容应包括开发的强度、建筑体量的尺度、空间组合以及建筑界面的控制等。

2. 建筑界面构成模式及适用性

车辆基地上盖物业开发中的建筑界面,是以近人尺度衡量车辆基地空间体量的最为明显的一个物理属性,其主要包括底层空间中大尺度的连续立面和上盖物业部分的建筑群体界面两部分。车辆基地部分由于自身功能的限制,其建筑体量连续且占地面积较大,同时由于车辆基地部分一般都是位于建筑一、二层的位置,因此对人群的影响较大。通过停车库的设置,实现车辆基地的巨型尺度向上盖的城市生活尺度的过渡。车辆基地自身功能部分建筑界面的设计,对整个上盖物业的可达性以及其形象乃至上盖开发的成功与否都起到了关键的作用。通过车辆基地巨型体量与上部功能体的空间整合,同时利用整合体自身的空间结构,改善城市生活空间与上盖物业空间的界面结构,在车辆基地上盖物业的规划设计中应得到充分的重视。

目前常见的界面形式分类如下。

(1) 连续立面式

连续立面式是指在车辆基地上盖物业的开发中,受限于自身的占地规模,而形成的连续竖向界面的一种建筑界面形式。目前国内已有的车辆基地上盖物业开发绝大部分属于这种类型,其中包括直接以工业建筑墙面为界面和以商业界面包围车辆基地这两种界面方式。连续立面式的车辆基地开发中,车辆基地停车库、列检库等基础设施用房一般位于地面层。根据城市总体规划的要求,位于城市核心区的车辆基地上盖物业通常采用以落地商业包围车辆基地停车场、检修库的做法,从而弱化基础设施的不良视觉和听觉影响,同时也增加了临街面的商业面积,提高了车辆基地地块的活力,如深圳地铁前海车辆段上盖物业的开发即采用此模式。在位于城市生态敏感地区,或在城市设计中有明确的绿化要求的地段的车辆基地上盖物业开发中,也可将沿街的车辆基地基础设施的立面与垂直绿化相结合,形成连续的绿化景观界面,增强车辆基地等的亲和度,改善其厌恶型设施的形象,如北京地铁万柳车辆段。

① 典型案例。深圳地铁横岗车辆段上盖物业开发是以居住为主并包括办公、商业、酒店等大型综合项目。车辆段总用地面积为 28.28 万 m^2,物业开发总建筑面积45 万 m^2。在规划设计上,为体现土地集约化的利用原则,横岗车辆段由原单层上盖改为双层上盖设计,为国内首例。在总体布置、造型和色彩运用等方面注重城市设计理念,与周边环境相协调,保证城市街区的视觉效果,体现其综合体多种功能对空间的不同需求及变化,实现各功能地块的地上地下方便的联系。规划布局空间流畅自然,功能合理完善,为多元化活动需求创造条件,安排多种宽敞舒适的交往空间。在靠近山的一侧,采用简单化的立面处理,设置大量的横向通风窗,而在靠近城市道路的一侧,则以沿街商业包围车辆段基地,形成良好的生活界面,为上盖居住区提供必要的商业配套设施,同时消除其基础设施的不良影响。

② 模式特征与适用范围。连续立面式是地铁车辆基地上盖物业开发中最常见的建

筑界面模式,在城市中心区的车辆基地厂房通常配合沿街的落地商业布置,形成功能复合的城市综合体;而位于市郊的车辆基地开发则通常采用较为简单的立面处理方式。在城市环境敏感的区域,如城市的景观廊道等位置的车辆基地开发则通常以绿化广场为主,并采用垂直绿化的方式,弱化视觉影响。连续立面式的建筑界面的运用较为广泛,但需控制车辆基地的规模,避免形成尺度过大的街区而影响正常的城市机理和生活交通。在条件允许的情况下,可以采用双层停车的方式,减小车辆基地的占地面积,从而缩小车辆基地占地的规模,缩短建筑界面的长度,保障区域交通的连贯性。

(2) 地景式

所谓地景式建筑是指将原本竖向的建筑立面转化为横向的建筑平面,并与城市生活相联系,以大地景观的方式将建筑本体和周围环境融为一体,创造出模糊室内与室外的建筑空间体验,其更加强调场所的精神,突出人与环境的关系。Kenneth Frampton(肯尼思·弗兰姆普敦)在《建构文化研究:论19世纪和20世纪建筑中的建造诗学》一书中指出,以起坡的方式导入景观,形成地景式的景观空间,是将建筑本身作为城市景观的一种做法。此类车辆基地的上盖物业规划设计,以一种尊重自然、尊重城市生活的态度,更好地形成建筑与城市之间的关系,使其成为周围区域的活力中心。依托城市TOD的发展模式,利用靠近地铁站点的优势,主动将车辆基地融入城市空间,增强物业开发的人流可达性,以及商业的活跃面,强化城市慢行交通的连贯性,同时融入城市的景观系统。

"地景式"的建筑界面,将原本厌恶型的城市基础设施转变为受众面很广的大地景观,彻底消除了原本工业建筑对周围环境的消极影响。其通常将绿化屋顶延伸至生活界面,并设置适当的商业设施等,创造丰富多彩的休闲体验,为延续场所文脉提供必要的土壤,同时也为周边土地价值的提升提供积极的可能。

① 典型案例。无锡地铁雪浪车辆段位于无锡市滨湖新城中部,紧邻地铁一号线终点站雪浪站,总占地面积约50万 m^2,其中五分之二的用地作为停车场使用。其上盖物业开发的功能以商业、办公、住宅和酒店等为主,形成滨湖新城新的商业综合体。

雪浪车辆段在规划设计中将城市开放空间有效组织形成系统,并设置了不同的层次的立体化的平台,将地面层的坡地景观、平台层的绿化水体以及周围的建筑以步行廊道相互联系,形成一个各层面开放的有机系统。建筑界面采用地景式的设计手法,以规整的缓坡连接城市道路,形成可视性强、可达性较高的连续界面。其利用车辆段平台层15m的高差,从用地边界起坡与平台层边缘相接,在人流的主入口设置台阶和坡道,引导人流进入盖上的主入口广场,从而确保空间的延续性。建筑空间秩序以高层写字楼为空间统领,周边以高层和多层的居住建筑为辅,形成开发强度从中间到四周递减的空间秩序。

在景观设计上,雪浪车辆段上盖物业充分考虑江南水乡的地域特征,将富有园林气质的水景引入盖上平台,层层跌落,形成丰富的空间层次,进一步加强空间的视觉延续性,同时使上盖开发与城市环境和谐统一。

② 模式特征与适用范围。地景式的车辆基地上盖物业开发界面对改善局促的城市环境,创造良好的开放空间体系有着特殊的作用,一般适用于位于城市新区的车辆基地上盖物业和开发强度不高的开发项目中,通常结合商业、办公、景观等开放性的功能。其在功

能布局上，常以坡地景观形成城市公共生活的入口，在平台层上设置办公、商场、酒店、SOHO（Small Office，Home Office，家居办公）的功能，形成功能多样的城市综合体。地景式的车辆基地上盖开发中，通常将景观功能设置在停车场和检修库的上方，降低其屋顶荷载，同时便于盖下功能柱网的布置，提高工程的经济性和空间的利用率。同时将坡地景观与周围地铁站点形成良好的连接，为盖上的功能提供充足的人流。

（3）消隐式

消隐式是指将车辆基地设置在地下，而在其上部进行适当的物业开发的开发方式。通过布置下沉式的车辆基地，大大削弱其对地面交通和城市生活的影响，延续城市肌理，使上方的商业、办公、住宅等物业的布置更加灵活。同时将厌恶型的城市基础设施置于地下，能充分保证视觉上通透，提高周围的空间品质。在规划设计时，应充分解决地下地铁停车场和检修库的通风、采光和消防等问题，保证车辆基地工作人员的工作环境。在不利于直接采光和通风的部分，应增加光纤导管、人工照明和通风设备，改善地下空间的环境质量。消隐式相比于其他的布置方式，在建设成本上较为昂贵，但具有释放城市空间，延续空间机理，提高土地价值等优势。如北京地铁焦化厂车辆基地上盖物业开发，将车辆基地设置于地下，节约了大量地上空间，保证了街道界面的连续性和完整性。

① 典型案例。北京地铁焦化厂车辆段位于朝阳区堡头街道的核心位置，定位为城市副CBD，整个规划用地贯穿用地的北部。车辆段的停车场和列检库位于车辆段用地的西侧，且全部设置在地下，便于与地铁车站结合进行高密度的商业开发。而检修库位于场地东侧，与车辆段办公区结合，采用半地下的方式。焦化厂车辆段的上盖物业开发包括商业区，办公区和绿化及公交枢纽三个部分。车辆段开发的空间布局结构为"一心、一区、一带、一廊"，"一心"即公交枢纽，"一区"为商业核心区，"一带"为办公区，"一廊"为绿化景观廊道。

根据堡头街道总体城市设计的要求，在场地中设计了三条东西向的绿化廊道。在场地两端设置绿化景观节点，通过商业街联系，结合场地中央的商业核心区，形成"绿化广场—商业空间—绿化景观"的商业空间体验。

② 模式特征与适用范围。消隐式，顾名思义是通过消除和隐藏的方式，将车辆基地从城市生活界面中置换，从而创造出连续的场地界面，充分尊重城市空间。其以一种较高的姿态介入城市环境，保护现有的空间环境和场所文脉。由于消隐式的车辆基地上盖物业的开发需要较高的建设成本，因此，其一般适用于在旧城核心区再开发和在规划新城核心地段的开发。消隐式的车辆基地上盖物业规划设计中，应将开发强度较高的高层建筑尽量布置在柱网较为规整的停车场上方，将开发强度较低的商业、广场等布置在柱网不规则、噪声较大的咽喉区上方。

4.2 上盖物业的功能结构

4.2.1 功能结构的发展趋势和原则

1. 功能结构的发展趋势

随着信息沟通方式和城市交通方式的巨大改变，城镇化的进程显著加快，一、二线城市的土地资源面临着严重的短缺，同时，我们又面临着城市资源没有得到充分的利用等困境。在这样的社会背景和时代背景下，地铁交通的快速发展对城市资源的整合利用起到了非常关键的作用，而城市生活的一体化和城市发展的集约化所带来的高效率和高效益，正是激发地铁车辆基地物业开发中功能组织的原动力。根据地铁车辆基地区位的不同，其上盖物业的功能构成也截然不同，因此应建立系统的功能组织观念。国内地铁车辆基地上盖物业的功能由最初的单一功能逐渐向多样化、多功能、复合化的方向转变，并在不断的开发探索中呈现出如下几方面的发展趋势。

（1）复合化

功能复合化是指一定的空间范围内多种功能类型相互交织、叠加，各功能相互促进、相互补充形成有机的综合体。在地铁车辆基地上盖物业的规划设计中，将城市基础设施、交通换乘枢纽、配套商住、休闲娱乐等功能在横向和竖向上展开，提高综合体各部分的商业活力和使用便捷度。例如在无锡雪浪车辆基地的上盖物业规划设计中，以地铁换乘枢纽为中心，集合了商业、办公、居住等多种功能，形成功能高度复合的整体。

（2）集约化

土地利用集约化指，在城市土地资源紧缺的情况下，紧凑、高效、有序的功能组织模式。在车辆基地上盖物业开发中，地铁站点、周边公交站点等形成物业开发的动力源。通过合理的规划布局，在减小车辆基地本身占地面积的前提下，将周边公交站、商业配套等有效地组织在车辆基地范围内，形成一个高效的区域商业及换乘中心。人们可以在综合体内部形成高效的交通组织和换乘，为周边的城市区域出行带来便利。

（3）灵活化

灵活化是指，建筑内部各功能分区的划分没有固定的边界，通过灵活的空间分隔手段，将大尺度的空间切分成不同的功能区域。在运营管理的过程中，能灵活地根据市场的变化，不断调整自身的功能构成来适应区域发展的需求。

2. 功能结构组织原则

确定地铁车辆基地上盖物业的功能，需立足于周边城市功能和需求，对一定范围内的城市生活起到补充作用。由于车辆基地上盖物业本身与地铁站点的紧密结合，具有人流集中的优势，规划时可以 TOD 为导向，将其交通功能与城市其他功能复合，鼓励以公共交通为导向的出行。

（1）符合城市的总体发展规划

城市总体规划对城市未来的发展方向提出了明确的目标，对城市局部片区功能布局作出了一定的要求。在车辆基地上盖物业开发的前期，就应以城市总体规划为依据，以城市的发展需求为导向，合理选择车辆基地上盖物业的功能组成，不能盲目地追求眼前的经济利益，而对未来的城市区域功能结构产生较大的影响。

（2）结合车辆基地自身的使用特点

地铁车辆基地在规划设计时，首先应保证车辆基地本身使用功能不受上盖物业的影响，这是车辆基地物业开发的前提。因此，车辆基地上盖物业的功能类型和空间布局必须适应车辆基地本身的特点，如在咽喉区上方的物业功能，因保证下方轨道布置的要求，不能对地下柱网的布局产生很大的影响（表4.1）。

表 4.1 车辆基地各功能区域上盖开发的适宜功能和开发强度统计表

开发区域		开发功能	开发强度	地下开发
上盖开发区域	停车库、运用库	住宅、商业、办公、文体、展览、公园绿地等	较高	不适合
	咽喉区	学校、绿地、低层办公	低	不适合
	试车线	办公、商业	较高	不适合
落地开发区域		高层住宅、商业综合体、办公等	高	停车场、商业街、交通换乘枢纽等

（3）满足周边的城市功能需求

车辆基地上盖物业的规划设计涉及较大的城市空间尺度，因此属于局部城市设计的范畴。在规划设计初期应充分考察车辆基地周边的城市功能，并且对一定范围内的人群需求做出合理的分析和预期，在此基础上将多种功能复合，形成对周边城市功能的补充。

（4）为后续的开发留有发展余地

城市的发展相对于地铁车辆基地的规划设计有一定的滞后性。因此，在对一些目前来看开发程度不高的郊区地段的车辆基地进行初期的建设时，应根据城市发展的方向和总体规划，在对区域发展定位的基础上，为日后车辆基地上盖物业的二次开发留有充足的余地。

4.2.2 功能构成基本单元

地铁车辆基地上盖物业所涵盖的功能几乎包括了城市综合体建筑所有常见的功能，不同类型的功能都有各自的空间需求，因此应遵循其特有的布局原则和规律去组织空间。而各车辆基地上盖物业的功能类型也不尽相同，表 4.2 对国内几个城市地铁车辆基地上盖物业典型案例的功能配置进行了统计。

表 4.2 国内一线城市地铁车辆基地上盖物业开发的功能统计表

地区	车辆段名称	居住	商业	办公	酒店	娱乐	文体	绿化
北京	四惠车辆段	◆	◆				◆	◆
	平西府车辆段	◆	◆					◆
	五路居车辆段	◆	◆			◆	◆	
	郭公庄车辆段	◆	◆				◆	◆
	焦化车辆段	◆	◆				◆	◆
	八王坟车辆段	◆	◆					◆
	万柳车辆段					◆		
	马泉营车辆段	◆						
深圳	前海湾车辆段	◆	◆	◆			◆	◆
	横岗车辆段	◆	◆	◆	◆		◆	◆
	龙华车辆段	◆	◆	◆			◆	◆
	塘朗车辆段	◆	◆	◆	◆		◆	◆
	深云车辆段	◆	◆	◆			◆	◆
	蛇口西车辆段	◆	◆				◆	◆
	南头车辆段	◆	◆	◆			◆	◆
	深大停车场		◆	◆			◆	◆

续表

地区	车辆段名称	居住	商业	办公	酒店	娱乐	文体	绿化
广州	萝岗车辆段	◆	◆			◆	◆	◆
	白云湖车辆段	◆	◆	◆	◆	◆		◆
	夏滘车辆段		◆	◆			◆	◆
	南沙停车场	◆	◆	◆				◆
	岐山车辆段	◆	◆				◆	◆
	官湖车辆段	◆	◆	◆				◆
	镇龙车辆段	◆	◆	◆				◆

从表 4.2 中可以看出，地铁车辆基地上盖物业具有商业、办公、居住、文化娱乐和停车等功能，这些功能在上盖物业中又具有特定的内容和存在形式。下文针对车辆基地上盖物业所涉及各类功能的基本属性和相应空间适应性进行逐个论述，并对其相互间的组合关系进行评估。

1. 商业功能

车辆基地上盖物业的商业功能通常由购物功能、消遣娱乐功能、美食服务等功能组成，且多以购物功能为主。商业部分是车辆基地上盖物业中人流量最大，使用度最高，公共性最强的部分。它和周边的其他商业功能存在大量的交叉和融合，同时也对区域内商业功能的不足进行补充。根据其使用特点、功能特征和自身运作的规律等因素，对车辆基地上盖物业中商业功能作如下分析。

（1）盖上集中商业功能

在含有集中商业功能的车辆基地上盖物业中，商业功能是与周围城市生活联系较密切的部分，它不仅服务于上盖物业本身，同时还需要为周边的城市提供必要的商业配套服务。同时对后勤服务车辆的交通流线应加以单独设置，避免与商业等功能的车行流线有较多的交叉，减少对其产生干扰。因此，商业功能在车辆基地上盖物业的布局中，应该位于主要的对外交通节点处，或者车辆基地上盖中人流的集散地，以吸引车辆基地本身和外部的消费人群，以方便组织大量性的交通人流。此做法便于把居住、办公等独立性较强的功能与嘈杂的商业功能相对隔离，使其独立位于一侧或位于商业功能的上方。另外，还可以将盖上各功能通过底层连续的商业形成良好的导向性。

（2）地下商业功能

根据车辆基地空间组织形式的不同，有部分案例是通过地下的商业功能，引导大量的外部人流从周边的地铁站点进入到车辆基地上盖物业。如香港特别行政区的将军澳车辆基地，利用地下通高的线性商业空间组织内部的人流，并且形成良好的购物环境，激发顾客的购物欲望，同时联系地面上部空间将外部的阳光、景观等视觉要素引入地下，进一步改善地下空间昏暗、空气不流通等状况。

地下商业通常有以下三种情况：①以商业空间为导向，即在地下车库与车辆基地上盖物业连接的通道两侧，或地铁站以及周边人流集散地等通向车辆基地的通道两侧设置商业空间，对人流进行引导；②把对采光通风要求较低的展览空间或利用效率不高的娱乐设施等设置于地下层；③与周边既有商业功能相互联系，构成便捷的地下商业网络。如深圳的连城新天地，利用线型的地下商业街将周边的 CBD 区、地铁站、公园等使用率高的空间组合成一体。

(3) 周边落地商业功能

地铁车辆基地本身由于其巨大的空间尺度对城市空间形成了空间上的割裂，其内部又是厌恶型的工业设施，因此，利用车辆基地周围的落地商业开发将这种不利的因素削弱，使其能与周边城市空间良好地融合，同时对区域商业功能起到很好的补充作用。但在落地物业开发时，应注意对车辆基地内部消防通道以及必要的通风采光廊道的保留。

2. 办公功能

办公功能作为车辆基地上盖物业的常见功能之一，其规模占比需以周边的城市功能布局情况和自身的开发定位作为依据。办公功能对车辆基地周边的物理环境并不敏感，但由于车辆基地上盖物业交通作用的带动以及本身具有的一定程度的综合体效应，使其拥有更广阔的场所背景，从而形成自身独特的优势。作为车辆基地上盖物业的功能子系统，它有如下使用特点。

（1）办公功能的使用主体主要为稳定性较强的本地办公人员。这类人员对其空间环境和交通流线的熟悉程度较高，而来访人员作为办公功能的次要人群，属于流动性人群。

（2）办公空间有自身的使用特点，存在上下班高峰时集中的人流压力。

（3）办公人员既是办公空间的主体，同时也是车辆基地上盖物业最为固定的消费人群。

根据上述办公功能的特点以及车辆基地本身的结构要求，其功能布局和组织方式大致有以下三种情况。

第一，办公功能可以考虑独立设置在车辆基地咽喉区的上方，但是需要进行适当的结构转换保证上方办公空间的完整性，同时充分考虑工程的造价因素，充分评估其开发强度的合理性。分区较为独立的办公场所，在规划设计中应考虑其独用的交通流线，以保证办公人员日常的使用不受其他功能的影响。

第二，办公功能相比居住功能对私密性的要求较低，但其也需要一定的独立交通流线，因此，出入口建议与商业功能等保持相对独立的流线，同时宜避开主要道路。

第三，办公空间的停车场设置应与盖上其他物业有整体的规划布局，同时针对临时的访客应设置部分盖上露天停车位，保证其使用的需求。

3. 居住功能

从车辆基地上盖物业开发业态的角度上讲，上盖平台进行公园绿地、停车场或工业建筑的开发成本小、难度低，但对开发成本的反馈作用也较小。而进行大规模的商品房、保障房的开发，一方面能使开发成本得到较快的资金回笼，另一方面居住区所承载的居住能给上盖物业中商业等功能提供长期稳定的消费群体，因此，居住功能应是车辆基地上盖物业开发较为理想的业态选择。

从目前国内地铁车辆基地上盖物业开发的情况来看，居住功能主要分为商品房、政府保障性住房和酒店三种主要的类型。

（1）商品房

在车辆基地上盖物业的商品房开发中，从区域分布来看，可以分为落地开发和上盖开发两类。落地开发对居住区开发的限制条件相对较少，而且能够与城市道路通过简单的交通相连接，保证其良好的可达性，但在选址上应适当远离咽喉区和运用库等噪声较大的区域，适宜与商业功能等形成较好的联系。上盖开发的居住功能宜选择在柱网布置相对规整的地铁停车库上方进行，并且注意合理的开发强度。

（2）保障房

保障房的建设需政府给予一定的政策性支持，如政府将部分保障性住房项目纳入车辆基地的物业开发中，既有利于政府为中低收入群解决住房保障问题，又可取得相应的开发收益，为城市地铁的建设注入活力和动力。

保障房有其自身的特点，其居住区内的户型配比一般小户型占到大部分的比例，单位面积的居住人数较为多，而且这类人群的出行方式大多都以城市公共交通为载体，上下班高峰时交通压力相对较大。因此，应加强保障房与周边城市地铁或公交站点的联系，为住户提供便利。

（3）酒店公寓

酒店功能也是地铁车辆基地上盖物业中的重要的功能之一，其可以为短暂停留的人群提供临时的居所，为车辆基地上盖物业活力的营造提供必要的支持。同时也能为商业、娱乐休闲等其他功能提供潜在消费人群。酒店具有的这些特点，使得它成为车辆基地上盖物业中具有催化作用的"触媒"。

由于受到车辆基地上盖规模的局限，酒店在空间布局上通常与上盖商业功能结合布置，形成功能复合度较高的综合体。

4. 景观功能

地铁车辆基地由于其规模大、区位优势明显等特征成为城市空间中较为突出的视觉焦点，同时在生产作业过程中产生噪声、震动等问题，使其成为厌恶型的交通设施。在诸如上海、北京等地铁建设较早的一线城市，随着地铁线路的不断延伸，城市区域不断扩大，早期规划的车辆基地由于规划设计理念以及工程技术条件的限制，导致难以进行二次上盖开发，由此带来了环境、经济等一系列的城市问题。另一方面，在某些位于生态敏感区域的地铁车辆基地，大规模的上盖开发并不适合周围的环境条件。

针对这样的实际情况，在车辆基地上盖公园绿地等景观设施，能有效地将上述不利因素转化为车辆基地开发的优势，充分体现环境可持续的设计理念。如深圳地铁侨城东车辆段，将原有的汽车展示馆转换为地铁车辆段，并在其上方设置大型公园绿地与周围红树林的环境相融合，将土地还给市民，真正为城市空间的改善提供帮助。

车辆基地上盖景观属于屋顶花园的范畴，对屋顶结构的要求较高，在设计时应注意防水等施工技术手段的运用，同时充分考虑盖下车辆基地工作人员正常工作的环境需求，预留足够的通风采光廊道等。在交通组织上应保证便捷的步行廊道与周围的居住区、城市绿道等相连接，提高其可达性，让车辆基地景观充分为市民所使用。

5. 停车功能

地铁车辆基地上盖物业停车场在规划布局时，停车位的数量和空间位置应根据具体上盖规模和服务对象来确定。其中最关键的问题是，要解决好车辆基地内部和外部的交通联系以及适当的分隔，有效组织立体交通的问题。作为车辆基地上盖物业开发整体的有机组成部分，停车库不是孤立的停车设施，而应纳入车辆基地整体开发的规划设计中，与其他功能有效地衔接。在规划设计时从使用者的角度，将停车库与其他公共服务功能结合布置，逐渐成为车辆基地上盖物业发展的新趋势。

车辆基地上盖物业停车库的规划设计，结合场地自身的要求和不同的物业开发类型形成相对差异化的布局方式，一般来说有以下几种分类：盖上露天停车库；设置于盖上建筑底层的单层或多层停车库；盖下停车库。三种停车库类型的优缺点以及组合模式，在下文"5.2.3 停车系统"中会详细阐述。

4.2.3 功能组合模式

地铁车辆基地上盖物业的开发实践在最近的十年越来越活跃，尤其以中国香港地区以及东南亚的日本、新加坡等面临土地资源稀缺的国家和地区最为常见。目前国内地铁车辆基地开发中常见的功能组合模式如下。

以住宅小区或商业设施、文化体育设施等公建为主导的单一功能型上盖模式，如中国的深圳地铁塘朗车辆段、北京地铁四惠车辆段以及英国地铁 Westfield（韦斯特菲尔德）车辆段等即属于此类。其中以居住功能为主导的上盖物业属于内向型的城市功能组团，强调以内部居民的生活需求为规划设计的重点，侧重居住区自身功能的完善和与城市交通的衔接；以商业、文化体育等公共服务功能为主的上盖物业属于外向型的城市功能组团，其辐射范围较大，对周围城市功能起补充作用，因此注重对城市活力的激发和城市生活的服务。

另一种常见的上盖物业模式即以商业、办公、住宅、酒店等多种功能复合的上盖模式，如中国深圳地铁前海湾车辆段上盖物业、中国香港地铁将军澳车厂上盖物业即属此类。复合功能型的模式在最近几年的开发实践中尤为常见，同时也越来越受到青睐。得益于城市地铁的发展，车辆基地由于靠近地铁站而吸引了大量的人流。因此，周边土地的价值不断提升，同时也面临着大量的城市生活需求，而占地规模巨大的车辆基地正好提供了一个复合城市公共服务功能的平台，因此复合功能型的车辆基地开发模式逐渐成为未来开发的趋势。

针对近年来国内地铁车辆基地开发案例进行分析总结，按功能类型来分，主要有居住功能主导型、大型公共服务设施主导型、商住功能主导型、绿化景观主导型等单一功能主导型，以及多种功能复合型的功能组合模式。

1. 单一功能主导型

（1）居住功能主导型

① 主要特征。以居住功能为主导的车辆基地上盖物业开发中，居住功能通常占据绝大部分的用地，而商业、酒店等服务性功能大多作为配套设施解决居住需求。这种类型是国内最早出现的车辆基地开发模式，如北京地铁四惠车辆段等。这类车辆基地往往出现在对居住需求较大的国内一线城市，由于这类城市的经济发达、地铁建设较完善且人口基数大等特点，因此对住房的需求量较大。利用车辆基地与地铁站点较近的交通优势，建设居住区能充分体现 TOD 的发展优势，为地铁站点的后续开发提高消费群体涵养、提升土地价值、提高地铁车辆基地附近的城市活力，并且营造强烈的城市氛围，强化城市属性。

② 典型案例。塘朗车辆段位于深圳市南山区塘朗山北段，用地紧邻塘朗山，呈梯形状，周边主要为山体和植被绿化，用地北侧为高层住宅区。建设用地在留仙大道和塘朗山之间，靠近大学城片区，周围生活配套设施很不完善，因此在以保障性住房为主的

开发中，需重点解决地块与大学城及周边地铁站点和道路的联系，同时应完善居住所需的生活配套设施。车辆段处于塘朗山规划的生态控制区内，对地块内的开发有一定的限制，如建筑物的高度不宜超过50m，建筑物的高度最高不得高于80m，同时应加强开发主体与山体的关系，为城市景观保留一定的视廊。

塘朗车辆段的开发分为落地开发以及上盖开发两部分，利用车辆段东西两侧的空地进行了车辆段配套设施的落地开发。东侧用地紧邻塘朗地铁站，是将来步行人流出入基地的主要通道，因此，考虑对东侧用地进行商业服务设施以及小学等配套设施的开发。西侧的用地作为车行交通的主要出入口，通过立体交通与留仙大道无缝连接，同时将西侧空地用于地铁附属设施的开发。车辆段中部处于停车库上方的部分采用上盖开发，主要进行政府保障性住房的建设。塘朗车辆段开发分A～F共6个区，A区以商业服务等设施为主；B区和D区为车辆段上盖开发区域，主要以居住功能为主；C区为车辆段咽喉区，不宜高强度开发，因此以小学为主要的开发对象；E区和F区主要为车辆段附属的管理服务用房的落地开发。

③ 功能空间组合。深圳地铁塘朗车辆段是典型的以居住功能为主导的，充分利用地铁站点来引导人流的开发项目，人行流线主要通过空中和地面连廊从不同层面进入上盖物业内部。车辆段与公交站点紧密结合，从而使大量的地面集中人流能通过垂直电梯和自动扶梯快速到达上盖平台；空中连廊连接塘朗地铁站和大型的商业配套建筑，大量的步行人流能穿越其内部到达上盖居住区，一方面形成交通上的无缝连接，另一方面大大提高了商业区的活力，同时也方便了住户的生活所需。立体化多层次的规划设计合理组织了交通流线和功能分布，并且与自然山体景观良好地融合。

水平向的功能布局主要以保障型住房为主体，围绕其设置幼儿园、小学、商业、酒店等功能设施，并且将地铁站点和公交站点通过空中连廊直接或间接与上盖功能相互联系。基于车辆段咽喉区噪声震动等问题，将学校的风雨操场布置其上，巧妙解决了上述问题的同时充分利用了上盖空间。在交通组织上，通过空中连廊将地铁站、商业、办公、学校和居住功能串联拓展，形成功能完善、结构紧密的综合体。

功能空间的竖向建构上，由于塘朗地铁站是高架站点，因此车辆段与周围公共交通的联系并不需要地下通道，大大降低了工程造价。步行人流主要通过垂直电梯和扶梯到达上盖平台，车行交通通过坡道连接城市道路和车辆段上部平台。竖向空间分布上，地面层主要是车辆段本身及其附属管理用房以及部分落地开发的商业配套，上盖平台下的夹层设置了汽车停车场，平台上方以居住区和部分配套服务设施为主（图4.5）。

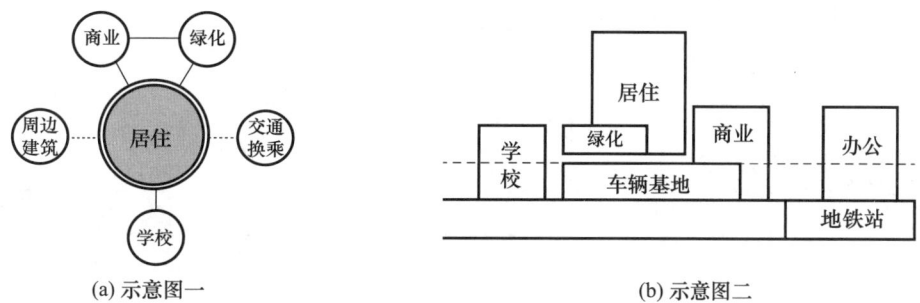

(a) 示意图一　　　　　　　　　　　(b) 示意图二

图4.5　居住主导型车辆基地上盖物业开发功能组织模式

(2) 大型公共服务设施主导型

① 主要特征。以公共服务设施为主导的地铁车辆基地上盖物业开发通常以公园、文化展览以及体育等公共服务设施为主，对城市功能起到进一步的完善作用，能够显著提升周围地段的土地价值。对于早年投入运营的位于城市中心区的车辆基地，其具有地理位置好、对人居环境影响较大、二次开发较难等特点。针对这些车辆基地进行以绿化公园为主导的上盖物业二次开发，从功能上将厌恶型设施转为环境亲和度较高的场所，同时从空间上消除了车辆基地对城市的阻隔。

在城市规划建设的过程中，文体、会展等大型公共服务设施对空间的需求较大且相对来讲开发强度较低，因此在车辆基地上盖这些功能既能满足空间和结构上的要求，同时也能利用地铁的优势保证需求人群的可达性，如广州地铁厦滘车辆段将上盖开发为集展览、游憩绿地于一体的交通主题公园，为人们提供观展、休闲、锻炼的场所，形成新型城市景观。

② 典型案例。广州地铁厦滘车辆段位于沙滘岛厦滘地铁站东侧，周边以居住区和少量的工业厂房为主，车辆段北临珠江，地势北低南高。厦滘车辆段上盖物业开发以"交通主题展览公园"为设计理念，将车辆段上盖平台自北向南划分为三个区域，分别为：北部临江展示平台、中部咽喉开敞区和南部主题展览区。北部临江区的盖下部分是车辆段的运用库、附属车间以及管理办公用房；中部咽喉区由于柱网布置不规则以及噪声、振动等因素的影响，将其上方打开并在四周设置矮墙和护栏，同时配合以绿化植被的布置；南部平台位于停车库和地铁出入段上方，停车库的平台标高较高，结合停车库的柱网布置，在其上方形成空间规模较大的交通主题展览馆。车辆段的主要车行入口位于车辆段的南部，与新光快速路形成对接，而考虑到大量的步行人流来自周边居民区以及厦滘地铁站，因此在平台东西两侧设置绿化斜坡与车辆段周围的地面相联系。同时利用绿化斜坡下方形成的空间植入配套商业服务等功能，对城市功能形成补充作用，也提升了自身的活力。

③ 功能空间组合。广州地铁厦滘车辆段上盖物业由车辆段上盖平台及其上部建筑和东西两侧的绿化斜坡构成，车辆段北低南高，由北向南渐次抬升形成台阶式的整体空间形态。车辆段上盖平台的开发由大型主题展览馆和公园绿化功能组成，在车辆段的停车库和检修库上方利用其规则的柱网并列设置两个大型建筑，而咽喉区上方开敞，通过一定坡度的绿化通道连接南北两部分。东西向通过绿化斜坡联系上盖平台和周围地面和居住区，实现主题公园与城市空间的相互渗透，不仅大大提高上部空间的可达性，同时保证了上部和功能单元的相对独立性（图4.6）。

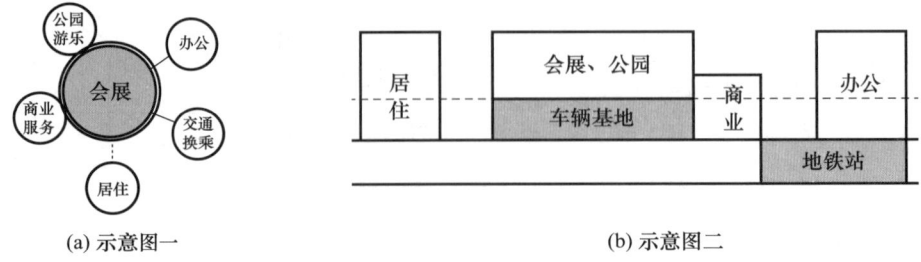

(a) 示意图一　　　　　　　　　　(b) 示意图二

图4.6　大型公共服务设施主导型车辆基地上盖物业开发功能组织模式

在竖向空间布局上，地面层为车辆段以及北部的一些低层办公用房，上盖平台上部主要以屋顶主题公园和绿化设施为主。由于厦滘地铁站与车辆段位置相对较远，目前并没有地下通道或空中连廊相互连接，主要通过地面交通经由绿化斜坡到达主题公园内部。

(3) 商住功能主导型

① 主要特征。以商业为主导的地铁上盖物业开发，一般利用停车库等部分的上盖空间设置一个独立的大型购物中心或规模较大的商业综合体，商业功能在所有上盖开发功能中的比例达到40%以上，以商住酒店、休闲娱乐和办公等作为配套功能。通常情况下，这类车辆基地开发与地铁站点联系十分紧密，充分利用地铁交通的客源，同时以商业综合体为中心结合周围的城市居住功能，从而相互共生形成一个城市商圈，给周边的区域创造大量的商机且保证了后续的发展需求。

② 典型案例。香港特别行政区的将军澳车厂位于将军澳线东段的康城站，车厂西部、北部临海，东部和南部均为居住区，如"日出康城"等住宅区现已形成规模。康城站及地铁车厂规划上盖以开发大型商业综合体为主，配套以部分高层住宅、绿化开放空间以及公共交通换乘枢纽等功能。车厂停车场等大型工业建筑位于康城站东侧，与其紧密连接，周围围合为6个居住组团，中央空间设置绿化开放空间和大型商业功能。各功能之间通过空中连廊与地铁康城站相互连接，形成良好的步行交通环境。以康城站为中心形成两条垂直相交的绿化轴线，东南向的轴线连接车厂上盖商业、中央公园以及场地的东南出口，形成连续的带状景观廊道；西北向的廊道连接动感公园、地铁站点和滨海长廊，使居民能方便到达滨海居住组团。车厂以地铁站交通功能为基础，商业功能为核心，各功能围绕上盖商业展开相互独立又相互联系，构成多功能的统一体。

③ 功能空间组合模式。以商业为主导的地铁上盖物业开发项目一般以商业功能为载体，结合休闲、娱乐、美食等多种业态，其功能组合形式与地铁站点上盖开发较为相似。车辆基地与地铁站点通过空中或地下的连接通道联系形成多种业态复合的商业中心，从而将人流直接引导进入商场而不受到城市交通的阻隔。在功能平面布局上，通常以商业功能为中心，结合城市广场、绿地削弱咽喉区的影响，成为城市区域的活力中心。竖向功能的布局，受车辆基地和地铁站点相对位置不同的影响会产生不同的组合形态。将办公功能设置于商业功能上部，并设置独立的对外出入口。当车辆基地设置于地面层时，为弱化车辆基地的不利影响，通过在车辆基地周围落地开发商业功能形成良好的商业界面，并在内部设置垂直交通联系上部功能，形成一体的功能空间组合（图4.7）。

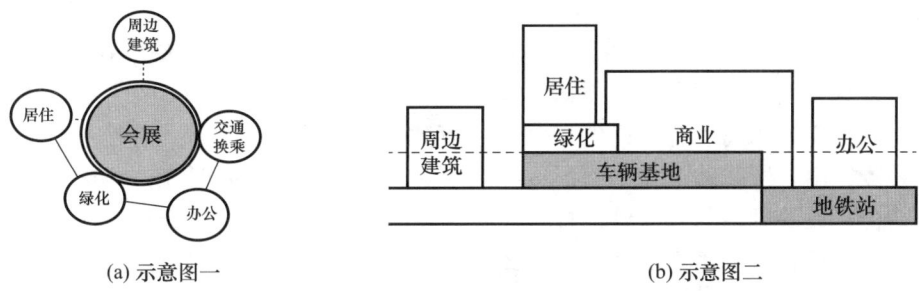

图 4.7 商住功能主导型车辆基地上盖物业开发功能组织模式

(4) 绿化景观主导型

① 主要特征。以绿化景观为主导的上盖开发适合于那些处于环境敏感地区的，以及对于城市中心区内对环境影响较大的车辆基地。绿化景观的上盖开发模式具有对车辆基地本身功能的影响小、对建筑结构要求小、经济投入小以及投资回报率低等自身的特征。对于早年规划建设中并未考虑上盖开发且已投入运营的地铁车辆基地，在进行二次开发的过程中可考虑此开发模式。

以绿化景观为主导的车辆基地上盖物业开发从功能上来讲较为单一，在城市规划过程中可将部分不适合高密度开发的车辆基地纳入城市公园绿地系统中，并由政府和车辆基地建设主体协调对其进行投资建设。从塑造城市景观的角度来看，应通过人性化的立体交通联系周围使用人群，充分增加其使用率，同时结合周围的绿地公园设施打造一体化游憩体验，使之不仅成为城市绿化景观更能为市民所实际使用；从环境可持续角度来看，绿化主导的车辆基地上盖物业开发对周边环境具有明显的隔热降温、增加负离子和滞留粉尘等生态功能，同时能降低车辆基地建筑的能耗，对盖下工作人员的工作和生活环境带来较大的改善，有利于列车的维护和保养。

② 典型案例。北京地铁万柳车辆段位于10号线线路的西端，地段属于颐和园世界遗产保护区的缓冲区，与昆明湖仅1.2km的距离，地块南靠巴沟村北路，北侧为海淀公园，东临万泉河路，西面为万柳高尔夫球场。车辆段用地狭长南北向延伸。万柳车辆段用地面积约为17.4万m^2，总建筑面积约68300m^2。车辆段处于环境敏感区内，面对开发过程和城市环境之间的诸多矛盾，设计师综合考虑各方面的因素，协调使用功能区和自然环境，重新建构车辆段用地的地形，形成消隐式的建筑形式，从而让建筑本体消失于自然环境中。

万柳车辆段的绿化景观共分为三个部分：屋顶上盖绿化、厂区内其他绿化以及斜坡绿化。车辆段停车库和运用库上方以低矮的灌木和绿化草坪为主，同时设置8个圆形采光窗，其侧面通透可满足盖下采光通风的需要，圆形凸窗的顶部配置耐旱、温差适应性强、抗风能力强的灌木和花卉、草坪。同时对屋顶采用防刺耐久的防水构造，且使用36cm厚度的混凝土板满足结构和防水等方面的要求。在南侧靠近巴沟村北路的部分通过在挡土墙外堆积土方形成与道路平顺过渡的斜坡，并对其进行绿化栽植，消除土堆的视觉影响，同时与车辆段上盖绿化形成完整连贯的功能体。在上盖平台的局部设置一些采光孔，对应其下方的是进出场地的车行道路，保证了盖下的通风环境良好，同时节约能源。人流可以顺利地从巴沟村北路人行道通过斜坡到达上盖平台，形成连续的景观休闲体验。

③ 功能空间组合模式。北京地铁万柳车辆段上盖物业开发主要以绿化景观为主，包括落地景观、上盖景观和斜坡景观。车辆段共由11栋建筑组成，由于周围环境的敏感度较大，对建筑的高度有严格的控制，所有建筑均不得高于9m。通过在车辆段停车库、办公楼、出入段线路上盖平台形成绿地景观开发的基质，同时充分考虑与周围公园绿地的结合，设置廊道与其无缝衔接，同时利用斜坡引导人流进入场地。因上盖平台并无居住、商业等相对高密度的功能，因此并无车行交通的需求。车行入口设置在场地东西两侧，通过盖下车行道联系城市道路和盖下的办公功能。车辆段咽喉区上部开敞，满足其自身功能上和结构上的需求。

这种类型车辆基地的竖向空间组织较为简单明确，一般主要在车辆基地工业建筑上方进行绿化开发，考虑到办公空间对通风采光的要求较高，通常在其屋顶进行屋顶绿化的栽植，只有少量案例为保证空间环境的统一将办公功能上盖开发。由于地面开发基本上以车辆基地厂房为主，因此只需在办公人员集中的区域设置垂直交通与上盖平台联系，当然也需要对消防条件进行仔细考虑（图4.8）。

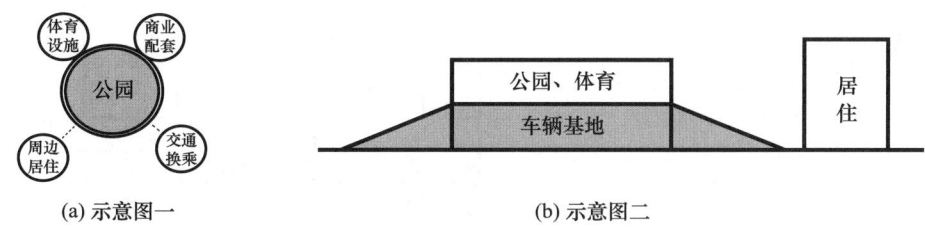

图4.8　绿化景观主导型车辆基地上盖物业开发功能组织模式

2. 复合功能型

（1）主要特征

复合功能型的车辆基地上盖物业开发，根据车辆基地区位、规模和周围城市功能的不同，其功能构成也因地制宜地形成不同的组合形式。从国内目前的开发案例来看，复合型的车辆基地上盖物业强调将多样化的功能整合形成一个区域的综合中心，发挥资源整合的优势。其功能主要包括商业、居住、休闲娱乐、办公酒店等，通常是以居住和商业功能的比例较大。从空间形态的角度上来看，复合功能型的上盖开发大多以建筑群的形式出现，也有个别案例采用集中式的建筑形式复合多种功能，如杭州九堡东站上盖物业综合体将所有的功能组织在一个巨型空间内，与大型商业空间立体叠合成一个整体。复合型的上盖物业开发，有利于充分利用各功能间的相互作用，最大化地提高区域的活力，同时提高土地的利用率，增加投资的回报率。因此，复合型的车辆基地上盖物业开发越来越受到青睐，甚至成为一种趋势。

（2）典型案例

杭州地铁七堡车辆段上盖物业开发项目是集便利交通、商务办公、商业购物、生态居住等功能于一体的城市复合型建筑群。基地位于城市发展的主轴线上，总占地面积超过48hm²，建筑面积超过100万m²。上盖功能主要包括车辆段日常服务设施、地铁办公人员办公楼、居住、商业、配套办公等功能，建成后是目前国内最大的地铁上盖综合体之一。车辆段停车库上盖平台主要开发商业和住宅小高层各自形成6个组团式布局，咽喉区上方主要布置公园绿地和城市休闲广场，在地铁七堡站域上方进行高层办公楼的开发。

（3）功能空间组合模式

杭州地铁七堡车辆段上盖物业开发是多种城市功能复合开发的典型案例之一。通过对车辆段与地铁站点空间的一体化规划设计，利用地下通廊和上盖平台将两者紧密结合形成功能复合、空间连贯、形态统一的城市综合体。步行人流从地铁站经连续地下商业街，可直接进入车辆段上盖商业内部，而办公人流可通过地铁站大厅的垂直交通与站点上部的办公空间无缝连接。同时居住人流可通过单独的通道，从上盖平台上直接到达居住区，也可穿越地下商业街到达居住区。

功能的平面组合以地铁站点为基础形成两条垂直的轴线，沿着地铁线路的轴线方向的线性用地空间为落地开发的高层居住区；垂直于地铁线路方向的轴线上依次布置了办公、商业和居住功能，并且以商业功能为纽带联系居住和交通功能。整个区域形成以商业功能为中心的 7 个相对独立的功能组团，以及一条线性的居住区（图 4.9）。

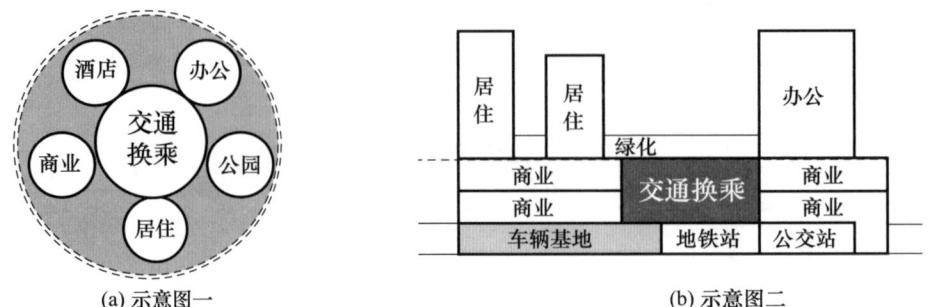

图 4.9　复合功能型车辆基地上盖物业开发功能组织模式

在竖向空间的功能分布上，以商业功能贯穿地下与地上空间，联系地铁站点和车辆基地区域空间。在地铁站点上部以商业和办公楼形成独立的组团空间，剩余 6 个居住组团被设置在停车场和运用库的上方，而车辆基地则采用地面建设的方式，咽喉区上部则进行公园绿地的建设，形成良好的自然环境。车行交通通过东西两侧的坡道连接地面和盖上停车场，并且设置环形的消防车道贯穿盖上各功能组团。

5 地铁车辆基地上盖物业的交通组织设计

5.1 地铁车辆基地上盖物业交通组织设计的特点、目标与原则

5.1.1 特点

地铁车辆基地上盖物业开发是将各物业建设于地铁车辆基地屋顶的大平台之上，这种特殊的建设环境决定了其交通规划设计的难度和特殊性。上盖物业与车辆基地形成既密不可分又相互独立的关系，使其相较于普通物业在交通规划设计中需要考虑更多的问题，增加了这种特殊模式下的上盖物业交通规划的设计难度。

人行流线组织方面，上盖平台与城市道路之间存在车辆基地用房和结构转换层的层高差，盖下区域为地铁作业厂房，属于地铁人员内部使用空间，仅供工作人员出入，故上盖物业使用者不能如普通上盖物业使用者一样，通过底层商业建筑内部竖向交通核进入上盖平台或住宅楼中。因此，车辆基地上盖物业需要通过外部交通系统联系城市道路，以便上盖人群出入。

车行流线组织方面，普通上盖物业开发通常将车库布置在地下，上盖物业平台仅供消防车使用，而地铁车辆基地本身是一个以工业厂房为主的建筑群体，具有自身特殊的工艺要求，受车辆基地的阻隔，不能使用传统方法采用地面和地下停车方式，所以为解决其上盖物业的停车问题只能将车库与结构转换层结合布置。由于车辆基地占地面积大，上盖物业也随之有较大的规模，对交通方面的需求也大，故车辆基地上盖物业的车行交通组织远比普通上盖物业复杂得多。

地铁车辆基地上盖物业开发与普通上盖物业开发的区别在于，车辆基地割裂了上盖物业与地面层的联系，导致上盖物业与日常活动主界面的地面层脱离，大量上盖人流需依靠外部交通系统进出上盖平台。并且，由于车辆基地隔断了地下空间，为解决大规模停车问题则需将车库与结构转换层结合设置，上盖平台车道仅供消防车使用，这导致其车行组织不仅需要将大规模的车流引入高于城市地面的平台，而且需要解决高于城市地面的上盖物业的消防问题，如何组织好交通流线且不对城市路面交通造成干扰，这是车辆基地上盖物业开发交通规划设计的重点。

5.1.2 目标

1. 满足出行需求

交通组织,无论是城市交通组织、轨道交通组织或者是居住物业交通组织,其最基本的功能即为满足出行需求,而"出行"通常被定义为:人、物资或作为运输方式的汽车等从某地点向其他地点移动的行为。存在不同种类交通系统的原因在于使用者的需求不同,进而产生了供人、车等使用的不同种类的交通系统。地铁车辆基地上盖居住物业交通系统的设计,要针对使用对象自身活动方式所产生的对交通系统的使用需求为出发点,通过利用交通流线设计、空间布局形式以及交通设施等细节处理创造出一个满足使用需求、功能完善的地铁车辆基地上盖居住物业交通组织。上盖居住物业交通组织的使用对象主要为居住物业中的居民,居民的出行活动则是交通组织设计的依据。

居住功能区域中,居民的活动大多根据其需求进行相应的改变,即人类日常活动娱乐、学习、运动等都是由其内在需求衍生而来的,出行情况如表5.1所示。

表5.1 出行情况图表

出行行为	出行活动	发生频率	特点
规律性出行	工作、学习	高	●——●注重出行效率
随机性出行	社交、娱乐	中	●~~~●注重出行趣味
意外出行	逃生、避难	低	●——寻找最近最安全点

(1) 工作、学习

工作,可指居民日常上下班的活动,目的地通常为居住物业范围之外。可选择的出行方式分为四类:驾驶机动车、驾驶非机动车、公共交通、步行。此类出行活动有明显的时间规律性以及时间聚集点,也就是所谓的上下班高峰期,而且在无特殊情况(例如:私家车限号、个人身体原因等)出行方式一般不会改变。与此类出行活动相类似的,还有学生的上下学(学习)出行。因此,可将此类出行总结为规律性出行。

(2) 社交、娱乐

社交和娱乐,可指居民利用闲暇时间的室外社交娱乐活动,此类活动既可发生在居住物业内部,也可发生于居住物业外部。居住物业内部的社交娱乐活动的出行地点为单元门到居住物业内部社交娱乐活动地点,居住物业外部社交娱乐活动出行与工作、学习出行需求类似,区别在于没有明显的时间聚集点以及规律性,时间属性较为随机,可发生于任意时间点,因此,可总结为随机性出行。

(3) 逃生、避难

居住物业在发生灾害时也会引起小区居民发生出行活动,这种灾害可能发生于居住物业外部,如地震、洪水等,也可能发生于居住物业内部,如火灾、爆炸等。这种灾害的发生都会让居民产生逃生、避难等需求,这种出行情况发生概率较低,但是危害性极大,不能忽视。因此,将此类出行归为被动出行。

地铁车辆基地上盖居住物业应该针对居民出行情况对交通系统进行设计研究,充分满足各类人群的出行需求,并保证不同种类出行的通畅、便捷、高效。

2. 集约用地

在"第二届亚洲人居环境国际峰会"上签署的《绿色亚洲人居宣言》中关于低碳环保、城乡协调发展、集约化城市空间发展等提倡，旨在控制和提高城市空间使用效率，满足城市人口居住生活的同时，更加增强空间的整体质量，将公共交通这一部分看作城市环境整体提升的关键环节。

地铁车辆基地上盖居住物业正是这种集约理念下的产物，包含了居住、商业、工业等多个功能，功能紧凑并复合，因此其交通组织也应该在满足规范并能有效地发挥各区域的功能的前提下，响应集约用地理念，占用较少土地面积，有机地将各区域串联起来，提高使用效率，进而将上盖居住物业打造成切实符合高容积率、高密度、高效率的要求的生活小区，用有限的土地创造更多的价值。

5.1.3 原则

1. 整体性原则

这里所提出的整体性的原则，是为了强调地铁车辆基地上盖居住物业交通组织并不是独立存在的个体，它受多方面的条件制约，需要全面性去考虑，才能与居住物业、城市道路形成协调的居民出行空间。在这里整体性的内容，主要指两方面，一方面是指对外交通与城市道路两者之间保持的连贯性、协调性、整体性，对外交通不仅是居住物业中交通组织的有机部分，也是城市道路的空间节点，是城市空间与小区空间的过渡部分，应与城市道路、街道风格、周边环境相统一；另一方面是指地铁车辆基地上盖居住物业交通组织自身的整体性，其分为对外交通、入口空间及上盖区域内部交通，三者之间有密不可分的关系，需要统筹考虑，全面思考，形成完整的空间序列。以下分条述说整体性原则的具体内容：

（1）对外交通与城市的整体性

地铁车辆基地上盖居住物业的对外交通是居住物业连接城市的过渡交通，不仅连通居住物业内部道路，还与城市市政道路相连接，融合城市空间与居住物业，模糊外部边界，承载着多种功能。设计不能单纯只从居住物业区域内部着眼，单一地看重如何供居民使用，而应创造一个与外部城市相融合的过渡空间。因此，上盖居住物业对外交通的设计不仅要从居住物业交通的整体规划出发，同时也要分析车辆基地周边的道路环境，使得居住物业对外交通的位置及形态与城市路网和居住物业内部道路系统相协调统一，避免对外交通设计突兀，与城市格格不入。城市交通道路制约上盖居住物业的对外交通，同时对外交通的设计也会对城市市政道路的通行产生影响，只有协调好两者关系，将两者有机结合，整体考虑，合理布置对外交通，才能将城市市政道路交通受到的影响最小化。

（2）交通组织自身整体性

地铁车辆基地上盖居住物业的交通组织按结构分为对外交通、入口以及上盖内部交通，这三者是构成交通上盖居住物业交通组织的有机部分，任何一部分都不能脱离另外两者去单独考虑、单独设计。交通组织按照通行方式可分为步行交通、车行交通，每种出行方式从上盖区域内部交通到入口节点再到对外部交通都要连贯畅通，且人、车的交通组织尽量做到互不干扰而又自成一体。交通组织要整合考虑，从居住物业的大环境宏观去设计，再通过微观的细节去完善，保证地铁车辆基地上盖居住物业交通组织自身的完整性、协调性。

2. 安全性原则

"安全"是建筑领域设计中任何内容的重要准则，安全本身的含义解释为："没有危险；不受威胁；不出事故"，对于出行的主体"人"而言，安全涵盖生理安全、心理安全两个方面。构建安全的室外出行系统原则，可以理解为使行走于居住物业交通组织中的使用者生理上处于安全的状态，即免于危险、不受损伤，心理上不受威胁、不感到恐惧。

由于人们生活物质水平的提高，小汽车大量涌入城市，开进小区，走进千家万户，给居民带来方便的同时，也加大了居住物业中的交通压力，一定程度上降低了居民的生活环境质量，为居民出行带来了安全隐患。相对于机动车而言，人成为了出行中的弱势群体，进而居住物业中的交通安全问题得到了国内外行业专家和学者的全面关注，关于居住物业的交通安全的相关研究、报告、标准相继出台，至今保障居民出行安全都是居住物业交通组织设计中的重要原则之一。

5.2 上盖物业交通组织设计要点

5.2.1 车行交通

1. 车行流线分类及特点

从 20 世纪 90 年代初，国内首个地铁车辆基地上盖物业开发至今，上盖物业的功能从单一的居住转变为居住、商业、办公、休闲娱乐等多种功能复合的综合形态。上盖物业复杂的立体化功能组合对其内部的交通组织带来了更加严峻的挑战，目前国内上盖物业的交通流线规划设计通常需合理组织如下四种车行流线。

（1）公共交通

公共交通通常来讲包括地铁、轻轨、公交车等，此处主要对机动车交通的流线及特点进行探讨。公交车系统具备如下的交通特点。

① 线路固定。公交车系统的运营线路和运营时间较为固定，通常需要相对独立的公交车专用道，来提供行驶和短暂停留的需求。

② 停留时间较短。公交车运营的线路较长，每一站停留的时间短，载客量较大，运输的效率高。

③ 瞬时人流量大。公交车在停站的短时间内需实现大量的人流进出，站点的人流疏散压力较大，尤其是在公交线路较多、到站时间较为集中时，极易造成人员拥堵的情况。针对公交车系统这些特点，车辆基地上盖物业的规划设计可采用如下措施。

a. 分散设置。当公交线路较多时对公交站点分离式设置，缓解高峰时期人流过多的情况。

b. 分层设置。在立体化交通的车辆基地物业开发中，可考虑将公交站点分层设置。

c. 公交专用道。在多种交通并行的情况下，尽量单独设置公交车道，并与城市道路紧密衔接，尽量减弱对其他车流产生的影响。

（2）私家车

车辆基地上盖物业交通组织中的私家车包括居住功能中居民的自用车辆、办公功能中办公人员车辆以及商业和休闲娱乐等功能消费者的车辆。其中，前两者属于长时间停车，而后者属于短时间停车。私家车的主要特征如下。

① 车行速度较快。对道路尺度和划分形式有一定的要求。

② 停车场数量增多。随着私家车数量的增多，对上盖物业停车场数量的要求进一步增强，应对固定的小汽车停车位和临时停靠车位设有不同的停车区域，以免造成相互之间的影响而形成不必要的拥堵。

（3）后勤车辆与车辆基地工作人员车辆

车辆基地上盖物业中的特定车流包括，地铁车辆基地工作人员的车行流线以及服务于上盖物业的后勤车辆流线。由于车辆基地办公建筑大多进行落地开发且与车辆基地停车库、运用库等高强度开发的区域相隔较远，因此地铁车辆基地办公人员的车行流线，通常设置单独的出入口且相对独立。而上盖物业的后勤流线也相对独立于客运流线，同时需要设置部分装卸货场地，便于后勤人员的操作。

（4）消防车

由于车辆基地上盖物业开发的特殊性，其上盖平台下方的停车库等属于工业建筑，而平台上方则属于民用建筑。在车辆基地上盖物业消防车道的设置方面，除了保证上部具有环形消防车道以及足够的消防扑救面的同时，应对底层车辆基地工业建筑的消防通道预留独立的车行流线。由于车辆基地停车库等建筑体量巨大，因此对于这些建筑的消防车道设置，可通过与场外环形消防车道连接，形成双向连通的室内消防通道，有效解决了底层建筑布局的消防问题。

2. 车行对外接口

地铁车辆基地上盖物业中常见的车行交通包括客运交通和货运交通两部分，其中客运交通由公共交通和私人交通两种构成。而城市公共交通又包含地铁、出租车、公交车等交通方式，私人交通包含居住、办公等功能使用人群的私人汽车等。

根据车辆基地所处的空间位置以及周边的交通情况，上盖物业的车行对外接口主要包括平面介入式、地下介入式、空中介入式和立体介入式四种；而根据使用人群的特点来分，可分为公共接口、特定人群接口和货物接口等。下文就以车辆基地与周围交通环境不同的相对位置关系为基础，来研究对外车行接口与上盖物业的衔接方式。

（1）平面介入式

平面介入式，指利用城市地面道路直接进入车辆基地空间的连接方式。采用平面介入式时，交通能力容易受到城市道路的限制，同时大量的车辆进出时对城市交通也产生较大的影响。因此，如何处理车流与人流的转化和车行接口的设置方式，是车行交通组织中关键性的问题。由于车辆基地上盖物业在平面上不同的功能布局以及本身开发的规模大小的差异，规模相对较小的车辆基地通常只设置单一出入口串联各功能；而占地规模较大、功能类型相对较多的车辆基地则往往采用多个出入口并列设置的方式，以减少因高峰时期车流量陡增而产生拥堵的情况发生。

公共交通的地面接口的设置应与上层次规划要求相协调，尽量靠近在车辆基地人流入口处，同时能形成公交车短时间停留和回旋的场地，保证其与城市道路的连接；物流和特定人流的地面接口设置应尽量避免与其他车流形成干扰，可考虑独立设置出入口，也可进入建筑内部后再分流，以减少多个出入口对城市外部空间的影响过大。

(2) 地下介入式

地下介入式，是指通过地下隧道进入车辆基地落地开发区域下方，然后通过垂直交通将人流引入上盖物业的连接方式。我国对地铁站地下空间的开发利用方式日益丰富，可设置独立进入车辆基地的接入通道，也可考虑将地铁站与车辆基地的地下使用功能进行一体化的规划设计，以满足地上与地下交通的联系，保障其周边的城市交通不受车辆基地上盖物业内部车辆的影响。对于物流等交通的接入口同样可设置于地下，减少地面交通的压力。这类接口在规划设计前期应注意其与城市地面道路的进出关系，避免对地面交通产生较大的阻碍，同时应保证地下接口与地上功能连接的便捷性。

(3) 空中介入式

空中介入式，是指利用邻近的城市高架道路，通过平接或斜坡连接的立体匝道与车辆基地上盖物业形成连接的方式。这类接口方式往往直接连接城市的快速交通系统，从而使车辆基地上盖物业产生较大的影响范围。同时空中介入式本身具有单位时间内车流量大、对人行干扰小等特点，此外其对地面接口也起到分流的作用，因此这种接入方式在临近高架道路的车辆基地上盖开发中具有很大的发展前景。

(4) 立体介入式

立体介入式，即指同时采用上述三种接入方式中的两种或三种来形成车辆与上盖物业相互连接的方式。由于地铁车辆基地上盖物业在开发过程中日益呈现功能的复合化、土地利用的集约化等趋势，导致上盖物业开发的复杂性越来越高，面临的人流量越来越大，因此混合介入式成为地铁上盖物业交通组织的发展趋势而受到青睐。

3. 组织模式

(1) 分区式

分区式是指根据不同的上盖物业功能类型，在平面上通过串联、并联以及串并联混合的方式，将不同的机动车交通流线与城市道路形成高效、便捷的联系。对占地规模较小以及上盖功能较为单一的车辆基地来说，串联式的车行流线更节约用地，同时对外部城市交通的影响程度较小；而对于规模大、功能复杂的车辆基地来说，并联式的组织方式能在各功能区内形成相对独立的环路，从而减少不同车流之间的相互干扰，保证交通的通行效率。车辆基地上盖物业的交通组织根据不同的车辆基地形态和与周边道路的关系，往往结合采用串联和并联混合的方式组织车行交通。

(2) 分层式

分层式是指在上盖物业交通流线的组织中，对不同功能的交通流线进行立体分层的组织模式。结合车辆基地自身的特点，将不同的机动车交通流线组织在不同的标高上，一般来说，公交车在地面层，私人车辆通过坡道直接进入上盖物业平台。目前，国内通常的做法是通过结构转换层来进行车辆基地与上盖建筑的分层，同时利用这个夹层设置较大规模的停车场，以供平台上的私人车辆出入和停放，从而起到人车分流的作用。在整个区域里，进出车辆基地的道路、进出转换层的道路和进出上盖物业的道路均分层设置，互不干扰。各标高平台的车行流线，利用垂直或相交的方式相互连接，形成立体分层式的车行网络。

（3）混合式

在车辆基地上盖物业开发立体化、集约化、复合化的趋势下，车辆基地常常以城市综合体的形式出现，简单地通过分区式和分层式的组织方式并不能够解决车辆基地上盖物业复杂的车行流线组织问题。结合分区式和分层式的优势，在立体空间中形成各平台相互联系的交通网络，这种组织方式越来越多地在上盖物业的规划设计中被使用。

例如，深圳地铁前海湾车辆段的开发中，在地面层设置居住区、商业区和车辆段区多个出入口，且在内部形成围绕停车库、检修库和落地商业、办公区域分别形成环形交通流线与城市道路连接。在停车库顶部9m的平台上形成以私家车停车库为中心的多个车行流线，且通过坡道直接与城市高架和地面道路相连接。整个交通系统各标高车流交通相对独立，在商业、办公等区域设置局部的立体连接通道，从而形成立体化混合式的交通流线组织。

5.2.2 人行交通

1. 人行交通分类与主要特征

对于车辆基地上盖物业这样一个规模大、功能复合的城市综合体，如何有效地利用步行衔接空间加强与城市的联系，同时组织内部各功能间的人行交通形成方便、快捷的步行系统是需要在规划设计之初重点考虑的。从城市空间的角度来考虑，车辆基地上盖物业人行交通的组织应重视以下三部分。

（1）立体化、多样化的衔接

车辆基地与地铁站点、公交站点关系密切，应通过多样化、多层次的连接空间加强其与城市交通节点的联系，并立体化地组织人车交通，形成人车分流的交通系统。

（2）流线简洁、距离适宜

车辆基地上盖物业的功能复杂、各类人群数量较多，且人群需求和目的较为明确单一。因此，在规划设计时应通过对人群流线目的和需求的研究，合理组织内部步行路线，形成简洁明确的步行流线。

（3）完善步行空间，提升积极的引导

步行空间的积极性作用和步行系统的商业、文化氛围是紧密相关的，因此应积极提升空间品质，促进空间活力，从而起到积极的引导作用。

下文通过对国内外已有案例的总结，对步行交通的对外衔接和内部步行交通的组织展开对比研究（表5.2），在此基础上对车辆基地上盖物业人行交通综合组织提出建议。

表5.2 各类型人流主要特征及空间需求

人流类型	主要特征	空间需求
商业人流	1. 商业服务的便利性。 2. 自身拥有大量的消费人群，对于上盖物业整体的人气提升具有重要意义。 3. 商业空间面向城市空间，塑造城市形象	商业顾客到离交通，职工上下交通，货运交通、清洁、业务交通等方面均顺畅便捷

续表

人流类型	主要特征	空间需求
办公人流	1. 与环境的兼容性好且经济收益稳定，在城市综合体中占据重要位置。 2. 它一般是以写字楼的形式出现。能够很好地支持城市综合体的其他功能，尤其是商业功能	职员上下班交通，办公长时间客流、临时客流、货运交通等各方面均顺畅便捷
居住人流	1. 将工作空间与生活空间结合，减少居民上下班通勤时间，缓解高峰期的交通压力。 2. 为其他功能尤其是商业功能提供了持续而稳定的活动人群	居住者、顾客的到离，职工上下班，业务交通，货运、清洁交通等方面均顺畅便捷
交通换乘人流	1. 满足内部需要和服务于城市的交通设施。 2. 影响城市综合体整体及内部功能的运行效率	内部交通网便捷，与外部交通系统无缝对接，保证通透性与可达性

2. 对外衔接方式

随着现代城市功能的高度聚集和交通方式的多样化，在城市高强度开发的区域仅仅通过地面步行通道来组织人流，难以形成良好的人群聚散组织，同时商业界面不能得到充分利用。由于车辆基地上盖物业通常情况下高于地面的活动界面，仅通过单纯的地面步行通道组织步行人流的疏导显然不切实际。因此，上盖物业的步行系统必然走向立体化的发展道路。通过对周围地铁站域地下空间的联合开发，在地下结合商业等功能形成步行廊道，直接连接车辆基地上盖开发部分地下空间；同时利用空中步道将周围的建筑相互联系，从而构成有机的步行网络。充分利用立体化的人行通道并结合垂直交通，彼此紧密结合，从而形成高效的车辆基地上盖物业步行交通系统。

（1）空中接口

人行交通的空中接口主要指，通过天桥等空中交通廊道与车辆基地上盖物业对接的连接方式。根据车辆基地周边交通设施和建筑开发建设情况的不同，空中廊道起到将活动层面高于地面的人群从高架地铁站、周边建筑物等人群集散地被无缝地引导至上盖平台上。空中接口的设置对地面接口起到分流的作用，缓解地面人流拥挤的状况，同时能够形成良好的人车分流，避免地面交通与过街人流的相互影响。

车辆基地上盖开发中的空中连廊，从结构形式上可以分为封闭式和开放式两种。通过空中连廊联系车辆基地上盖开发体之间的不同功能区域以及自身场地外的建筑体，形成跨越地面交通的步行流线，方便其与城市活动的接驳。封闭式的空中连廊能形成与外界环境相对独立的空间环境，从而提高空中廊道实用性，改善其在雨雪天气和低温天气的使用效率。多层次的空中连廊将周边相对独立的建筑单体互相连接，在空中形成网络化的连接系统，大大增强上盖物业的可达性和商业机遇，同时整合周边区域，创造一体化的城市生活体验。

根据空中廊道的设置方式，可以分为外挂式和内嵌式。外挂式的空中廊道是指通过架空的结构体联系相互靠近的建筑体，使其内部空间相互贯通，从而形成有机的连接体。内嵌式空中步道嵌入建筑侧界面，促进室内外空间的交织与联系，成为室外与室内过渡的"灰空间"。

(2) 地下接口

由于地铁车辆基地和地铁站点之间距离较近，从一体化开发的角度来看，在地铁站点设计阶段，应将未来的车辆基地上盖物业开发纳入考虑范围，并预留相应的地下接口。地下接口设置不宜穿越地铁车辆基地停车库、检修库等工业建筑的下方空间，同时根据地铁车辆基地在空间上的分布不同，应对地下通道的利用区别对待。位于地面的车辆基地，通常情况下可将地下接口分别设置在落地开发的建筑内部，并由垂直交通形成竖向分流。集中式的地下接口，其承载的人流量较大，可经由地面广场作为缓冲空间，对人流二次分流。位于地下的车辆基地（如北京地铁焦化车辆段），可考虑对车辆段部分地下空间进行开发，并与地铁站的人流通过地下廊道形成对接，有效提高人流的通行效率，同时可对地下通道进行商业开发，充分增加商业界面，提高空间的利用率。

(3) 地面接口

在地铁上盖物业的规划设计中，应充分考虑为片区商业设置多样化、便捷的步行街道。在地面层，通常通过主要街道引导人流进入场地内部，并以垂直于主街道的分支向两侧蔓延，并联各功能区块，塑造尺度宜人的商业空间，提高其商业活力。地铁车辆基地上盖物业中，商业街道的规划设计与大型城市综合体商业街的设置类似，可以借鉴其中成功的布局模式。

地面接口是车辆基地上盖物业最为常见的接口方式。地面接口包括，直接与落地开发的建筑连接的出入口和通过车辆基地内的室外楼梯与上盖功能连接联系的接口。地面接口的设置应留有供人员疏散的广场，同时尽量避免城市道路的交叉口等通勤人流较为密集的地段，减少对外部城市交通的影响。

3. 内部流线组织

(1) 线性连接式

线性连接式是指，通过线型的步行廊道连接车辆基地上盖物业中各个功能部分，而形成完整的步行系统的组织方式（图5.1）。线性连接式的空间载体包括与其他建筑相对独立的步行廊道、依附于建筑外部的线性廊道和通过建筑内部穿越式的步行廊道等多种形式。如杭州地铁七堡车辆段的上盖物业开发，将商业、酒店、写字楼和生态居住等功能围绕地铁站点展开，利用线性廊道的方式穿越这些功能下部的商业空间，形成连续的商业动线，同时利用线性的步行空间对人群进行分流引导。

(2) 中心放射式

中心放射式是以车辆基地地铁站交通枢纽或商业、居住、绿地广场等核心功能为中心，由此空间通过独立的步行空间廊道，分别引导人流进入车辆基地其他开发功能部分的步行交通组织方式（图5.2）。中心放射式的优势在于人行流线的交叉较少，各流线较短、使用便捷，且对各功能之间的联系较为便捷；其缺点在于人流高峰时，如上班高峰使其容易造成短时间的拥挤，另外商业活跃面也

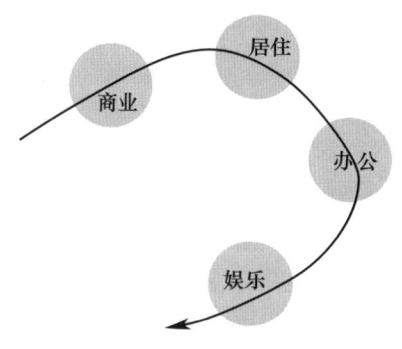

图5.1 线性连接式示意图

会相应地减少。香港特别行政区的地铁将军澳车厂，以康城站及地铁车辆基地上盖平台开发大型商业综合体为中心，高层住宅、绿化广场和交通换乘站点等功能围绕其展开，各功能之间通过空中连廊与地铁康城站相互连接，形成良好的步行交通环境。

（3）分区独立式

分区独立式的步行交通组织是指，通过设置独立的步行通道连接各个功能（图 5.3）。这种步行流线的组织方式，通常在功能联系不大、开发密度较低的车辆基地上盖开发中运用。其优势是各分区相对独立互不干扰，同时也便于后期的管理；缺点是各功能之间缺乏联系，难以形成功能互补的整体而发挥聚集的商业效应。分区独立式的组织方式，在以居住为主导的车辆基地开发中较为常见，而在以商业为主导和功能复合的车辆基地开发中则运用较少。

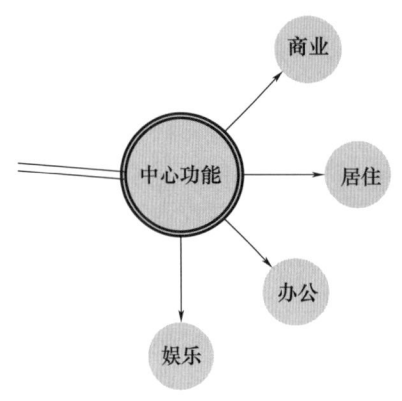
图 5.2　中心放射式示意图

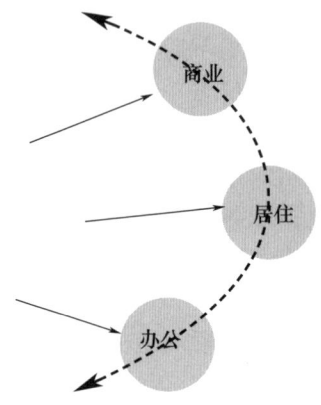
图 5.3　分区独立式示意图

5.2.3　停车系统

地铁车辆基地上盖物业停车库的规模及布置形式，应根据建筑的规模及人流特征来决定。其中最主要的问题是要解决好车辆基地内部和外部的交通联系以及适当的分隔，有效组织立体交通的问题。作为车辆基地上盖物业开发整体的有机组成部分，停车库不仅仅是孤立的停车设施，而应纳入车辆基地整体开发的规划设计中，与其他功能有效地衔接。在规划设计时从使用者的角度，将停车库与其他公共服务功能结合布置逐渐成为车辆基地上盖物业发展的新趋势。

车辆基地上盖物业根据不同用地条件和布局方式采用不同的停车库建设方式，具体来讲有以下三种停车类型。

1. 盖上露天停车库

车辆基地上盖物业各功能单元的盖上露天停车库，可以单独设置也可以统一设置集中管理，通过不同的廊道空间与其他功能单元相连接。目前大多数露天停车库一般与盖上的绿化空间相互结合布置，从而减少其单独设置带来的形象不佳的问题，同时能对周围空间环境带来更好的绿化景观效果。露天停车库兼具独立使用功能和对外服务功能，在服务车辆基地上盖物业自身的同时还可兼顾外来车辆，其规模限制条件较少，但应注意与盖上交通的无缝连接。这类停车场的缺点是与盖上功能的联系不够紧密，同时对土地的利用不够集约。

2. 设置于盖上建筑底层的单层或多层停车库

在车辆基地盖下用地较为紧张的情况下，通常把停车库设置在车辆基地盖上部分功能空间一二层的位置上，居住功能可以采用局部的底层架空，结合绿化空间布置一定数量的停车位。停车库与其上部各功能单元的联系紧密，使用人群可以通过完善的交通直接到达各建筑的下方，通过垂直交通直达建筑内部。另外，盖上露天停车库的管理，相比盖下停车库更加具有管理灵活的优势，但停车库的规模受到限制，工程造价也较高，车行流线和停车方式需与周围交通及上部建筑柱网综合考虑，因此其布局受到较大局限。

3. 盖下停车库

在城市建设用地面临日益紧缺的今天，地下停车库的开发建设受到越来越多的重视，其突出优势就是对城市土地的集约化利用。在车辆基地开发的过程中，盖下停车库的建设是非常必要的，目前国内外的开发案例中，都几乎无一例外地将盖下车辆基地的规划在车辆基地上盖开发初期便进行统一的考虑。车辆基地停车库、运用库等生产作业过程中难免会产生一定的噪声，将上盖物业的停车场设置在盖下工业设施上方，能有效地对噪声等起到削弱的作用，为上方的民用建筑创造相对良好的环境。同时，由于停车场空间本身并没有长期停留的人群，因此，将其设置在盖下并不会对停车场的使用产生较大的影响，从而实现资源的合理配置。

在盖下空间条件较好的情况下，停车库的规模不受限制，而盖上的地面空间也给其他功能单元的开发以及交通系统的设置提供了较大的规划设计余地。事实上，受到车辆基地上盖空间紧凑的影响，盖下停车库的建设是必不可少的。这也是与其他功能单元的特点息息相关的，一方面是空间的立体化利用，另一方面也是对车辆基地自身缺点的一个平衡措施。

同时，盖下停车库也不可避免地具有一些先天性的缺陷。首先在工程技术方面，盖下车库的建设需要对下方工业建筑内部不规则的柱网进行调整，往往需要结合盖上的功能选择合理的柱网布置，因而采用的结构转换层对工程结构提出一定的难度。其次，盖下停车库也难免具有消防等安全问题，因此，在规划设计前期应合理规划布局，其建筑界面和结构体系须满足工业建筑防火须同时满足民用建筑和工业建筑的防火规范，除此以外还需配备一定数量的通风换气设备等。另外，盖下停车库一般还需满足人防设计的要求。

5.3 相关问题与策略研究

5.3.1 相关问题

1. 消防通道

针对车辆基地上盖物业遵循的防火要求，目前我国仅北京市与江苏省有相关的地方规范，而尚未有统一的国家标准，借鉴北京市与江苏省的防火规范，以及香港特别行政区已建有关地铁车厂上盖物业的成功经验，结合工程实际，一般有如下做法。

（1）消防界面划分

地铁车辆基地上盖居住物业为工业建筑与民用建筑的综合体，针对此类综合体并无明确的消防规范，因此按照现有经验，将该类综合体按照不同的类型分层划分。车辆基地上盖物业为民用建筑，盖上平台为开敞的室外空间，可将上盖平台作为建筑 0m 标高，防火设计按《建筑设计防火规范（2018年版）》（GB 50016—2014）的相关规定执行。上盖平台以下地铁车辆基地建筑，遵照《建筑设计防火规范（2018年版）》（GB 50016—2014）中的厂房类进行消防设计。界面的划分是上盖物业开发与盖下车辆基地消防设计的基础，依此界面的划分将两类建筑进行全面防火分离。居住物业开发与车辆基地，分别按独立的建筑进行消防车道、人员疏散及消防设施设计。

（2）消防疏散

① 车辆基地所在层界面。由于上盖平台占地面积较大，平台下车辆基地范围直接对外的空间有限、自然通风和采光条件差、火灾蔓延迅速，故平台下车辆基地的灭火救援及人员疏散比较困难。根据盖下车辆基地空间特性，盖下车辆基地应设置环形消防车道，消防车道与车辆基地用房之间应进行防火分隔；防火分隔墙上应设置供消防人员进出的通道。

② 车辆基地上盖物业界面。为了确保盖上平台的安全性，应满足以下要求：第一，上盖平台居住物业的开敞空间面积应高于总面积的 70%，这样才能确保人员疏散到该平台为安全区，满足人员疏散、滞留和等待援救的需求；第二，上盖居住物业应均匀布置对外交通，当上盖区域发生火灾时，位于上盖区域的各个区域的人员，都能迅速找到通向城市市政道路的通道；第三，上盖居住物业建筑耐火等级不低于二级，功能以居住建筑及配套商业为主。由于上盖平台的安全性不可完全等同于室外市政道路平面，因此上盖居住物业内部不宜设置大型商业、娱乐等火灾危险性大、人员疏散及灭火救援难度大的建筑。对于学校、幼儿园等建筑应利用车辆基地内"白地"进行建设，与城市市政道路直接相连，降低学生、幼儿的逃生难度，保证他们在第一时间得到救援。

（3）消防道路

盖上平台通向地面标高的城市市政道路的车行对外交通不应少于 2 条，有两个方向与外围道路相连，且净宽度不小于 7m，当沿街建筑物长度超过 150m 时，设置 4m×4m 的消防车通道和穿过高层建筑的消防车道（如北京地铁郭公庄车辆段北侧落地住宅楼），其净空高度不小于 4m。将消防车道尽量与车行道、人行道合并使用，宜采用步行系统铺装材料，在不影响消防车道通行功能前提下，还可将其设计成一条优美的弧形景观欣赏线，从而削弱消防车道的生硬感，使其更加人性化，赋予了消防车道交往空间功能。

对地铁上盖居住物业开发的防火设计需要重点关注，为了更好地推动国内地铁车辆基地及综合基地上盖开发的建设，应分析借鉴国内外工程实践经验，根据实际情况研究消防安全策略的合理性、可靠性，最终制定出符合我国国情及地方具体情况的规范和标准，使今后的设计有据可依。

2. 无障碍交通

我国人口老龄化现象严重，残疾人人数也较多，无障碍设计是近年来在建筑以及规划设计中的专项设计，旨在为弱势群体的日常出行安全综合考虑。无障碍交通重点的服务对象为老人、残疾人、儿童、孕妇等，下文旨在对这一方面的细节设计进行相应的探讨和总结，具体从以下几方面进行考虑：

(1) 盲道

首先，盲道的设计应从交通组织整体情况进行考虑，对外人行道路中至少一条应设置相应的完善的导盲设施，盲道的设计和施工均应符合相应规范设计，注意导盲系统的整体性和连续性，为需要特殊照顾的人士服务。其次，导盲设施应根据使用需求进行设置，在重要交通节点通过特殊的肌理铺地形式指引盲人安全行走。

(2) 坡道与台阶

根据建筑设计规范，物产改坡搭配设计中，放坡比例不应大于12：1，建设施工材料均选用防滑材料，并满足规范设计要求。台阶与坡道都是室外空间中可以进行利用的活跃因素，可以根据规范要求结合现场实际情况进行设计，将绿化、小品、休闲场地等与之结合，形成有趣的空间界面，提升空间整体的特点和可识别性。当设计空间内存在较多高差时，可以灵活运用坡道，形成丰富多变的空间形态，在满足使用要求的同时体现现代建筑设计的空间美。台阶、坡道设计时应注重细节处理，扶手、防滑板等的设计应符合人体工程学原理，使使用者能够在活动过程中真正做到无障碍通行。

(3) 梯道扶手和栏杆

扶手和栏杆的设计应充分考虑到儿童与成人的身体特征，尽量使用相应的人体工程学数据进行栏杆和扶手的高度、形式的设计。两套系统对造型有一定的影响，综合考虑设计施工问题，从使用的角度上没解决问题。

(4) 无障碍设施

对外交通中应有一处设有电梯，保证无障碍通行，重要的台阶式对外交通可适当采用类似于地铁站内楼梯中的无障碍升降设备。随着日后无障碍设备的完善，应将可用于交通组织的无障碍设施根据需要合理设计于所需要处。

(5) 标识系统

标识系统体现一个区域的可识别性和引导性，场地标识种类多样，并应注重对不同人群的考虑与尊重，另外可结合公共设施进行设计。

地铁上盖居住物业大高差，导致无障碍设计涉及方面众多，设计者应充分考虑使用者的心理和实际使用情况。设计过程中注重细节的规范性、实用性和完整性，达到高效使用的目的。

3. 紧急疏散

地铁车辆基地上盖居住物业建于厂房上方，安全程度较普通落地居住物业低，因此其疏散系统设计尤为重要，其自身的交通组织应与城市交通进行有机的结合，使得区域整体疏散问题能够得到解决，并结合城市空间整体考虑解决这一问题。区域内的车行道路是应急预案中重要的防灾疏散通道，能够有效地疏散居民到应急避难场所。道路两侧应结合相应的提示、指示标志牌、标语等进行相应提示，使居民在紧急情况下能够快速有效地到达应急避难场所。应急疏散场所指示、提示标志的位置和设置一般可分为下面三种情况。

(1) 主要道路两侧

上盖平台主干路的两侧是应急疏散的主要逃生通道，应急疏散标志的设置应清晰明了，使得居民在紧急慌乱的情况下能够快速找到逃生方向及应急避难场所的位置。应急避难提示牌的设置应简单明确，在紧急情况下能够有效发挥作用，避免因人为误解发生不必要的其他事故。

(2) 道路临近开敞空间处

上盖平台区域内的开敞空间是居民的临时避难场所，平时可作为休闲娱乐广场等公共活动空间，临时避难场所外侧也可相应设置提示牌进行引导。

(3) 对外交通接口处

出入口设置明确的疏散指示牌，便于使用者在紧急情况下进行引导和提示，有利于居民在紧急情况下迅速转移。

4. 交通设施

交通设施是交通组织中有效避免交通事故的重要手段之一，也是交通组织设计中必不可少的一部分，主要注意以下几点。

(1) 道路反光镜的设置

道路反光镜的设置是考虑车辆在活动区域行驶时的安全，如地下车库的出入口、道路放坡转弯处以及道路上可能出现交通事故的转弯处等，反光设施的设置具有重要的提示作用，能够有效减少交通事故的发生率。

(2) 道路减速板的设置

上盖平台内，业态种类多样，交通事故易发生在多出入口的交叉点处、公共活动空间周围人车混行密集区、会所和商业场馆的出入口位置，都是居住区域内交通复杂部分，而且上盖平台中的道路通常为直线，不易控制机动车车速，应通过设置相应的减速板、减速提示，以避免交通事故的发生。

(3) 监控设施

从考虑防止犯罪发生的角度上来讲，整个空间区域都应有完善的监控系统和监控设施，以方便物业的整体管理。空间中的一些安全盲点、建筑的灰色空间等都应设置相应的监控设施，防止盗车、入室抢劫等犯罪活动的发生。另外，在公共活动区域也应安置监控设备，有利于突发事件发生时，管理人员及物业保安人员能及时赶到现场。居民楼安置监控装置能够有效避免建筑火灾的发生，保证居民生活的安全。

5.3.2 策略研究

1. 一体化开发

车辆基地的设计复杂，需要参考很多设计标准，对其方案不能随意更改，从而其方案设计会对上盖物业开发、设计产生一定的约束。所以在规划设计阶段，车辆基地应和上盖物业同步规划、同步设计、同步审查，形成可满足各自使用功能的一体化方案。这与以往土地出让时仅附带一些限定性指标的情况有所不同，一体化方案更统一、深入、有可操作性，因此在审批阶段，就应前置一体化方案，重视一体设计。在一体化方案当中，上盖的规划设计需达到初步设计的深度，减小日后出现变更的可能性，并且能起到一定的规划与约束效力。

2. 做好项目前期预测

做好区位分析，针对未来入住上盖居住物业的主要群体的出行习惯以及周边环境对居民的吸引力做好预测，结合周边地形做好对外交通系统规划。普通居住物业如发现出入口设置不合理，后期改造可以采用关闭或加造大门等简单方式做调整，而对于地铁车辆基地上盖居住物业而言，如出现对外交通设置不合理，无法满足上盖居民出行的问题，进行改造则复杂得多。例如北京地铁四惠车辆段在后期的改造中，废置了两个长楼梯，又加建了西侧地铁站的楼梯，这都是对于居民出行预测不足导致设计不合理。如果对外交通利用率低，则造成资源的浪费。因此对车辆基地上盖居住物业的出行流线、人流量分析要准确，才能避免日后问题的产生，保证可持续发展。

3. 结合地域特性

地铁车辆基地上盖居住物业与普通居住物业有很多不同，如表 5.3 所示。因此，应针对其地域特点因地制宜，作出合理、科学的交通组织设计。

表 5.3 地铁车辆基地上盖居住物业特点

	要点	普通落地居住物业	地铁车辆基地上盖居住物业
不同点	建设基底（影响因素）	与城市道路标高相差较小	与城市道路存在 9m 左右高差
	对外交通	短，平面式，入口承担此功能，与城市道路结合简单	长，立体式，需要特别设计
	入口组合方式	平面串联式，广场、路口型	立体或复合式组合（更集约化）复合广场、建筑型较多
	内部交通	通而不畅，布局限制较少，路网形态多样	布局受车辆基地影响较大，路网简单化处理
	停车设计	地下停车库	夹层停车库
	内外隔离方式	依靠围墙、建筑或植物等隔离	利用高差进行隔离，隔离性更强
相同点		交通组织在功能作用上和组成要素上有很多的相通点	

地铁车辆基地上盖居住物业虽然是建设在车辆基地上盖平台，与城市市政道路有很大高差，但是这种高差的存在也为对外交通增加了更多的可能性，交通组织的诸多因素对其对外交通空间位置的选择、形态和入口的连接形式等都有一定的影响。地铁车辆基地上盖居住物业因需要结合车辆基地一同建设，其中的建筑形态与布局以及空间布局形态不同点，都呈现出与普通落地居住物业不同的特色，受到了一些限制，但其也有距离地铁站点近的优势，应扬长避短，利用地铁站点的优势，将车辆基地上盖居住物业打造成集购物、娱乐、生活一体化的综合活力社区。

4. 完善相关规范

目前，国内的相关建筑设计规范有《地铁设计规范》（GB 50157—2013）、《民用建筑设计统一标准》（GB 50352—2019）、《建筑设计防火规范（2018 年版）》（GB 50016—2014）等一些通用的设计规范、标准，而这种工业与居住用地相结合的综合体类设计规范并不完善，也无明确依据可依。目前建设中通用的方式是将此类综合体建筑进行竖向的划分，民用建筑部分使用民用相关规范，工业建筑则应用工业建筑相关规范，而两种甚至更多种类型的建筑组成的综合体会产生相互影响，单纯进行划分而忽略其相互影响是不科学的，规范的制定并没有做到与时俱进。对于这种特殊的住宅项目，应根据其特点，从开发、规划、细部的设计等制定专项政策以及相应的标准，进而将这种模式长久、可持续地健康发展。同时，设计中在满足规范的基础上，应尽量考虑使用者的心理感受，并增加方案的可持续性，提高空间的发展方案。

6 上盖地铁车辆基地建筑设计

6.1 设计原则及技术标准

6.1.1 总体设计原则和技术标准

1. 上盖地铁车辆基地的房屋建筑设计符合城市规划的要求，并与周围环境相协调。设计符合国家现行有关标准和规范的规定。
2. 房屋建筑在满足使用功能的前提下尽量合建，以节约用地、方便使用、扩大绿化。筑造型应做到错落有致、格调简洁明快、整体协调。室内按功能使用要求确定装修标准。
3. 各生产办公用房平面布置根据建筑的使用性质、功能和工艺要求，合理布局。
4. 按盖体有上盖物业进行设计，主要体现在屋盖形式和柱网布置上。柱网布置在满足工艺的基础上兼顾上盖物业。
5. 生产、办公用房按各系统和工艺专业提供的房屋面积及要求设计。
6. 根据《建筑设计防火规范（2018年版）》（GB 50016—2006），结合工艺专业提供的生产类别确定车辆基地厂房和库房等各类建筑的耐火等级和防火间距等要求。
7. 建筑层高结合建筑使用功能、工艺要求和技术经济条件综合确定，并符合建筑设计规范的要求，同时考虑为各个专业综合管线布置预留空间。
8. 室内外装修工程根据不同使用要求，采用防火、防污染、防潮、防水和控制有害气体和射线的装修材料和辅料。
9. 在满足功能及工艺要求的前提下，基地内的建筑造型力求简洁、大方、美观，充分体现工业建筑的特点。在简洁中求得变化，在变化中求统一。
10. 建筑使用年限和抗震设防烈度，按照现行有关标准和规范以及当地实际情况来制定。

6.1.2 外立面设计原则和理念

1. 厂房（库房）

（1）厂房及盖体的立面设计应结合当地的自然气候条件、建筑材料和结构形式，做到经济适用，体现工业建筑的时代特色。

（2）厂房及盖体用色应创造优美的工作环境，激发劳动热情，减少生产事故，保障职工身心健康。

（3）厂房与盖体外立面设计应与周边环境相协调，简洁大方。

（4）厂房及盖体的外立面设计以简洁、明快为主，注重实用。外墙通过盖体柱、成组的开窗、大面的砖墙按不同的尺度、比例、空间组合，形成整体性强、灵活规律的外立面效果。

（5）厂房及盖体充分考虑当地的气候特点，结合框架结构的结构形式，外立面上通过大面积开窗、镂空、取消外墙等方法，使立面造型虚实相间、简洁规律，并争取更多的自采光通风。

（6）外立面用材主要以涂料为主，用色应简洁明快，整体大方，体现工业建筑的特点。

2. 厂前区建筑

（1）厂前区建筑应体现时代性，立足于时代又要超越时尚，把握时代的根基——经典与传统。立足于时代，既要从时尚中寻求灵感，又要超越时尚把握住内在的本质。设计中对经典永恒价值有选择地借鉴，还要对传统内在精神有目的的传承。

（2）厂前区建筑应体现地域性，体现地域特色和文化，使职工在精神上有归属感。建筑立面装饰应该在尊重地方自然资源与人文资源的基础上进行设计，体现地域特色、文化，使人们在情感上得到一种认同和归属。

（3）厂前区建筑的设计应综合体现工艺、经济、技术、文化、气候等特征。

（4）厂前区建筑一般由综合办公楼、综合维修中心、食堂、培训中心等建筑组成。建筑平面可形成围合的建筑空间，并通过退台、高矮建筑组合排列，形成螺旋上升的建筑群天际线，使建筑在体量上融为一体，立面造型上又互有区别。

6.1.3 内部装饰

1. 厂房（库房）

（1）厂房内部装修应根据工艺生产要求进行设计，充分利用现有技术设施，因地制宜。

（2）厂房内部装修应结合建筑结构预留孔洞、机电安装、综合管线等综合设计。

（3）运用库、检修主厂房、车间材料室、备品库等工艺生产作业房间地面采用喷绘彩砂地面，有特殊需求的弱电房间采用架空防静电地板。库内卫生间、洗浴间采用防滑瓷砖，办公、待班性质的房间地面采用地砖地面。

（4）厂房的内墙面均用水泥砂浆抹灰后，刮腻子，刷白色涂料。有特殊需求的酸碱性蓄电池间墙面，采用防酸碱腐蚀墙面。库内卫生间及浴室贴瓷砖到顶。

（5）厂房的顶棚面均用水泥砂浆抹灰后，刮腻子，刷白色涂料。弱电设备房间、办公区域、走道等采用轻钢龙骨纸面石膏板吊顶。库内卫生间及浴室等潮湿房间采用铝龙骨、铝合金扣板吊顶。

2. 厂前区建筑

（1）厂前区办公生活建筑的内装修应坚持耐用、经济、美观的原则。要以满足使用要求为主，因地制宜、就地取材，原则上不用进口的装修材料。

(2) 装修设计及材料应满足国家相关规范和规定，满足有关装修规范及技术标准。

(3) 装修工程应与综合管线、机电安装、孔洞封堵等综合考虑设计，做到安全合理、不返工。

6.2 建筑节能设计

6.2.1 设计依据

整体建筑节能设计要参考《建筑幕墙》（GB/T 21086）、《建筑照明设计标准》（GB 50034）、《建筑门窗玻璃幕墙热工计算规程》（JGJ/T 151）、《民用建筑热工设计规范》（GB 50176）、《公共建筑节能设计标准》（GB 50189）、《建筑外门窗气密、水密、抗风压性能分级及检测方法》（GB/T 7106）以及国家与地方其他现行有关节能标准、规范和建筑节能法律、法规。

6.2.2 建筑布局及构造节能措施

1. 建筑布局

办公建筑、住宿建筑、厂房等的建筑布局尽量采用采光良好的南北朝向，争取更多自然光线。建筑形体尽量采用简单规整的形体，减小体形系数。外立面设计兼顾夏季遮阳，避免日晒；在满足日照要求的前提下，选择适合的建筑间距。

2. 自然通风

厂前区建筑的布局有良好的自然通风条件，建筑布置以采用点式布局为主，主立面和开口迎向夏季主导风向，避开冬季主导风向，使整个建筑群的自然通风顺畅，无"风影区"。建筑走道两侧房间和公共活动空间开窗尽量形成穿堂风，有利于夏季降温。盖下厂房区域，盖边全部开敞，有利于自然通风，厂房内部、厂房之间屋顶开的通风采光孔有利于空气自然流通，满足节能减排的目标。

3. 采光天井

车辆基地进行上盖物业开发时，盖下的自然采光条件一般会比较差，可以设计在运用库与检修主厂房之间的通道上空、移车台上空等区域开设大面积的采光带，使盖下办公生产人员集中的区域争取更多自然采光和通风，改善盖下办公生产环境，做到节能环保。

4. 种植屋面

车辆基地盖体上部分除去布置建筑物及道路的区域外，可以都设计为盖上绿化。大面积的屋顶绿化可提高整个基地的绿地率和绿化率，建筑设计充分结合绿化，以降低建筑群热岛效应、光污染等负面影响，能够改善微气候，创造良好的室内外环境。

6.2.3 建筑外围护结构节能措施

1. 外围护结构热工性能及节能措施

厂前区办公建筑及单身宿舍屋顶可采用保温屋面，保温材料可选用"泡沫玻璃"，外围护结构用材可选用Ｐ型烧结多孔砖加岩棉板外保温，外门窗可采用节能外门及

6mm 厚低透光 Low-E（Low-emissivity，低辐射）＋12mm 厚空气＋6mm 厚透明玻璃-隔热金属多腔密封窗框。

2. 建筑外遮阳设计

在外立面设计时，兼顾建筑的外遮阳，通过构件、阳台、百叶等措施，主要处理建筑的南向和东西向的窗户遮阳，有利于节能。在设计中尽量减少西向开窗，避免日晒。

6.2.4 暖通节能措施

1. 办公及设备用房采用变频多联空调系统，可根据不同负荷条件变频调节，降低能耗。
2. 空调风管采用复合材料，保温性能较好，有效减少冷量损失。
3. 冷媒管采用 25mm 厚橡塑保温棉包覆保温。
4. 餐厅等使用功能较独立的场所新风系统采用全热交换机，可减少冷媒使用量，节约能耗。
5. 盖下高大空间经消防性能化设计，排烟量建议按换气次数不小于 2 次/h 计算，PF/PY 风机采用单速风机编组启动，可大大减少用电负荷。

6.2.5 电气节能措施

1. 电气节能设计应满足国家相关法律法规条文规定及行业标准等。
2. 照明节能在电气设计中作为重点，在灯具选择、安装、智能控制方面应满足照明节能设计要求。车辆基地内照明灯具选用高效节能灯具，在层高较高的厂房内选用金属卤化物灯或者高压钠灯。照明控制系统根据需要调控不同类型的光源灯，满足现场操作控制的各种控制界面，节约运行成本。
3. 电气设备节能中选用低损耗变压器。
4. 合理选择电缆电线，保证电能质量同时减少铜的用量。

6.3 上盖地铁车辆基地建筑设计案例

下文以宁波轨道交通天童庄车辆段为例，对其建筑设计进行阐述。天童庄车辆段概况可详见本书 3.2.2 所述。

6.3.1 盖下建筑设计

1. 检修主厂房

检修主厂房位于车辆段与综合基地盖下东南侧，总建筑面积 24982.73m²，建筑东西长 266.89m、南北宽 95.5m，为一层框架结构，建筑高度 14.9m，火灾危险性等级为丁类，耐火等级为一级。检修主厂房主要由吹扫库、静调库、定（临）修库、大（架）修库、检修库、车体间、移车垂直交通核等几部分功能组成，平面布局以满足工艺生产为主，兼顾上盖物业的柱网布置。

2. 运用库

运用库位于车辆段与综合基地盖下东北侧，总建筑面积 36657.5m²，建筑东西长 265.2m、南北宽 126.6m，为一层（局部三层）框架结构，主体建筑高度 10m，运转办公楼高度为 15m，火灾危险性等级为戊类，耐火等级为一级。运用库主要由双周/三月检库、停车列检库、运转办公楼三部分组成，其中运转综合楼为三层，首层主要布置弱电、DCC 等设备房间，二、三层布置各班组值班休息房间。月检库和列检库的平面布局以满足工艺生产为主，兼顾上盖物业的柱网布置。

3. 维修车间

维修车间位于车辆段与综合基地盖下东侧，建筑面积 2692.4m²，建筑长 88.5m、宽 37.2m，为一层框架结构，主体建筑高度 10m，火灾危险性等级为丁类，耐火等级为一级。维修车间主要由供电车间、机电车间、工建车间、蓄电池间、压缩空气站、备品库等部分组成，平面布局满足工艺生产需求，兼顾上盖物业的柱网布置。

4. 物资总库

物资总库位于车辆段与综合基地盖下东侧，建筑面积 5309.5m²，建筑长 80.9m、宽 51m，为一层（局部二层）框架结构，主体建筑高度 10m，火灾危险性等级为丙类，耐火等级为一级。物资总库主要由立体仓储区、变电所、辅助办公室、空调库房等部分组成，平面布局满足工艺生产需求，兼顾上盖物业的柱网布置。

6.3.2 盖上厂前区建筑设计

1. 综合办公楼

（1）平面

综合办公楼位于车辆段与综合基地盖上东南侧的办公区东北角，平面呈"L"形布置，与综合维修中心、食堂、培训中心形成围合的院落式空间。建筑总长 82.04m，总宽 60.45m，建筑面积 13914.18m²，为盖上七层的框架结构建筑，建筑总高度 26.1m（不含盖体及轻质屋顶），耐火等级为一级，建筑使用年限 50 年，抗震设防烈度为 6 度。

综合办公楼的首层及二层主要布置档案室、2 号交通核，三～七层布置为运营分公司办公用房及多功能厅。设计中，一、二层入口大厅两层连通，美观大气；办公房屋基本沿内走道两侧布置，三至七层南侧每层设置两处活动休闲空间，空间富于变化，优化室内环境，提升办公品质。

（2）外立面

① 建筑外立面设计运用现代建筑风格，整个形体通过虚实对比，互相穿插，错落有致的点窗、规律排列的构架和竖向线条、成片的幕墙、横向的线条有机地结合呼应，体现建筑的独特性。

② 建筑用深红色外墙砖为主要立面用色，配以玻璃幕墙的深蓝色为辅助色，再以砖组色涂料为点缀色，整个用色简洁明快，建筑整体中体现细节，细节的变化又与整体的用色相辅相成。

（3）内部装饰

综合办公楼要容纳庞大的综合管理团队，专业、系统和类别涉及较多，是综合型的办公空间。因此，室内设计的整体风格定义为简约的现代风格，通过简洁明快的设计元素，体现高效办公的主旨。主色调以白色为主，配以暖色及灰色，在兼具温馨放松感的同时又不失办公空间的气质和特点。

综合办公楼装修重点区域为交通厅、走廊、会议室、公共活动空间等区域，装修材料选用见表6.1。

表6.1 综合楼装修材料

楼层	主要房间	使用部位	材料名称	备注
一	大堂、电梯厅、男女卫生间	天花	防水石膏板、铝合金平板、乳胶漆	大堂、电梯厅墙面、柱面、地面均为花岗岩
		地面	花岗岩、防滑砖	
		墙面	花岗岩、防滑砖	
二	电梯厅、男女卫生间、办公室	天花	防水石膏板、铝合金平板、乳胶漆	次要房间如配电间、空调天棚为砂浆抹面，地面为乳胶漆
		地面	防滑砖	
		墙面	乳胶漆、防滑砖	
三	电梯厅、男女卫生间、办公室、部长及副部长办公室	天花	防水石膏板、铝合金平板、乳胶漆	次要房间如配电间、空调天棚为砂浆抹面，地面为乳胶漆
		地面	防滑砖	
		墙面	乳胶漆、防滑砖	
四~七	电梯厅、男女卫生间、办公室、会议室	天花	防水石膏板、铝合金平板、乳胶漆	有水房间吊顶为铝合金平板，会议室地面为地毯
		地面	地毯、防滑砖	
		墙面	乳胶漆、防滑砖	

2. 综合维修中心

（1）平面

综合维修中心位于车辆段与综合基地盖上东南侧的办公区东南角，平面呈"L"形，与综合办公楼、食堂、培训中心形成围合的院落式空间。建筑总长122.04m、总宽37.61m，建筑面积12125.3m²，为盖上六层的框架结构建筑，建筑总高度24m（不含盖体及轻质屋顶），耐火等级为二级，建筑使用年限50年，抗震设防烈度为6度。

综合维修中心一层主要布置1号垂直交通核和自动售检票系统（Automatic Fare Collection，AFC）电子维修房间，二层主要布置专业功能房间，三层为通信专业房间，四层布置综合监控的功能房间，五、六层主要为机备的功能房间。平面布局基本沿内走道两侧布置功能房间，屋顶采用退台的设计手法，办公人员有较多的屋顶活动场地，同时也丰富了天际线的变化。

（2）外立面

综合维修中心在立面设计上与综合办公楼保持一致，成片的实墙与玻璃幕墙形成虚实对比，实墙上成组的开窗和幕墙上的装饰块、线条相互穿插，体型结合建筑功能，运用好"加法"和"减法"，塑造出虚实、进退、凹凸的建筑立面效果。建筑用色与综合办公楼保持一致，深红色墙砖作为主色调，玻璃幕墙的深蓝色为辅助色，砖红色涂料、白色涂料作为点缀色。

（3）内部装饰

综合维修中心的功能主要为车辆段各维修班组的维修、办公、待班休息的功能建筑，性质偏向生产，内部装修整体空间感觉以洁净、素雅为主。

综合维修中心的重点装修区域为交通核与公共活动空间，内部装修用材见表6.2。

表6.2 综合维修中心装修材料

楼层	主要房间	使用部位	材料名称	备注
一	大堂、电梯厅、交通核、男女卫生间	天花	防水石膏板、铝合金平板、乳胶漆	次要房间如配电间、空调天棚为砂浆抹面，墙面为乳胶漆、有水房间吊顶为铝合金平板
		地面	抛光砖、地砖、防滑砖	
		墙面	墙面砖、防滑砖	
二	电梯厅、男女卫生间、办公室、男女更衣室、会议室、值班室、机房	天花	防水石膏板、铝合金平板、乳胶漆	次要房间如配电间、空调天棚为砂浆抹面，墙面为乳胶漆、有水房间吊顶为铝合金平板吊顶
		地面	抛光砖、防滑砖	
		墙面	乳胶漆、防滑砖	
三	电梯厅、男女卫生间、车载设备检修室、通信检修所、无线检修所	天花	防水石膏板、铝合金平板、乳胶漆	次要房间如配电间、空调天棚为砂浆抹面，墙面为乳胶漆；有水房间吊顶为铝合金平板吊顶，其中车载设备检修室、通信检修所、无线检修所地面为防静电地板
		地面	防静电地板、抛光砖、防滑砖	
		墙面	乳胶漆、防滑砖	
四~六	电梯厅、男女卫生间、FAS维修室及检测室、BAS维修室及检测室	天花	防水石膏板、铝合金平板、乳胶漆	有水房间吊顶为铝合金平板、会议室地面为地毯
		地面	抛光砖、防滑砖	
		墙面	乳胶漆、防滑砖	

注：FAS-Fire Alarm System，火灾自动报警系统；BAS-Building Automation System，楼宇自动控制系统。

3. 食堂

（1）平面

食堂位于车辆段与综合基地盖上东南侧的办公区西南角，平面呈长条形布置，与综合办公楼、综合维修中心、培训中心形成围合的院落式空间。建筑总长76.78m、总宽26.7m，建筑面积4352.39m^2，为盖上二层的框架结构建筑，建筑总高度10.05m（不含盖体及轻质屋顶），耐火等级为二级。

食堂主要用于满足车辆段与综合基地员工用餐需求，规模按照远期定员2200人，最多就餐人数1700人进行设计，人均建筑面积2.6m^2。食堂首层及二层均布置有餐厅和厨房，二层南侧布置7间小包房。平面功能布置分区合理，流线简洁明确、不交叉，为职工提供优良的就餐环境。

（2）外立面

食堂是四栋建筑中螺旋上升空间的起点，其仅有两层，使得建筑看上去比较矮，长边很长，通过成组的条窗的分割，建筑的长方向被弱化，形成规律的立面效果。

（3）内部装饰

食堂空间的特点是人流量大而密集，同时又有饭菜等油腻食物，容易在空间界面产生污渍，且不易清洗。因此，在空间设计的定位上，以清新明快的设计风格为主，简洁的线条和洁净光滑的饰面处理显得尤为重要。

空间色调以白色为主，搭配灰色，同时又点缀暖色木饰面，让整个空间素雅、洁净的同时又不失温馨的感觉。

食堂的装修重点区域为就餐区和包间，装修用材见表 6.3。

表 6.3 食堂装修材料

楼层	主要房间	使用部位	材料名称	备注
一	餐厅、电梯厅、男女卫生间、厨房	天花	防水石膏板、铝合金平板、乳胶漆	次要房间如配电间、空调天棚为砂浆抹面，墙面为乳胶漆；有水房间吊顶为铝合金平板
		地面	抛光砖、防滑砖	
		墙面	乳胶漆、抛光砖、防滑砖	
二	餐厅、电梯厅、男女卫生间、厨房、大小餐厅包间	天花	防水石膏板、铝合金平板、乳胶漆	次要房间如配电间、空调天棚为砂浆抹面，墙面为乳胶漆；有水房间吊顶为铝合金平板吊顶
		地面	抛光砖、防滑砖	
		墙面	乳胶漆、防滑砖	

4. 培训中心

（1）平面

培训中心位于车辆段与综合基地盖上东南侧的办公区西北角，平面呈"L"形布置，与综合办公楼、综合维修中心、食堂形成围合的院落式空间。建筑总长 78.16m、总宽 38.86m，建筑面积 12638m²，为盖上七层的框架结构建筑，建筑总高度 27.6m（不含盖体及轻质屋顶），耐火等级为一级。

培训中心主要由员工培训中心、乘务员公寓两部分组成，一至四层布置为员工培训功房间，五至七层为乘务员公寓。平面布局基本沿内走道两侧布置功能房间，在人员活动比较密集区域设置休息活动空间，为学员提供舒适优美的学习环境。

（2）外立面

培训中心的外立面设计风格是综合办公楼和综合维修中心的延续，同样的处理手法组合，同样的用色和点缀手法使得几栋建筑在造型和立面效果上统一，形成一个有机的整体建筑群。

（3）内部装饰

培训中心及学员宿舍功能相对单一，培训中心主要由培训教室和乘务员公寓两个功能用房组成，乘务员公寓主要为早晚班司机以及其他工作人员提供夜间休息场所。内部空间的设计主要体现实用、简洁的设计理念。

培训中心装修重点区域为交通厅、阶梯教室等区域，单身宿舍装修重点为公寓房间，装修材料选用见表 6.4。

表 6.4 培训中心装修材料

楼层	主要房间	使用部位	材料名称	备注
一	大堂、电梯厅、男女卫生间、办公室、会议室	天花	防水石膏板、铝合金平板、乳胶漆	次要房间配电间、空调天棚为砂浆抹面，墙面为乳胶漆；有水房间吊顶为铝合金平板
		地面	抛光砖、地砖、防滑砖	
		墙面	墙面砖、防滑砖	
二	电梯厅、男女卫生间、办公室、培训室、机房、信号电源室、信号设备室	天花	防水石膏板、铝合金平板、乳胶漆	次要房间配电间、空调天棚为砂浆抹面，墙面为乳胶漆；有水房间吊顶为铝合金平板吊顶、信号室地面为防静电地板
		地面	防静电地板、抛光砖、防滑砖	
		墙面	乳胶漆、防滑砖	

续表

楼层	主要房间	使用部位	材料名称	备注
三	电梯厅、男女卫生间、大小教室、多媒体教室、公共活动间	天花	防水石膏板、铝合金平板、乳胶漆	次要房间如配电间、空调天棚为砂浆抹面，墙面为乳胶漆；有水房间吊顶为铝合金平板吊顶
		地面	抛光砖、防滑砖	
		墙面	乳胶漆、防滑砖	
四	电梯厅、男女卫生间、阶梯教室、大小教室、机房、备品室、文印室	天花	防水石膏板、铝合金平板、乳胶漆	有水房间吊顶为铝合金平板
		地面	抛光砖、防滑砖	
		墙面	乳胶漆、防滑砖	
五~七	电梯厅、男女卫生间、公共活动区、乘务员公寓	天花	防水石膏板、铝合金平板、乳胶漆	有水房间吊顶为铝合金平板
		地面	地毯、抛光砖、防滑砖	
		墙面	乳胶漆、防滑砖	

5. 单身宿舍

（1）背景及规模

为满足宁波轨道公司单身职工的住宿及招揽优秀人才需求，在车辆段与综合基地盖体上西侧规划 6 栋单身职工宿舍，其中东侧的 1、2、3 号宿舍楼先期建设，4、5、6 号楼预留二期建设。宿舍 1、2、3 号楼及设备房总建筑面积为 37629.11m^2。共提供 693 间宿舍，提供床位数 2110 床。

（2）平面布置方案

宿舍 1、2、3 号楼均为 11 层，由下至上规律逐层递减，形成退台韵律关系。平面布局合理，有较好的采光通风，舒展通透，采光良好。宿舍房间方正适用，尺寸合理。

1 号宿舍楼建筑面积为 18614.52m^2，总长 94.34m，总宽 20.8m，为 11 层框架结构建筑，建筑总高度 40.3m（不含盖体），耐火等级为二级。1 号宿舍楼共 357 间宿舍，床位数为 1088 床。

2 号宿舍楼建筑面积 9064.32m^2，总长 42.4m，总宽 21.5m，为 11 层框架结构建筑，建筑总高度 40.3m（不含盖体），耐火等级为二级。2 号宿舍楼共 168 间宿舍，床位数为 511 床。

3 号宿舍楼建筑面积 8902.43m^2，总长 42.4m，总宽 21.5m，为 11 层框架结构建筑，建筑总高度 40.3m（不含盖体），耐火等级为二级。3 号宿舍楼共 168 间宿舍，床位数为 511 床。

设备房建筑面积为 1047.84m^2，主要为变电所和通风机房等，设备房为一层，设于连接桥下。每栋宿舍楼内还设置有公共洗衣房、小卖部、活动室、公共阳台、开水间等。

（3）外立面

单身宿舍的立面造型属于现代风格，简约、大气，立面承续设计一贯的理念，强调彩带般柔和的横向线条，有规律的退台，形体变化既丰富又统一。各个单体在统一的造型基础上，通过集中修饰元素的有机穿插，不同材质的虚实对比，强调了立面的光影效果，赋予建筑强烈的时代特征。

宿舍的外立面用材主要选用石材、涂料、外墙砖、玻璃，用白色石材围成的梯形造型中，砖红色竖向外墙与横向的涂料阳台板、玻璃栏板形成穿插对比，有规律的退台和镂空，使建筑富于虚实变化，并在变化中取得统一。

6.3.3 盖上特殊建筑设计

1. 文体中心

（1）平面

文体中心位于上盖平台中部南侧，总建筑面积14073.2m²，建筑外轮廓呈梯形，为盖上三层的框架结构建筑，建筑总高度13.75m（不含盖体及轻钢屋顶），建筑耐火等级为二级，建筑使用年限50年，抗震设防烈度为6度。文体中心一层主要由标准游泳池及配套房间、门厅、两块网球场及配套房间、篮球场及其配套房间、三块羽毛球场及配套房间组成，首层的建筑面积约8603m²，各功能之间相对独立，通过较宽的走道和连廊把几块功能组合在一起。文体中心局部二层为乒乓球室，建筑面积约1987m²。三层为健身房，可容纳人数720人，建筑面积3482m²。房间布局基本为大开间的形式，在房间外设置较大的人员集散平台。满足使用要求，提高使用的舒适性。

（2）外立面

宁波地处我国江南地区，自古就是"鱼米之乡"，物产丰富，人杰地灵。文体中心的外立面设计采用仿生的表现手法，网架屋盖仿生市民所喜爱的泥螺造型，层层叠加，取义富足、累积、沉淀向上之意，与竖线的玻璃幕墙构成一个有强烈的时代感、造型独特、寓意丰富的地标建筑。

（3）内部装饰

文体中心的内部装修力求在满足使用功能的前提下做到经济美观、简洁明快，设计以耐磨材料为主，色彩活跃，设计元素多样，通过弧线及曲线的运用法，体现空间特质。文体中心的主要装修区域为篮球馆、网球馆、游泳馆、健身房和入口大厅，内部装修材料选用见表6.5。

表6.5 文体中心装修材料

楼层	主要房间	使用部位	材料名称	备注
一	大堂、电梯厅、男女卫生间、羽毛球场、网球场、篮球场、游泳池	天花	防水石膏板、铝合金平板、乳胶漆	大堂和电梯厅墙面地面为花岗岩，次要房间如配电间、空调天棚为砂浆抹面，墙面为乳胶漆；有水房间吊顶为铝合金平板
		地面	花岗岩、地胶板、防滑砖、马赛克砖	
		墙面	花岗岩、墙面砖、防滑砖（石材拉毛）	
二	电梯厅、男女卫生间、乒乓球室、棋牌室	天花	防水石膏板、铝合金平板、乳胶漆	次要房间如配电间、空调天棚为砂浆抹面，墙面为乳胶漆；有水房间吊顶为铝合金平板吊顶
		地面	地胶板、防滑砖	
		墙面	乳胶漆、防滑砖	

续表

楼层	主要房间	使用部位	材料名称	备注
三	电梯厅、男女卫生间、器材室、健身房、楼梯间	天花	防水石膏板、铝合金平板、乳胶漆	次要房间如配电间、空调天棚为砂浆抹面，墙面为乳胶漆；有水房间吊顶为铝合金平板吊顶、健身房地面为复合地板
		地面	复合地板、抛光砖、防滑砖	
		墙面	乳胶漆、防滑砖	

2. 公安分局

（1）功能

天童庄车辆段内的轨道公安分局为宁波市轨道交通线网的公安分局，主要职责为：维护全市轨道交通区域公共安全；侦查和查处全市轨道交通区域刑事、治安案件；维护全市轨道交通区域治安秩序，参与轨道交通系统社会治安综合治理；处治全市轨道交通区域重特大治安灾害事故和突发事件；对轨道交通系统实施防火管理和监督；指导、协调管辖派出所反扒窃整治工作等。

（2）平面布局

公安分局位于上盖平台中部南侧，总建筑面积 7153.3m²，建筑外轮廓呈长方形。建筑长度为 62.4m、宽 36m，为盖上五层的框架结构建筑，建筑总高度 18.6m（不含盖体及轻钢屋顶），建筑耐火等级为二级。

公安分局一层主要由羁押审讯、体能训练、食堂、办证接待、大厅几部分组成，平面呈"凹"形布置，几块功能通过中部大厅连接。二、三层主要布置办公房屋，四、五层为指挥中心大厅和领导办公室。功能房间沿走道两侧布置。

（3）外立面设计

公安分局的外立面采用对称、分组、对比的设计手法，主入口处三层通高的入口大厅和左右对称的两块形体塑造出大气、稳重、庄严的感觉。四至五层处的玻璃体与竖向的玻璃幕墙相呼应，使得建筑庄重又不失活泼。外立面的用材与厂前区办公建筑保持一致，深红色外墙砖与深蓝色玻璃幕墙、白色的涂料装饰带搭配，整个建筑群统一协调。

（4）内部装饰

公安分局的内部装修设计主要根据公安系统标准进行设计，特殊房间如枪支弹药库、羁押室、指挥中心大厅等按照行业标准设计，会议室、餐厅、办公室等按照经济适用、简洁明的设计风格进行设计。

公安分局内部装修材料选用见表6.6。

表6.6 公安局装修材料

楼层	主要房间	使用部位	材料名称	备注
一	大堂、电梯厅、男女卫生间、餐厅、厨房、羁押室、候问室、证据资料室	天花	防水石膏板、铝合金平板、乳胶漆	次要房间如配电间、空调天棚为砂浆抹面，墙面为乳胶漆；有水房间吊顶为铝合金平板
		地面	抛光砖、地砖、防滑砖	
		墙面	墙面砖、防滑砖	

续表

楼层	主要房间	使用部位	材料名称	备注
二	电梯厅、男女卫生间、办公室、值班室、公共活动区、计算机房	天花	防水石膏板、铝合金平板、乳胶漆	次要房间如配电间、空调天棚为砂浆抹面，墙面为乳胶漆；有水房间吊顶为铝合金平板吊顶
		地面	抛光砖、防滑砖	
		墙面	乳胶漆、防滑砖	
三	电梯厅、男女卫生间、党委办公室、党委会议室、计算机房	天花	防水石膏板、铝合金平板、乳胶漆	次要房间如配电间、空调天棚为砂浆抹面，墙面为乳胶漆；有水房间吊顶为铝合金平板吊顶、会议室地面为地毯
		地面	地毯、抛光砖、防滑砖	
		墙面	乳胶漆、防滑砖	
四	电梯厅、男女卫生间、指挥中心、局长、副局长办公室、指挥长办公室	天花	防水石膏板、铝合金平板、乳胶漆	有水房间吊顶为铝合金平板
		地面	抛光砖、防滑砖	
		墙面	乳胶漆、防滑砖	
五	电梯厅、男女卫生间、办公室、指挥台、局长和副局长室	天花	防水石膏板、铝合金平板、乳胶漆	有水房间吊顶为铝合金平板
		地面	抛光砖、防滑砖	
		墙面	乳胶漆、防滑砖	

上盖地铁车辆基地消防设计

进行上盖物业开发的车辆基地不同于一般的地上建筑,又有别于地下建筑,我国目前还没有相应的国家标准对其防火设计进行指导,但已有几部地方性相关标准可用于参考,如《城市轨道交通车辆基地上盖综合利用工程设计防火标准》(DB11/1762—2020)、《城市轨道交通车辆基地上盖综合利用防火设计标准》(DB32/T 4170—2021)、《轨道交通上盖车辆基地消防设计技术指南》(DB6101/T 3102—2021)等。设计参数、消防设施的配置等方面可参考以上几部地方性标准,并结合具体情况研究可行的消防方案。

地铁车辆基地进行上盖物业开发后,主要存在以下一些问题,如普通车辆基地是按照单层建筑设计的,库房可以直接与室外连通,加上盖子以后,部分空间由原先的室外空间变成了室内空间,如外通道等公共空间,这些空间的消防设计原先是基于室外设计的,现在变成室内后,其本身的消防设计该怎样对待无据可依;另外原先的室内部分连接的周围建筑结构状况也发生了变化,原先直通室外的部分现在也难以实现,其防排烟、人员疏散设置是否能够满足消防安全的要求也难以确定。因此,需要了解火灾在其中的发展规律,在此基础上设计和制定合理的火灾防治对策。

7.1 概 述

7.1.1 消防设计原则与重点研究问题

1. 消防设计原则

车辆基地加盖后,部分空间由原先的室外空间变成了室内空间,这些空间既在加盖范围之内,又位于原有的库房、检修车间等建筑之外,其消防设计到底是按室外设计还是室内设计尚没有国家层面上的规范可依。本项目将研究盖下建筑外空间的设计原则,制定建筑外空间和库房等建筑的防火分区划分原则,灭火要求及探测报警方案,确定盖下建筑外空间的消防设计要求。

在地铁车辆基地及上盖物业开发项目中,盖下为车辆基地生产区,属于工业建筑。盖上为物业开发区及车辆基地生活办公区,属于民用建筑。国内《建筑设计防火规范(2018年版)》(GB 50016—2014)只针对厂房(仓库)和民用建筑消防问题分别作出了规定,但还没有将厂房和民用建筑垂直叠加起来共用同一地块的大型上盖综合体的消防设计做相关规定。

借鉴我国香港特别行政区及其他国内城市地铁工程上盖物业开发的建设成功经验，以及消防性能化设计，本书建议上盖地铁车辆基地除满足现行规范外，还应遵循以下消防设计原则。

（1）盖体将本项目分为盖上、盖下两部分，盖上、盖下区域分开设计。盖体耐火等级为一级，耐火极限不应低于 3h，设可供消防车上下的坡道。盖上消防车道及消防登高场地设计荷载应满足消防车行驶及救援操作的要求。

（2）盖下的车辆基地生产厂区按《建筑设计防火规范（2018 年版）》（GB 50016—2014）的厂房（库房）部分要求执行。

（3）盖上物业开发按《建筑设计防火规范（2018 年版）》（GB 50016—2014）中民用建筑部分执行。

（4）盖上、盖下区域分开设计，盖上物业的沟槽管线在车辆基地物业平台顶板或夹层内敷设，不与盖下的车辆基地场区空间发生关系，为防止火灾蔓延，盖上盖体边缘的建筑布置按规范要求的防火间距进行退让或夹层车库外侧设防火卷帘（车库外围为敞开设计）。

（5）高程平台结构板按不低于一级耐火等级设计，盖板的承重梁耐火极限不应低于 3h，盖板的结构重要性系数取值为 1.1，盖体钢筋混凝土板厚分别为 200mm（300mm 厚水泥焦砟填充层）、250mm（1200mm 厚景观绿化覆土）。

（6）车辆基地盖下区域道岔区、道路、运用库、检修主厂房按每小时换气 2 次设置机械排烟系统。

（7）车辆基地和盖上物业开发同一时间火灾次数按各一次考虑。车辆基地包括盖下厂房区、盖上厂前区、盖外区地铁配套功能用房；盖上物业包括运用库上方住宅物业开发、咽喉区落地物业发、出入段线上方职工宿舍，按另一次火灾考虑。

2. 消防设计重点研究问题

（1）盖下防火分区划分。

能够与其他单体外部完全隔开的应划分单独的防火分区，不能隔开的与道岔区合为一个防火分区，并对道岔区是否可作为安全区域进行消防性能化设计。

（2）夹层车库防火分区划分。

夹层车库应满足《汽车库、修车库、停车场设计防火规范》（GB 50067—2014）的要求，需研究车库出入口及车库之间防火分隔问题，还需研究车库外围车行道安全问题，是否单独划分防火分区及配置相应消防设施问题。

（3）研究车辆基地上部设有夹层车库，盖下厂（库）房是否应按照多层厂房进行消防设计。

（4）应研究各厂房之间的防火间距是否按《建筑设计防火规范（2018 年版）》（GB 50016—2014）的规定执行，或适当提高标准设计。

（5）车辆基地盖下大空间防烟分区如何划分及消防道路挡烟垂壁设置问题。

7.1.2　火灾危险性分类

上盖车辆基地既有库房、检修车间、厂房等建筑，又有在这些建筑外的公共活动空间。不同区域其可燃物状况、人员活动状况存在差异。因此，需要研究不同区域可能的火灾状况，调研不同区域的可燃物状况，通过实验研究，给出不同位置可能发生的火灾规模，确定不同区域的火灾危险性。

1. 火灾危险性确定原则

（1）根据《建筑设计防火规范（2018年版）》（GB 50016—2014）的要求，生产用房的火灾危险性应根据生产中使用或产生的物质性质及其数量等因素进行分类。

（2）生产的火灾危险性分类要看整个生产过程中的每个环节，是否有引起火灾的可能性（生产的火灾危险性分类按其中最危险的物质确定），主要考虑以下几个方面。

① 生产中使用的全部原材料的性质；
② 生产中操作条件的变化是否会改变物质的性质；
③ 生产中产生的全部中间产物的性质；
④ 生产中最终产品及副产物的性质。

许多产品可能有若干种工艺生产方法，其中使用的原材料各不相同，所以火灾危险性也各不相同，分类时应注意区别对待。

2. 车辆基地内建筑的火灾危险性类别

（1）酸性蓄电池充电间应为甲类厂房。油漆库、喷漆车间，当油漆、喷漆闪点小于28℃时，应为甲类厂房；当油漆、喷漆闪点不小于28℃但小于60℃时，应为乙类厂房。

（2）采用内燃机牵引的内燃机车库、调机车库、轨道车库、工程车库等应为丙类厂房；油浸式变压器的变电所应为丙类厂房。

（3）采用电力牵引的调机车库、轨道车库、工程车库等应为丁类厂房，大架修库、架修库、定修库、临修库和附属车间、静调库、吹扫库、镟轮库、维修车间、废水处理站、电压等级35kV及以上干式变压器的变电所、锅炉房应为丁类厂房。

（4）停车库、列检库、月检库、洗车库、碱性蓄电池室应为戊类厂房。

（5）易燃品库（杂品库）应为甲类仓库，存放劳保用品的物资总库应为丙类（2项）仓库，不燃材料库、材料棚应为戊类仓库。

7.2 防火分区及消防道路

7.2.1 盖下防火分区及消防道路布置

防火分区是用防火分隔措施划分出的，能在一定时间内防止火灾向同一建筑的其余部分蔓延的局部区域（空间单元）。在建筑物内采用划分防火分区这一措施，可以在建筑物一旦发生火灾时，有效地把火势控制在一定的范围内，减少火灾损失，同时可以为人员安全疏散、消防扑救提供有利条件。

下文根据消防性能化报告及防火规范相关要求，讨论车辆基地防火分区划分情况，根据不同建筑性质合理、安全划分防火分区，满足消防救援要求。

1. 盖下防火分区划分

（1）车辆基地运用库、检修主厂房因接触网需进入库内而留有过网空间，故不能与库外部分进行消防分隔，只能作为一大防火分区。

检修主厂房为丁类、运用库为戊类，耐火等级为一级。依据《建筑设计防火规范（2018年版）》（GB 50016—2014）的规定，耐火等级为一、二级的丁、戊厂房的防火分区面积不限，疏散距离不限。

（2）盖下范围生产用房按火灾危险性分类单独划分防火分区，运转综合楼单独划分防火分区；物资总库、维修车间、调机/工程车库、镟轮库各为一个防火分区；运用库、检修主厂房、盖下消防通道、道岔区为一个防火分区。

各防火分区之间分别用防火墙、防火窗和防火卷帘分隔。

2. 盖下消防道路设计要求

（1）车辆基地盖下运用库、检修主厂房、物资总库设环形消防车道，其中建筑长度超过220m的设穿过建筑物的中间消防车道。其余建筑按一长边设置消防车道，宽度及坡度均符合相关规范要求。

（2）车辆基地变电所、丙类厂（库）房、运转办公楼、物资总库等辅助生产厂房应采用不低于2h的隔墙和防火门与其他部位分隔。与道岔区、上部散开的消防车道之间可不采取防火分隔措施，上部不敞开的消防车道两侧应采取防火分隔措施，道路两侧生产用房墙体为200mm加气混凝土砌块，耐火极限满足2h，开设门窗洞口地方为甲级防火门（窗）、特级防火卷帘门。

（3）上部散开的消防车道顶棚、墙面、地面应采用不燃材料装修，且不得用于人员和车辆通行外的其他用途。道岔区顶棚、墙面、地面应采用不燃材料装修，道岔区不得用于车辆停放。

（4）上部敞开的消防车道应设室外消火栓，道岔区应设室外消火栓、火灾自动报警系统、排烟设施、应急照明和疏散指示标志。

（5）上部敞开的消防车道顶部开口面积不应小于地面投影面积的80%（宽度超过8m的按8m计算）。

（6）道岔区与运用库之间应设置挡烟垂壁，其高度不应小于1m。

（7）上部不散开的消防车道应设置室外消火栓、火灾自动报警系统、排烟设施、应急照明和疏散指示标志。

（8）防烟分区不得跨越消防车道，排烟量应按照体积计算确定，每小时换气次数不应少于2次。

7.2.2 夹层车库防火分区及消防道路

如果项目设计有夹层车库，其一般位于车辆基地生产用房上方，按地下车库进行消防设计。车库需设置不少于3个出入口直接对外或直接对双向车行道后通往室外，以满足《汽车库、修车库、停车场设计防火规范》（GB 50067—2014）的规定。

夹层车库划分为数个防火分区，每个防火分区均应设有水喷淋灭火系统，按照不大于4000m²考虑，并且每个防火分区均应设置有满足人员疏散的楼梯直通盖上或者室外。

7.2.3 盖上车辆基地生活、办公建筑防火分区及消防道路

盖上建筑为民用建筑，按《建筑设计防火规范（2018年版）》（GB 50016—2014）的要求进行防火分区划分。单体建筑按每层1个防火分区设置，盖上单体与夹层汽车库相连的楼（电）梯间通过甲级防火门进行分隔。

盖上车辆基地生活办公用房建筑周围均设环形消防车道，并与下地面坡道相连。高层建筑沿建筑一长边设置消防作业面，消防登高作业场地距建筑大于5m且小于10m，并结合景观铺装统一设计。

7.2.4 人员安全疏散

车辆基地上盖后，由室外疏散空间转为室内空间，随之带来了疏散环境复杂、疏散方向不明确、疏散距离增加、室外出口变成室内出口等问题，设计需深入研究人员疏散安全性，给出不同条件下安全疏散的界定，并根据地下库房和上盖物业的状况给出合理的疏散路径及保障安全疏散的措施。具体分析如下：

1. 出入段线区及咽喉区

（1）周边敞开，有良好的自然通风条件。

（2）空间高大，板下高度一般可达10m左右，具有良好的储烟能力。

（3）该空间内无可燃物（材料棚内堆放材料为车辆维修设备、起重机、给水设备，均为不燃烧体）。

（4）该空间主要是车辆使用空间，无人员经常停留。

（5）该部分火灾危险性为戊类。按《建筑设计防火规范（2018年版）》（GB 50016—2014）其疏散距离不限。因此出入段线区及咽喉区应视为人员疏散的安全区域。

2. 适用库、检修库及其他盖下区域

车辆基地盖体周边是开敞的，运用库与检修主厂房之间设一个敞开的采光天井，盖下人员疏散到盖体边缘、消防道路及采光天井内即视为安全，可在无火灾威胁的条件下，沿道路疏散到车辆基地盖体之外。同时还可以通过交通核疏散至高程平台之上，各个单体建筑疏散距离及宽度均按《建筑设计防火规范（2018年版）》（GB 50016—2014）的要求进行疏散设计。

3. 夹层车库

夹层车库人员疏散按防火分区划分设置疏散楼，人员疏散至高程结构平台视为安全区。每个防火分区至少两部楼梯直通高程物业平台。

4. 盖上厂前区

盖上车辆基地生活、办公建筑按《建筑设计防火规范（2018年版）》（GB 50016—2014）设置疏散楼梯，疏散距离、疏散宽度满足规范要求，高层结构平台作为人员疏散的室外地面。

5. 消防设施

车辆盖下、盖上建筑室内应设有完善的消防设施，包括自动灭火系统、火灾自动报警系统室内消火栓系统、排烟设施、应急照明和疏散指示标志等，为人员安全疏散提供有力保障。

7.3 建筑防火

7.3.1 防火分隔及其构造措施

带上盖物业的车辆基地，一般来说，其下部是工业厂房和仓库、上部是民用建筑，中间界面的防火分割的结构构件的耐火具体要求，规范中没有具体阐述，本书建议按不低于一级耐火等级的要求进行设计。

根据《建筑设计防火规范（2018年版）》（GB 50016—2014），车辆基地柱、梁、板设计应符合以下规范要求（表7.1）。

表7.1 盖体承重结构耐火极限

构件名称	耐火等级	规范值
	一级	一级
柱	不燃烧体 3.00	截面 370mm×370mm，耐火极限为 5.0h
梁	不燃烧体 2.00	保护层为 25mm，耐火极限为 2.0h
楼板	不燃烧体 1.50	保护层为 20mm，厚度 120mm，耐火极限为 2.65h

高程板是上盖物业与盖下车辆基地的分割界面，作为盖下厂房的屋顶和盖上夹层车库的楼面，高程板应按不低于一级耐火极限设计，耐火极限不低于3h，且盖板上的消防车道及消防登高场地的荷载需按照消防车行驶及消防扑救的荷载设计，盖体耐火的安全性及承担消防荷载的能力均需满足作为安全平台的要求。

车辆基地各种贯穿墙体的管线，如电缆、水管、风管、压缩空气管等穿过墙壁、楼板时形成的各种开口以及电缆桥架均需采取防火分隔措施，以免火势通过这些开口及缝隙蔓延。用防火封堵材料密封电缆或管道穿过墙体或楼板形成孔洞，它的作用是防止火灾蔓延到起火源相邻的区域，达到保护人员和设备安全的目的。防火封堵的基本原理是封堵材料起膨胀吸热和隔热作用，遇火膨胀以密封可燃物燃烧所留下的缝隙，阻止火灾和火灾中产生的有毒气体和烟雾的蔓延；吸热和隔热以降低贯穿物背火面的温度，防止背火面可燃物自燃。

防火分区、楼（电）梯前室、楼面、墙面处变形缝应采取防火封堵措施，根据规范设置阻火带，防止火灾水平和竖向蔓延。

7.3.2 车辆基地上盖梁板耐火极限

为确保盖上、盖下建筑的安全性，车辆基地建筑耐火等级为一级，在此基础上提高承重结构构件的耐火极限。借鉴国内相关经验数据梁板柱4h，或在构件耐火一级上增加 0.5h～1h 进行设计。《建筑设计防火规范（2018年版）》（GB 50016—2014）附录：钢筋混凝土柱截面最小尺寸 370mm×370mm，构件耐火极限 5h；现浇的整体式梁板，构件厚度 120mm，保护层厚度 20mm，构件耐火极限 2.65h；钢筋混凝土梁保护层厚度 50mm，构件耐火极限 3.5h。

提高混凝土构件耐火极限的主要方法有：增加梁板构件保护层厚度；混凝土构件面层涂刷防火涂料。增加构件保护层厚度，以确保构件自身防火在不遇到破坏性的火灾时能长期使用。防火涂料在火灾后的工程修复上具有优势，若构件的自身耐火极限达不到规范要求，可附加防火涂料作为补充措施。涂层防火、结构构件防火两种方式在不同的情况下各有优缺点，视情况选用。

7.4 消防系统设计

7.4.1 水消防系统

1. 主要设计原则

（1）车辆基地消防水源应采用稳定可靠的两路城市自来水，当只有一路水源时应设置消防水池。

（2）车辆基地与物业的消防系统在段内分开设置，各自形成独立系统。

（3）盖上管线尽可能不侵入盖下生产区，在车辆基地范围内的物业管线纳入车辆基地统一设计，减少物业实施对车辆基地的干扰。

（4）车辆基地消防按同一时间内发生一次火灾考虑。上盖物业消防按另一次火灾考虑，单独设置消防给水系统。

（5）盖下不宜采用水消防的通信及信号设备室、电源室、混合变电所、跟随所等电气房间应采用气体灭火系统。

（6）上盖物业按《建筑设计防火规范（2018年版）》（GB 50016—2014）的民用建筑部分执行；物业平台下部车辆基地厂区按《建筑设计防火规范（2018年版）》（GB 50016—2014）厂房（仓库）部分执行，并参照现行《地铁设计规范》（GB 50157—2013）、《铁路工程设计防火规范》（TB 10063—2016）进行消防设计。

2. 消火栓系统

（1）消防水源及消防水量计算

上盖地铁车辆基地可采用城市自来水，供给整个车辆基地及开发物业生产生活和消防用水，再引接一路给水管至车辆基地盖下给水所蓄水池，经加压后专供车辆基地用水，满足各用水点对水量、水压的不同要求。

（2）泵房及水池

给水所可设置于车辆基地材料棚旁，生活泵房和消防泵房合建，各自设置加压泵和稳压装置。泵房根据供水工艺及设备的安装需要确定其尺寸、层高、形式等。按变频调速给水设备（生活生产）和立式变流恒压消防泵组的配置和控制要求进行布置，泵房设备间可采用半地下式，机组安装于地下部分，利于管路布置。泵房一端可设材料间、值班控制室和卫生间，从值班室设踏步通往地下部分设备间，设备间上部沿纵向设工字钢梁，用于安装电动葫芦，起吊水泵机组。端部可设有与地面齐平的起吊平台通往室外，方便设备的安装、维修及吊装。

室外还应设消防水池，用于中转及加压抽升。消防水池进出水管道和阀门单独设置，并在水池间设置连通管和阀门。消防水池有效容积根据车辆基地内消防用水量最大的物资库计算确定，扣除火灾延续时间内的补水量。

3. 自动喷水灭火系统

（1）上盖车辆基地设置自喷的依据

上盖开发车辆基地与不上盖车辆基地有较大差异，目前尚无完全适用于此类型车辆基地的规范规程，自喷系统的设置依据主要为《建筑设计防火规范（2018年版）》（GB 50016—2014）、《地铁设计防火标准》（GB 51298—2018）、《自动喷水灭火系统设计规范》（GB 50084—2017）和消防部门审核意见，同时国内外类似车辆基地作为设计参考和借鉴。

（2）国内上盖车辆基地自喷系统设置情况

① 宁波轨道交通天童庄车辆段消防设计依据相关规范和消防设计专家评审意见，盖下大于 800m² 的丁类厂（库）房除不宜用水灭火的场所外均设置了自动喷水灭火系统，其中检修主厂房净高达 14.7m，面积为 25000m² 的丁类厂房设置了大空间智能型主动喷水系统和消防水炮。

盖上建筑单体按照普通地面建筑现行规范的要求设置自喷系统。

② 杭州地铁七堡车辆段亦进行了上盖物业开发，盖下大于 500m² 的丁类厂（库）房除不宜用水灭火的场所外均设置了自动喷水灭火系统，地面建筑设置原则同宁波轨道交通天童庄车辆段。

③ 成都地铁皂角树车辆段局部上盖开发，盖下运用库及停车列检库设置了消防水炮灭火系统。

④ 深圳地铁前海车辆段盖下运用库及停车列检库设置了自动喷水灭火系统。

⑤ 苏州轨道交通太平车辆段盖下生产车间均设置自动喷水灭火系统。

随着车辆基地上盖开发的不断发展，设计规范的不断更新，经济的不断发展，对上盖车辆基地的消防设计将提出更高、更为完善的要求。本着"预防为主，防消结合"的消防方针，确保地铁的安全运营，保护生命财产，设置盖下自动灭火系统是必要的。

4. 车辆基地上盖物业开发水消防系统设计要点

（1）同一时间内的火灾次数

① 车辆基地是地铁的车辆及各系统和设备的维保和检修综合性基地，并配套有办公和生活设施。车辆基地一般地处郊区，其总占地面积 20 万 m²～30 万 m²，总建筑面积一般为 70000m²～300000m²，远期总定员 800～2000 人。规划上盖物业开发物业建筑面积不等，规划总人数（含车辆基地和物业开发）一般在 1 万人以下。

② 在项目消防设计文件评审和消防报建过程中应明确车辆基地及物业开发同一时间内的火灾次数。火灾次数的确定为水消防系统设计的基本原则和设计基础，直接关系系统的构成和工程投资，需在设计初期与消防部门进行充分沟通协调，取得明确意见。

车辆基地和上盖物业同一时间宜按各一次火灾设计。即与车辆基地生产检修、办公、生活配套密切相关的车辆基地附属功能建筑按同一时间内一次火灾设计，上盖物业开发部分按另一次火灾考虑，物业消防单独设置消防水池和独立消防供水系统，便于车辆基地的运营管理。

（2）物业开发车辆基地的特殊性及水消防设计注意事项

① 车辆基地和上盖物业开发消防给水系统应成两个独立系统，满足消防要求和便

于运营管理。

② 由于各专业管网错综复杂，一般有强电、弱电、给排水、空调、消防等专业管线和电缆桥架，管网需进行综合管线设计，避免因管线安装空间不足而影响车辆基地的净高要求。

③ 车辆基地占地面积大、建筑规模相对较大，应集中设置消防给水设施集中供水，减少设备和土建投资。

7.4.2 通风及防排烟系统

1. 概述

上盖车辆基地通风及防排烟系统根据其不同的建筑条件和规范规定，按盖下大空间场所、盖下单体、夹层汽车库、盖上建筑4类进行分别设计。

（1）盖下大空间场所若按规范规定的 $60m^3/(h·m^2)$ 排烟量设计，由于其面积巨大，计算排烟总量将达到每小时数百万立方米，在工程上较难实施，且设备数量较大、运营成本高、管理困难，因此在盖下大空间场所中采用性能化设计方法，对其防排烟系统设计进行优化。

（2）盖下单体主要有物资总库、调机工程车库、综合维修车间、污水处理站、试车机具间等，其通风系统与消防排烟系统合并设置。

室内净高超过 6.0m，不划分防烟分区，排烟量按 $60m^3/(h·m^2)$ 计算。

设置消防耐高温专用排烟风机，并在其吸风口、出风口处设平时开启，280℃时能自动关闭的排烟防火阀，排烟风机及烟气流经的辅助设备在 280℃时能连续工作 30min。

（3）夹层汽车库按地下汽车库进行设计。通风及防排烟系统按防火分区设置，其中靠近盖体边缘的非机动车库，利用靠盖边矮墙采用自然通风方式。机动车库全部采用机械通风（排烟），利用盖边矮墙及车库顶部补风井补风。车库平时机械通风系统采用每日车辆出入明显的高峰时段（早、中、晚）控制风机启停或控制风机低速运行的方式进行通风换气。火灾排烟时风机切换到高速工况运行。

（4）盖上建筑一般有综合办公楼、综合维修中心、食堂公寓、培训中心及学员宿舍、公安分局、文体中心等，该类建筑均按照规范要求设置通风及防排烟系统。

① 内走道排烟系统。根据《建筑设计防火规范（2018年版）》（GB 50016—2014），长度超过 20m 的内走道设置排烟设施。若综合办公楼、培训中心、文体中心各层内走道超过 20m 且不满足自然排烟条件，则可设置机械排烟（自然补风）系统，排烟口距最远点的水平距离不超过 30m。

② 房间排烟系统。若房间面积超过 100m² 且不满足自然排烟条件，可与内走道共用一套排烟系统，风机风量按最大防烟分区 $120m^3/(h·m^2)$ 设置，通过排烟竖井上接风管至房间内，房间内设置电动排烟风口。

若文体中心场地面积超过 300m² 且不满足自然排烟条件，可设置机械排烟（自然补风）系统，由幕墙上建筑设置的外窗进行自然补风。

其余需设置排烟设施的房间均可采用自然排烟的方式，可开启的外窗面积须满足规范要求。

③ 中庭排烟。如果综合办公楼、培训中心、文体中心、公安分局等建筑设置有中

庭，且高度不超过 12m，可采用自然排烟方式，根据《建筑设计防火规范（2018 年版）》（GB 50016—2014），由建筑专业于外立面 1/2 高度上设置可开启的高侧窗，面积不小于中庭地面面积的 5%。

④ 楼梯间及前室加压送风系统。如果防烟楼梯满足自然排烟条件，但前室不满足自然排烟条件，可对前室设置机械加压送风系统，于土建竖井、或前室隔墙上设置电动加压送风口，前室与走道的隔墙上设置重锤式余压阀，余压泄入走道。

2. 通风及防排烟系统控制

通风及防排烟设备平时均可采用就地控制方式。火灾时，就地开启排烟设备，同时联锁关闭一般通风空调设备。也可由消防控制中心发出指令，系统由平时排风工况切换到排烟工况（排烟风机远程开启，双速风机强制高速运行），排除烟气，当烟气温度达到 280℃时，系统管路上的防火阀或排烟防火阀熔断关闭，联动风机停止运行。

盖下大空间场所按规范要求可不划分防烟分区。根据其面积较大，风机数量较多的特点，按照区域划分排烟单元，风机按照排烟单元实行分区域控制。当某个排烟单元发生火灾时，关闭其他区域排风机，开启着火单元的排烟风机进行排烟，当烟气蔓延到其他单元时，开启该单元的排烟风机进行排烟。

盖下设置有气体灭火系统的房间，按照气体灭火系统需要对通风空调系统进行控制。在该类系统的进风口、排风口处设置电动防烟防火阀，平时常开，进行日常通风；火灾时由气灭控制系统发出指令，电动关闭该房间的排风机及进风口、排风口处的电动防烟防火阀，封闭气灭区域，进行灭火。人员确认灭火过程完成后，就地手动打开该房间的排风机及电动防烟防火阀对灭火后的房间进行通风，排除室内有毒有害气体。

8 上盖地铁车辆基地结构设计

8.1 结构平面布置与竖向布置

8.1.1 车辆基地上盖开发项目总平面设计

车辆基地的总平面设计与建设投资、建成后的运营成本及环境保护等因素密切相关，通常涉及场址选择、性质及规模、车辆检修与运用设施的布置、检修工艺、附属生产用房及生活设施用房的布置、场区管线综合和远期预留等诸多问题的考虑。总平面设计在整个车辆基地工艺设计中占据重要的主导地位，尽管现行相关设计规范已对车辆基地总平面设计提出了各种要求，但由于实际各个工程项目遇到的情况不尽相同，故总平面设计考虑的侧重点也不甚一致，旨在取得技术、经济等方面合理优化的设计方案。图 8.1 基本涵盖了地铁车辆基地场区总平面设计的思路和流程。

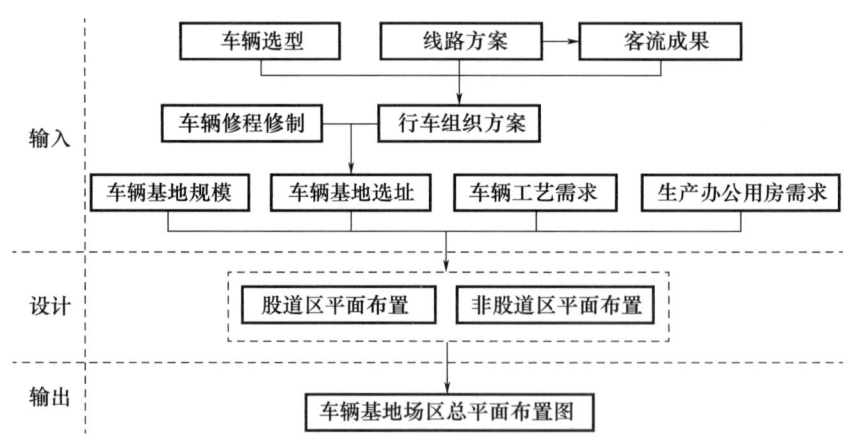

图 8.1 地铁车辆基地场区总平面设计流程图

通常车辆基地场区内主要包括车辆基地主体建筑、配套附属用房、场区道路、配套市政设施、落地开发区建筑、大门及围墙等各种建（构）筑物。其中车辆基地主体建筑一般主要由库区（运用库和联合检修库）、咽喉区、出入段线三部分组成。

8.1.2 车辆基地上盖开发项目主体建筑布置

车辆基地主体建筑用房的布置与车辆基地场地条件、线路及工艺要求、自身使用功能等因素息息相关。

运用库的主要用途是为车辆提供停放场所及临时检修功能，车辆每日停止运营后均需回库停放、更换零件或临时检修，故其使用频次最高。由于其主要使用功能仅为停放车辆或临时检修，故其线路股道基本沿一个方向平行布置，运用库建筑平面大多为矩形，采用规则的矩形柱网。工艺需求方面，垂直轨道方向（以下简称"横向"）各股道之间满足基本的限界线间距＋结构柱宽度并略微留有余量即可，通常采用一跨2线布置，跨度为12m～14m；有时为了节省面积或者与上盖柱网尺寸结合采用一跨3线布置，跨度可达18m～20m。竖向上，运用库在满足车辆限界的基础上，仅需为一部分桥架管线或综合支吊架等提供安装空间，建筑层高大多为9m～10m（库区建筑地面至首层结构顶），加上基础埋深（一般算至基础柱墩顶部），首层结构层高10m～11m。此外，为充分利用建筑层高，库区首层辅跨一般设置夹层，形成上下两层办公用房的形式，并与停车区分隔开。

联合检修库主要用途则是为车辆提供月检、架修或大修等功能，相对运用库使用频次低，建筑平面通常也为平行线路股道构成的矩形库房。联合检修库的特点是股道之间需要设置各种检修设备、检修爬梯等，股道位置还需要留有检修坑，以满足工作人员检修等需求。因此，股道间距比运用库大，柱网尺寸除满足限界要求外，尚需满足工艺设备空间需求。横向多采用一跨1～2线布置，跨度不等，一跨1线跨度为10m～12m，一跨2线跨度为16m～18m，个别采用一跨3线跨度可达20m～22m。竖向上，联合检修库类似工业厂房，设有车辆检修所需的各种吨位吊车。为满足起重高度要求，联合检修库首层层高11m～12m属正常，有时可达13m（库区建筑地面至首层结构顶），加上基础埋深（一般算至基础柱墩顶部），首层结构层高12m～14m。此外，部分首层结构柱需要增设牛腿，并在牛腿上架设吊车梁及车挡等构件。同样，为充分利用建筑层高，库区首层辅跨一般设置夹层，形成上下两层办公用房的形式，并与检修区分隔开。

如上文所述，运用库及联合检修库横向柱网尺寸受工艺条件等因素制约，可调余地不大，但顺轨道方向（以下简称"纵向"）柱网基本不受工艺约束，布置较为灵活。为减少单柱分担的水平和竖向荷载作用，实际纵向跨度一般较横向跨度小。纵向柱网大小的最重要决定因素为上盖开发建筑的柱网尺寸，如上盖开发住宅类建筑，则柱网尺寸主要由住宅分户墙位置即住宅户型开间所决定，局部柱网尺寸较小，以4.5m～6m为主；如上盖开发办公类或商业类建筑，空间要求宽敞，隔墙布置灵活，为和上盖柱网尺寸对应，下盖纵向柱网尺寸一般也稍大，以7m～9m为主。纵向柱网布置总的原则是，在保证尽量多上下盖柱网对齐的前提下，柱网尺寸宜小不宜大，从而更有利于满足结构受力需求。库区框架结构柱截面形状主要以方形或长方形为主。

不同于库区的平行股道及柱网，咽喉区将线路逐渐汇集起来与正线平顺相接，平面外形看似人体咽喉，故而得名。显然受工艺及线路要求影响，咽喉区主体建筑外形不规则，柱网也受到线路股道影响，横向柱网布置不规则。咽喉区最主要的特点是，股道岔线很多，当岔线密集时一般没有条件在股道间设立结构柱，故在咽喉区岔线区段存在较多大跨柱网。通常无岔线部位横向柱网跨度较小，10m左右为正常跨度；而岔线部位横向柱网跨度较大，可达17m～18m，甚至个别跨度20m有余。此外，横向柱网同一轴线上大小跨情况较为常见，结构受力较为不利。出入段线部位，各个股道基本汇成正线，形式类似于区间段，建筑轮廓变为规则矩形，结构柱网规则。由于线间一般均可布置结构柱（局部岔线位置除外），跨度不大。竖向上，咽喉区并无过多净空要求，仅满足车辆限界及设备安装高度（如顶装射流风机、接触网等）即可，8m～9m属于正常（咽喉区地坪至首层结构顶），加上基础埋深（一般算至基础柱墩顶部），首层结构层高9m～10m。因咽喉区平面布置不规则，难以确定两正交抗侧力方向，故咽喉区结构柱截面形状主要以圆形为主，局部限界制约部位采用矩形等其他形状。出入段线采用矩形结构柱。

现阶段，无论车辆基地上盖开发住宅还是公建，均有一定停车数量的需求，因此车辆基地库区上方2层通常设置汽车库层。根据下盖柱网尺寸，当纵向柱网采用6.0m～7.0m等较小跨度时，汽车库采用一跨2车布置；当纵向柱网采用8.4m～9.0m大跨度时，则可采用一跨3车布置。竖向上，汽车库结构层高一般为4.5m～5.0m为宜，可满足建筑面层＋车库净空高度＋风管等设备高度＋结构梁板高度的需求。

对于车辆基地上盖开发项目，上盖开发主要可以利用的区域为运用库及联合检修库，此部分下盖柱网相对规则，上盖结构柱网相对容易和下盖柱网对齐布置。而且，库区部分一般车速较低、有建筑二次隔墙将其围成封闭环境，振动及噪声得到一定控制，故在库区上方开发住宅类建筑居多。相比之下，库区中的运用库区域因首层结构层高及柱网跨度小、不存在噪声较大的设备，是上盖开发最有利的区域。考虑到建筑防火、日照以及与下盖柱网结合等问题，以户型组拼而成的板楼居多；考虑到限高要求且下盖已有14m～16m的房屋高度，上盖开发塔楼以小高层住宅居多。上盖开发塔楼根据不同建筑功能包括框架结构、框架＋支撑结构、框剪结构、剪力墙结构等多种结构形式。咽喉区因其柱网不规则、线路曲线段很多且大多四面开敞，振动及噪声控制相对不力，很难进行标准化的住宅开发，实际中仅开发3层～5层低矮的公共商业建筑为主，结构形式主要为框架结构，或者不进行上盖开发。

8.1.3 车辆基地上盖开发项目的各方分界界面

如上文所述，库区、咽喉区、出入段线位于首层，是地铁正常运营所需用房；二层根据上盖开发要求大多设置汽车库层（个别为配套商业或设备夹层）；三层及以上为上盖开发塔楼，整体上形成楼座范围内"大库层—汽车库层—塔楼首层加高层—塔楼标准层"、楼座范围外"大库层—汽车库层—屋面覆土"的竖向布局。从产权单位角度看，首层归地铁运营公司；而二层汽车库属于为上盖开发预留，其产权单位归未来上盖开发单位所有，下盖与上盖的分界面在大库顶部（首层顶）。对于建筑和风水电等专业而言也是如此，此分界部位的设计需考虑一些特殊问题，如上盖的人流、车流不允许下到下盖地铁车辆基地场区内；雨污水排放要做到"上水上排、下水下排"，上下盖分别收集排放"自家"范围的雨污水形成独立的排水系统，不能侵入"别人家"的范围；上下盖水电供给管线应分开设置，并应分别计量等。

8 上盖地铁车辆基地结构设计

如果单从结构设计的角度出发，上述分界不甚合理，上下盖的分界位置也不尽相同。当上盖开发多栋塔楼时，首层地铁库区＋二层汽车库整体作为上盖开发塔楼的"底盘"和裙房，整体形成大底盘多塔结构。当采用层间隔震结构时，隔震层一般设在二层汽车库顶，隔震层天然将上盖开发塔楼及下盖底盘分为上下两部分。显然对结构设计而言，在二层汽车库顶进行上下盖分界更为科学。

此外，对于土建施工，上述两种分界均有可能。当下盖土建施工单位施工至二层顶（汽车库顶）并为上盖开发塔楼预留二次施工条件时，分界界面位于二层汽车库顶，下盖土建施工单位为上盖业主代建二层汽车库；当下盖土建施工单位仅施工首层车辆基地时，分界界面位于首层顶。本书推荐土建施工至二层汽车库顶，其原因是：

1. 此种方式只需在塔楼楼座范围内预留柱插筋，对库顶满铺的二层汽车库而言，其插筋数量远小于在首层顶预留的柱插筋数量；

2. 上盖开发施工可利用汽车库顶平台做施工场地，二层汽车库顶留设规划覆土，该覆土不但可使汽车轮压有效扩散，而且防止重车轮压直接碾压结构梁板，有利于结构梁板的保护；

3. 施工重车沿上盖消防车道走行有利于结构承载，避免因上盖开发施工而需额外提高结构梁板承载能力；

4. 下盖施工至二层汽车库顶，下盖裙房主体结构、防水层及其保护层、屋面覆土全部施工完成，工序相对完整，如仅施工车辆基地首层结构，则库区首层顶需增设临时防水层及防水保护层、临时屋面排水找坡，并考虑二期上盖开发车辆走行及施工堆载等荷载预留问题；

5. 下盖施工至二层汽车库顶，上盖开发施工时通过二层汽车库与下盖分隔，施工车辆通过连桥坡道直接上至汽车库顶施工作业平台，从而有效减小上盖开发施工对下盖地铁正常运营的影响。

图 8.2 给出典型车辆基地上盖开发项目业主、建筑及风水电专业上下盖分界，以及结构专业、土建施工上下盖分界示意。

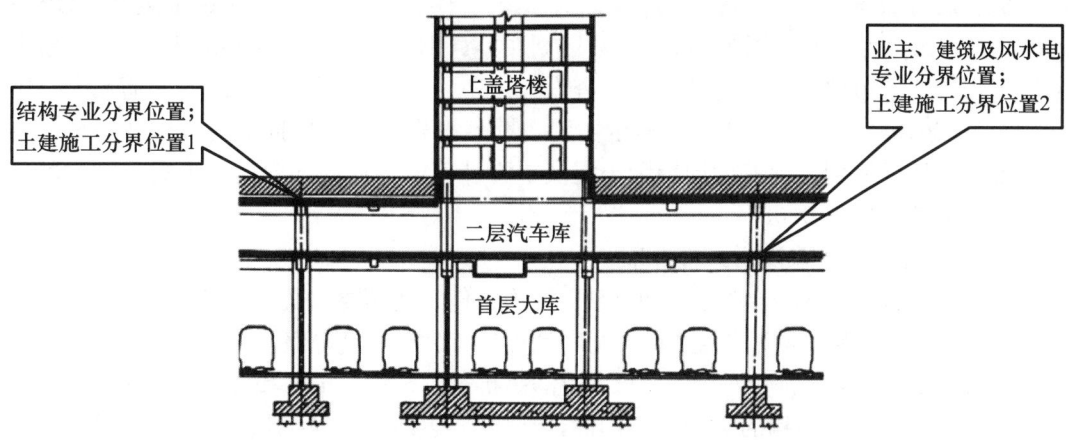

图 8.2 车辆基地上盖开发项目各方上下盖分界示意图

8.2 结构设计标准与设计步骤

8.2.1 上盖地铁车辆基地结构设计标准

如上文 8.1 所述，典型的车辆基地上盖开发项目建筑竖向布置为"大库层—汽车库层—塔楼首层加高层—塔楼标准层"的固定模式，因此下文以该竖向布置固定模式为例，给出相对固定的结构设计标准。

1. 基本设计标准

表 8.1 给出车辆基地上盖开发项目的基本设计标准。

表 8.1 车辆基地上盖开发项目的基本设计标准

设计内容	设计标准
设计使用年限	50 年
设计基准期	50 年
水平地震影响系数最大值	小震 0.04/0.08/0.12/0.16/0.24 大震 0.28/0.50/0.72/0.90/1.20
耐火等级	一级
结构重要性系数	1.0
抗震设防分类标准	丙类（一般设防类）
竖向地震影响系数最大值	水平地震影响系数的 65%
防水等级	一级

注：表中水平地震影响系数最大值分别用于 6 度（0.05g）、7 度（0.1g）、7 度（0.15g）、8 度（0.2g）、8 度（0.3g）地区。

抗震设防烈度按现行《建筑抗震设计规范（附条文说明）（2016 年版）》(GB/T 50011—2010) 及现行《中国地震动参数区划图》(GB 18306—2015) 取用，设计地震分组按工程所在城市地区查现行《建筑抗震设计规范（附条文说明）（2016 年版）》(GB/T 50011—2010) 附录 A 采用，场地土类别按勘察报告采用。根据地震分组及场地土类别确定场地特征周期，此特征周期为小震及中震计算的特征周期取值，大震计算的特征周期在此基础上增加 0.05s。

2. 结构材料的选取及耐久性标准

工程材料的选用应综合考虑结构类型、受力条件、使用要求及所处环境、经济性、可靠性和耐久性等多种因素。混凝土的原材料和配比、最低强度等级、最大水灰比和每立方混凝土的水泥用量等应符合耐久性要求，且满足抗裂、抗渗、抗冻和抗侵蚀的需要。

对车辆基地下盖结构的竖向墙柱构件，在塔楼楼座范围，因其作为上盖开发塔楼的底层结构构件或转换关键构件，建议采用高强混凝土，C50~C60 属常规强度等级，必要时 C65~C70 也可考虑采用。上盖开发塔楼底部加强部位的混凝土强度等级也不宜减小，一般同下盖结构。其上塔楼标准层可根据具体情况逐渐降低混凝土强度等级。梁板构件相对竖向构件可适当减小混凝土强度等级，但由于下盖大底盘一般属超长混凝土结构，通常需配置一定数量的预应力钢筋以抵抗温度应力作用，按预应力混凝土结构构造要求，其混凝土强度等级不宜低于C40，实际采用C40～C45混凝土为宜。梁板结构过分提高混凝土强度等级是不可取的，不但对以受弯为主的梁板结构承载能力提高有限，反而会因高强度等级混凝土水化热过大造成结构开裂风险增大。对上盖开发塔楼梁板结构采用C30～C35等较低强度等级混凝土即可。此外对基础构件，采用C30～C35等较低强度等级混凝土可满足要求。

车辆基地上盖开发项目大量使用组合结构构件，对钢管混凝土构件，规范规定采用自密实混凝土，对型钢混凝土构件及其梁柱节点核心区，因钢筋及钢结构板件众多，结构复杂，建议也使用自密实混凝土以提高混凝土的浇筑质量。此外，车辆基地下盖大底盘梁板属超长混凝土结构，通常采用微膨胀混凝土（亦称补偿收缩混凝土）以达到防裂目的。具体做法是采取调整混凝土配合比、适当加入掺料（如粉煤灰等）及适当加入膨胀剂等措施。设计文件应明确提出此方面的要求。

车辆基地上盖开发项目一般为地上建筑，无地下室，所以混凝土抗渗要求不高。但因车辆基地大多结合工艺需求设置与主体结构相连的地面层，其上铺设轨道道床相关结构及各种检修设备，故当工程所处地区地下水位或抗浮水位较高时，地面层及相连的承台结构需采取一定的抗渗措施。此外对下沉或半下沉式车辆基地，也需考虑混凝土抗渗问题。根据地下埋置深度一般P6等级抗渗混凝土可满足要求。

车辆基地主体结构构件的环境类别及裂缝控制标准应根据现行《混凝土结构设计规范（2015年版）》（GB 50010—2010）的要求确定。表8.2以北京地区为例说明车辆基地上盖开发项目各部位结构构件的环境类别及裂缝控制标准。因各地区气候环境不同，设计人员应根据工程所在地的气候环境条件，确定构件环境类别及裂缝控制标准。

表8.2 车辆基地上盖开发项目主要构件环境类别及裂缝控制标准

构件位置	桩基	承台、拉梁、首层墙柱	首层顶梁板	除卫生间、盥洗室、厨房等以外的2层墙柱	卫生间、盥洗室、厨房等潮湿环境的2层墙柱及屋面梁板	女儿墙等突出屋面结构
环境类别	三a类～二b类	三a类～二b类	一类	一类	二a类	二b类
裂缝控制标准（mm）	0.2（0.3）	0.2	0.3	0.3	0.2	0.2
混凝土保护层厚度（mm）	50	墙25，柱35	板15，梁20	墙15，柱20	墙、板20，梁、柱25	墙、板25，梁、柱35

注：1. 桩基、承台、拉梁、首层框架柱的环境类别需根据地下水土的腐蚀性及地下水位变动情况具体判定。
2. "桩基"括号中的数值参考现行《建筑桩基技术规范》（JGJ 94—2008）规定，位于稳定水位以下的桩基可采用0.3mm裂缝宽度限值。
3. 2层顶屋面梁板结构，虽铺设防水层及防水保护层，但因车辆基地2层顶存在1.0m～2.0m厚度覆土，梁板结构长期与水土接触，偏于保守，本书推荐按二a类取用。
4. 当车辆基地上盖开发项目梁板结构采用无黏结预应力钢筋抵抗温度应力时，首层顶楼面梁板结构及2层顶屋面梁板结构裂缝宽度限值可分别取0.2mm及0.1mm。
5. 承台底部混凝土保护层厚度采用50mm。
6. 表中所列各类构件混凝土保护层厚度仅按现行《混凝土结构设计规范（2015年版）》（GB 50010—2010）取用，未按现行《混凝土结构耐久性设计标准》（GB/T 50476—2019）的规定采用，设计人员可根据具体工程情况酌情调整。

此外，应充分考察勘察报告中地下水土的腐蚀特性，根据其对主体结构混凝土及钢筋腐蚀的严重程度适当提高混凝土的耐久性要求，如适当提高混凝土的强度等级、增加保护层厚度或使用特殊功能外加剂等。

车辆基地钢筋材料的选用以 HPB300 级、HRB400 级钢筋为主，必要时也可采用 HRB500 级钢筋。纵向受力钢筋的抗拉强度实测值与屈服强度实测值的比值不应小于 1.25；钢筋的屈服强度实测值与屈服强度标准值的比值不应大于 1.3，且钢筋在最大拉力下的总伸长率实测值不应小于 9%。此外，对超长混凝土梁板结构，通常使用无黏结预应力钢筋抵抗温度应力，一般采用抗拉强度为 1860MPa 的预应力钢绞线，公称直径 15.2mm（7ϕ5mm）为常见规格，17.8mm（7ϕ6mm）也可考虑采用。此外，对个别荷载较大或大跨度楼面或屋面梁，可考虑采用有黏结预应力钢筋提高其变形和抗裂能力，一般仍采用抗拉强度 1860MPa 预应力钢绞线可满足计算要求。

车辆基地上盖开发项目大量使用组合结构构件，其型钢通常采用 Q235 或 Q355 牌号钢材，推荐使用 Q355 系列高强钢材或高建钢品种（某些地区仍为 Q345 或 Q345GJC）；吊车梁建议采用 Q355 或以上牌号钢材。钢材的抗拉强度值与屈服强度值的比值不应小于 1.2；钢材应有明显的屈服台阶，且伸长率应大于 20%；钢材应有良好的可焊性和合格的冲击韧性。首层库区直接承受吊车动力荷载的吊车钢梁应有良好的抗疲劳冲击韧性，如钢构件长期处于强侵蚀介质或 150℃ 以上的高温环境，需采取专门防护措施。这里需要特别注意的是，组合结构构件型钢板材厚度有时较厚，对厚度超过 40mm 的钢结构板材，应明确含硫量及防止板材层状撕裂不低于 Z15 级断面收缩率的相关要求。

吊钩、吊环均采用 HPB300 级钢筋，不得采用冷加工钢筋。普通螺栓及高强螺栓的选用、锚栓的选用、钢结构栓钉的选用、建筑二次隔墙材料的选用等均需符合相应的国家或地方标准，此处不再赘述。需要特别注意的是直接承受动力荷载的吊车梁钢结构构件，应采用摩擦型高强螺栓连接。

还需指出的是，现行《混凝土结构设计规范（2015 年版）》（GB 50010—2010）与现行《混凝土结构耐久性设计标准》（GB/T 50476—2019）均规定了混凝土的耐久性要求。总体来看，现行《混凝土结构耐久性设计标准》（GB/T 50476—2019）较现行《混凝土结构设计规范（2015 年版）》（GB 50010—2010）要求更高，体现在现行《混凝土结构耐久性设计标准》（GB/T 50476—2019）环境等级的划分更为细致，混凝土的最低强度等级、混凝土的水胶比、最小或最大胶凝材料用量、混凝土保护层厚度等规定更为严格。现行《混凝土结构设计规范（2015 年版）》（GB 50010—2010）是强制性规范，是设计人员必须执行的规范，同时也是最低标准；而现行《混凝土结构耐久性设计标准》（GB/T 50476—2019）仅为推荐标准，设计人员可根据具体情况酌情考虑是否采纳。国家一级注册结构工程师李宗凯认为车辆基地上盖开发项目设计使用年限通常为 50 年，并不属于特别重要的建筑或标志性建筑，且因地上结构后期维护相对容易，故仅参考现行《混凝土结构设计规范（2015 年版）》（GB 50010—2010）的要求设计未尝不可。对地面层及桩基承台等与水土接触的地下结构构件、处于特殊环境下的工程项目、业主或建筑功能有特殊要求时，设计人员可根据实际情况，酌情参照现行《混凝土结构耐久性设计标准》（GB/T 50476—2019）适当提高混凝土耐久性要求。

车辆基地上盖开发项目横向结构跨度有时较大。对跨度大于12m的楼面梁或屋面梁，设计应根据计算明确提出构件起拱数值，以指导施工。

3. 抗震等级的选取

下文各表为6～8度地区不同结构形式车辆基地上盖开发项目抗震等级。车辆基地下盖结构转换梁、转换柱并非高位转换，但各表仍按提高一级采用。部分抗震等级规范并未完全明确，实际工程可做适当调整。所有混凝土结构抗震等级均按上盖开发混凝土塔楼为A级房屋高度（框架剪力墙不超60m，剪力墙不超80m）取用，上盖开发钢结构塔楼按不超过50m取用；层间隔震结构车辆基地上盖开发塔楼抗震等级按水平向减震系数降低1度情况取用。如实际工程不符合上述情况，结构设计应在各表基础上做相应调整。各表所述抗震等级均为对应规范"抗震措施的抗震等级"，对应规范"抗震构造措施的抗震等级"需根据实际工程房屋高度、场地类别、设计基本地震加速度等再做相应提高或降低调整。如实际工程上下盖由不同结构形式混合组成（如上盖开发塔楼采用混凝土框架＋支撑结构，下盖采用混凝土框剪结构等），则可分别按以下各表不同结构形式上下盖对应的抗震等级取用。此外，对于下盖结构，以下各表所列抗震等级均为"塔楼相关范围"内构件的抗震等级，"塔楼相关范围"外构件的抗震等级按多层建筑不同的结构形式查规范相应表格即可，此处不再赘述。

（1）8度情况

表8.3～表8.7给出8度设防下，各类结构形式车辆基地结构构件抗震等级取用情况。

表8.3 框架结构车辆基地抗震等级参考表

抗震结构	抗震部位	抗震等级
钢筋（型钢）混凝土框架下盖结构（首层、二层）	转换梁、转换柱	特一级（提高一级）
	塔楼周边框架柱	特一级（提高一级）
	其他框架柱、框架梁	一级
钢筋（型钢）混凝土框架塔楼	塔楼周边竖向柱（底部两层）	特一级（提高一级）
	其他框架梁、柱	一级

表8.4 框支剪力墙结构车辆基地抗震等级参考表

抗震结构	抗震部位	抗震等级
钢筋（型钢）混凝土框支剪力墙下盖结构（首层、二层）	转换梁、转换柱（框支框架）	特一级（提高一级）
	塔楼周边剪力墙	特一级（提高一级）
	其他剪力墙	一级
	其他框架柱、框架梁	二级
钢筋（钢板）混凝土剪力墙/钢筋（型钢）混凝土框架剪力墙塔楼	塔楼周边剪力墙（底部两层）	一级/特一级（提高一级）
	其他剪力墙（底部两层）	二级/一级
	非加强区剪力墙	二级/一级
	塔楼周边框架柱（底部两层仅框架剪力墙结构）	一级（提高一级）
	其他框架梁柱（仅框架剪力墙结构）	二级

表 8.5 框架+支撑（普通支撑/防屈曲支撑）结构车辆基地抗震等级参考表

抗震结构	抗震部位	抗震等级
钢筋（型钢）混凝土框架＋支撑下盖结构（首层、二层）	转换梁、转换柱	特一级（提高一级）
	塔楼周边竖向柱	特一级（提高一级）
	塔楼范围防屈曲支撑子结构框架柱、框架梁	特一级（提高一级）
	其他框架柱、框架梁	一级
钢筋（型钢）混凝土框架＋支撑塔楼	防屈曲支撑子结构框架柱、框架梁（底部两层）	特一级（提高一级）
	塔楼周边框架柱（底部两层）	特一级（提高一级）
	其他框架柱、框架梁	一级

表 8.6 钢结构（上盖开发塔楼）车辆基地抗震等级参考表

抗震结构	抗震部位	抗震等级
钢筋（型钢）混凝土框架剪力墙下盖结构（首层、二层）	转换梁、转换柱	特一级（提高一级）
	剪力墙	一级
	其他框架柱、框架梁	二级
钢结构塔楼	塔楼周边柱、支撑（底部两层）	二级（提高一级）
	其他梁、柱、支撑	三级

表 8.7 层间隔震结构车辆基地抗震等级参考表

抗震结构	抗震部位	抗震等级
钢筋（型钢）混凝土框架＋剪力墙下盖结构（首层、二层）	直接支撑隔震支墩的梁、柱、墙、斜撑	特一级（提高一级）
	其他剪力墙	一级
	其他框架梁、柱	二级
隔震转换层	隔震层顶转换梁	特一级（提高一级）
	隔震支墩	特一级（提高一级）
钢筋混凝土剪力墙塔楼	剪力墙	二级（或三级）

注：钢筋混凝土剪力墙塔楼剪力墙抗震等级应根据水平向减震系数的计算结果考虑是否降低，不降低时为二级，降低时最低为三级。

（2）7度情况

表 8.8～表 8.12 给出 7 度设防下，各类结构形式车辆基地结构构件抗震等级取用情况。

表 8.8 框架结构车辆基地抗震等级参考表

抗震结构	抗震部位	抗震等级
钢筋（型钢）混凝土框架下盖结构（首层、二层）	转换梁、转换柱	一级（提高一级）
	塔楼周边框架柱	一级（提高一级）
	其他框架柱、框架梁	二级

续表

抗震结构	抗震部位	抗震等级
钢筋（型钢）混凝土框架塔楼	塔楼周边竖向柱（底部两层）	一级（提高一级）
	其他框架梁、柱	二级

表 8.9　框支剪力墙结构车辆基地抗震等级参考表

抗震结构	抗震部位	抗震等级
钢筋（型钢）混凝土框支剪力墙下盖结构（首层、二层）	转换梁、转换柱（框支框架）	一级（提高一级）
	塔楼周边剪力墙	一级（提高一级）
	其他剪力墙	二级
	其他框架柱、框架梁	三级
钢筋（钢板）混凝土剪力墙/钢筋（型钢）混凝土框架剪力墙塔楼	塔楼周边剪力墙（底部两层）	二级/一级（提高一级）
	其他剪力墙（底部两层）	三级/二级
	非加强区剪力墙	三级/二级
	塔楼周边框架柱（底部两层仅框架剪力墙结构）	二级（提高一级）
	其他框架梁柱（仅框架剪力墙结构）	三级

表 8.10　框架+支撑（普通支撑/防屈曲支撑）结构车辆基地抗震等级参考表

抗震结构	抗震部位	抗震等级
钢筋（型钢）混凝土框架+支撑下盖结构（首层、二层）	转换梁、转换柱	一级（提高一级）
	塔楼周边竖向柱	一级（提高一级）
	塔楼范围防屈曲支撑子结构框架柱、框架梁	一级（提高一级）
	其他框架柱、框架梁	二级
钢筋（型钢）混凝土框架+支撑塔楼	防屈曲支撑子结构框架柱框架梁（底部两层）	一级（提高一级）
	塔楼周边框架柱（底部两层）	一级（提高一级）
	其他框架柱、框架梁	二级

表 8.11　钢结构车辆基地抗震等级参考表

抗震结构	抗震部位	抗震等级
钢筋（型钢）混凝土框架剪力墙下盖结构（首层、二层）	转换梁、转换柱	一级（提高一级）
	剪力墙	二级
	其他框架柱、框架梁	三级
钢结构塔楼	塔楼周边柱、支撑（底部两层）	三级（提高一级）
	其他梁、柱、支撑	四级

表 8.12　层间隔震结构车辆基地抗震等级参考表

抗震结构	抗震部位	抗震等级
钢筋（型钢）混凝土框架＋剪力墙下盖结构（首层、二层）	直接支撑隔震支墩的梁、柱、墙、斜撑	一级（提高一级）
	其他剪力墙	二级
	其他框架梁、柱	三级
隔震转换层	隔震层顶转换梁	一级（提高一级）
	隔震支墩	一级（提高一级）
钢筋混凝土剪力墙塔楼	剪力墙	三级（或四级）

注：钢筋混凝土剪力墙塔楼剪力墙抗震等级应根据水平向减震系数的计算结果考虑是否降低，不降低时为三级，降低时最低为四级。

（3）6 度情况

表 8.13～表 8.17 给出 6 度设防下，各类结构形式车辆基地结构构件抗震等级取用情况。

表 8.13　框架结构车辆基地抗震等级参考表

抗震结构	抗震部位	抗震等级
钢筋（型钢）混凝＋框架下盖结构（首层、二层）	转换梁，转换柱	二级（提高一级）
	塔楼周边框架柱	二级（提高一级）
	其他框架柱、框架梁	三级
钢筋（型钢）混凝土框架塔楼	塔楼周边竖向柱（底部两层）	二级（提高一级）
	其他框架梁、柱	三级

表 8.14　框支剪力墙结构车辆基地抗震等级参考表

抗震结构	抗震部位	抗震等级
钢筋（型钢）混凝土框支剪力墙下盖结构（首层、二层）	转换梁、转换柱（框支框架）	二级（提高一级）
	塔楼周边剪力墙	二级（提高一级）
	其他剪力墙	三级
	其他框架柱、框架梁	四级
钢筋（钢板）混凝土剪力墙/钢筋（型钢）混凝土框架剪力墙塔楼	塔楼周边剪力墙（底部两层）	三级/二级（提高一级）
	其他剪力墙（底部两层）	四级/三级
	非加强区剪力墙	四级/三级
	塔楼周边框架柱（底部两层，仅框架剪力墙结构）	三级（提高一级）
	其他框架梁柱（仅框架剪力墙结构）	四级

表 8.15　框架＋支撑（普通支撑/防屈曲支撑）结构车辆基地抗震等级参考表

抗震结构	抗震部位	抗震等级
钢筋（型钢）混凝土框架＋支撑下盖结构（首层、二层）	转换梁、转换柱	二级（提高一级）
	塔楼周边竖向柱	二级（提高一级）
	塔楼范围防屈曲支撑子结构框架柱、框架梁	二级（提高一级）
	其他框架柱、框架梁	三级

续表

抗震结构	抗震部位	抗震等级
钢筋（型钢）混凝土框架＋支撑塔楼	防屈曲支撑子结构框架柱、框架梁（底部两层）	二级（提高一级）
	塔楼周边框架柱（底部两层）	二级（提高一级）
	其他框架柱、框架梁	三级

表 8.16 钢结构车辆基地抗震等级参考表

抗震结构	抗震部位	抗震等级
钢筋（型钢）混凝土框架剪力墙下盖结构（首层、二层）	转换梁、转换柱	二级（提高一级）
	剪力墙	三级
	其他框架柱、框架梁	四级
钢结构塔楼	塔楼周边柱、支撑（底部两层）	三级（提高一级）
	其他梁、柱、支撑	四级

表 8.17 层间隔震结构车辆基地抗震等级参考表

抗震结构	抗震部位	抗震等级
钢筋（型钢）混凝土框架＋剪力墙下盖结构（首层、二层）	直接支撑隔震支墩的梁、柱、墙、斜撑	二级（提高一级）
	其他剪力墙	三级
	其他框架梁、柱	四级
隔震转换层	隔震层顶转换梁	二级（提高一级）
	隔震支墩	二级（提高一级）
钢筋混凝土剪力墙塔楼	剪力墙	四级

4. 整体结构及各类构件性能目标的设定

现行《高层建筑混凝土结构技术规程》(JGJ 3)将结构抗震性能目标划分为A、B、C、D四个等级，如表 8.18 所示。

表 8.18 现行《高层建筑混凝土结构技术规程》(JGJ 3)结构抗震性能目标及性能水准

地震作用水准	性能目标			
	A	B	C	D
	性能水准			
多遇地震（小震）	1	1	1	1
设防地震（中震）	1	2	3	4
预估的罕遇地震（大震）	2	3	4	5

相应各类构件满足的性能水准如表 8.19 所示。

表8.19 现行《高层建筑混凝土结构技术规程》(JGJ 3) 构件性能水准

结构抗震性能水准	宏观损坏程度	损坏部位			继续使用的可能性
		关键构件	普通竖向构件	耗能构件	
1	完好、无损坏	无损坏	无损坏	无损坏	不须修理即可继续使用
2	基本完好、轻微损坏	无损坏	无损坏	轻微损坏	稍加修理即可继续使用
3	轻度损坏	轻微损坏	轻微损坏	轻度损坏、部分中度损坏	一般修理即可继续使用
4	中度损坏	轻度损坏	部分构件中度损坏	中度损坏、部分严重损坏	修理或加固后即可继续使用
5	比较严重损坏	中度损坏	部分构件中度损坏	比较严重损坏	需排险大修

注："关键构件"是指该构件的失效可能引起结构的连续破坏或危及生命安全的严重破坏；"普通竖向构件"是指"关键构件"之外的竖向构件；"耗能构件"包括框架梁、剪力墙连梁及耗能支撑等。

根据表8.19"注"所述，对各类结构形式车辆基地关键构件应包括两方面内容。

1. 对带转换的框架结构、框支剪力墙结构，关键构件为转换梁及转换柱构件；普通竖向构件为剪力墙及除转换柱以外的其他框架柱构件；耗能构件为除转换梁以外的其他框架梁及连梁构件。

2. 对框架+支撑（普通支撑/防屈曲支撑）结构，关键构件为转换梁及转换柱构件、框架+防屈曲支撑结构中的"子结构"构件；普通竖向构件为除转换柱以外的其他框架柱构件；耗能构件为防屈曲支撑构件、除转换梁以外的楼层框架梁构件。

为达到上述整体结构性能目标及各类构件的性能水准，具体到各结构形式的车辆基地，小震、中震及大震下，整体结构所需达到的层间位移角限值要求及下盖结构各构件所需达到的性能指标要求如表8.20~表8.23所示。

表8.20 框架结构车辆基地整体及构件指标要求

地震烈度水准		小震	中震	大震
性能水准定性描述		不损坏	可修复的损害	无倒塌
层间位移角限值(rad)		1/550	—	1/50
构件性能	转换梁、转换柱	弹性	弹性	正截面不屈服斜截面弹性
	普通竖向构件（柱）	弹性	正截面不屈服，斜截面弹性	斜截面不屈服
	框架梁	弹性	—	—

表8.21 框支剪力墙结构车辆基地所需达到的整体及构件指标要求

地震烈度水准	小震	中震	大震
性能水准定性描述	不损坏	可修复的损害	无倒塌
层间位移角限值（rad）	下盖：1/800；转换层：1/1000；上盖：1/1000（1/800）	—	下盖：1/100；转换层：1/120；上盖：1/120（1/100）

续表

地震烈度水准		小震	中震	大震
构件性能	转换梁、转换柱、框支墙	弹性	弹性	正截面不屈服，斜截面弹性
	普通墙构件	弹性	正截面屈服，斜截面弹性	—
	普通柱构件	弹性	斜截面满足受剪截面条件*	—
	框架梁	弹性	—	—
	剪力墙连梁	弹性或小部分损坏	—	—

注："层间位移角限值"一栏中，括号中的数值用于上盖结构形式为框架剪力墙时。

表 8.22　框支+支撑（普通支撑/防屈曲支撑）结构车辆基地所需达到的整体及构件指标要求

地震烈度水准		小震	中震	大震
性能水准定性描述		不损坏	可修复的损害	无倒塌
层间位移角限值（rad）		1/800～1/550	—	1/100～1/50
构件性能	转换梁、转换柱	弹性	弹性	正截面不屈服，斜截面弹性
	子结构梁柱	弹性	正截面不屈服，斜截面弹性	斜截面不屈服
	普通墙构件	弹性	正截面不屈服，斜截面弹性	—
	普通柱构件	弹性	斜截面满足受剪截面条件*	—
	框架梁	弹性	—	—
	普通支撑	弹性	—	—
	防屈曲支撑	弹性	可进入塑性耗能	进入塑性耗能

注："层间位移角限值"一栏中，当框架所占结构底部总倾覆力矩达到50%时取1/550；当框架所占结构底部总倾覆力矩不超过10%时取1/800；当框架所占结构底部总倾覆力矩为10%～50%时，应根据框架所占结构底部总倾覆力矩的百分比内插确定。对于框架+普通支撑，不应出现框架所占结构底部总倾覆力矩达到50%的情形。

表 8.23　层间隔震结构车辆基地所需达到的整体及构件指标要求

地震烈度水准		小震	中震	大震
性能水准定性描述		不损坏	可修复的损害	无倒塌
层间位移角限值（rad）		首层：1/800；转换层及上盖：1/1000	—	下盖：1/200；隔震支座极限位移；上盖：1/120
构件性能	直接支承隔震柱墩的梁	弹性	弹性	弹性
	直接支承隔震柱墩的柱、斜撑、墙	弹性	弹性	正截面不屈服，斜截面弹性
	普通墙构件	弹性	正截面不屈服，斜截面弹性	—
	普通柱构件	弹性	斜截面满足受剪截面条件*	—
	框架梁	弹性	—	—
	隔震层顶转换梁	弹性	弹性	不屈服
	隔震支墩	弹性	弹性	不屈服

通过以上分析不难看出，车辆基地上盖开发项目大体上需满足性能水准C的要求：即小震作用下达到性能水准"1"；中震作用下结构达到性能水准"3"；大震作用下结构

达到性能水准"4"。

从以往工程经验及抗震超限评审专家的建议来看，高烈度地区下盖为框架剪力墙结构或采用层间隔震结构时，下盖作为二道防线的普通柱构件有时会略微降低性能指标，由中震正截面不屈服斜截面弹性降低为中震斜截面满足受剪截面条件（表8.21～表8.23中*所列）的规定。降低后的整体结构性能水准实际介于C级和D级之间，但总体仍偏向于C级。

5. 结构控制指标汇总

（1）规范规定结构控制指标

表8.24汇总一般情况下，层间隔震结构形式以外的车辆基地上盖开发项目主要结构设计控制指标，供广大设计人员参考选用。

表8.24 车辆基地上盖开发项目主要结构设计控制指标汇总（层间隔震车辆基地除外）

序号	项目		控制指标
1	周期比		不应大于0.9
2	扭转位移比		不宜大于1.2；不应大于1.5
3	楼层刚度比	框架结构（不考虑层高影响）	本层与相邻上层的侧向刚度比不宜小于0.7；与上三层刚度平均值的比不宜小于0.8
		其他结构（考虑层高影响）	本层与相邻上层的侧向刚度比不宜小于0.9；当本层层高大于相邻上层层高的1.5倍时，不宜小于1.1；对结构底部嵌固层，不宜小于1.5
		转换层上下	转换层上下结构层剪切刚度比宜接近1；转换层与其上层的刚度比不应小于0.5
4	楼层受剪承载力比		不宜小于上层的80%；不应小于上层的65%
5	楼层最大层间位移角（rad）	混凝土框架结构	小震1/550；大震1/50
		框架+支撑结构	小震1/800～1/550；大震1/100～1/50
		框架剪力墙结构	小震1/800；大震1/100
		剪力墙结构	小震1/1000；大震1/120
		钢结构	小震1/250；大震1/50
		框支层	小震1/1000；大震1/120
6	刚重比	不考虑重力二阶效应条件	框架结构 $D_i \geq 20 \sum_{j=i}^{n} G_j/h_i$；其他结构 $EJ_d \geq 2.7H^2 \sum_{i=1}^{n} G_i$
		限值要求	框架结构 $D_i \geq 10 \sum_{j=i}^{n} G_j/h_i$；其他结构 $EJ_d \geq 1.4H^2 \sum_{i=1}^{n} G_i$
7	剪重比		6度0.008；7度0.016（0.024）；8度0.032（0.048）；9度0.064

注：1. 序号5楼层最大层间位移角，框支层在大震下的弹塑性层间位移角指标规范未作规定，为本书推荐指标；"框架+支撑结构"一栏中，当框架所占结构底部总倾覆力矩达到50%时取1/550（大震1/50），当框架所占结构底部总倾覆力矩不超过10%时取1/800（大震1/100），当框架所占结构底部总倾覆力矩介于10%～50%时，应根据框架所占结构底部总倾覆力矩的百分比内插确定。对于框架+普通支撑，不应出现框架所占结构底部总倾覆力矩达到50%的情形。

2. 序号7剪重比，括号中的数值分别为7度（0.15g）及8度（0.3g）情形。

3. D_i——第i楼层的弹性等效侧向刚度，可取该层剪力与层间位移的比值；h_i——第i层高度；G_j——第j层的重力荷载代表值；n——结构总层数；H——房屋高度；EJ_d——结构一个主轴方向的弹性等效荷载侧向刚度，可按倒三角形分布荷载作用下结构顶点位移相等的原则，将结构的侧向刚度折算为竖向悬臂受弯构件的等效侧向刚度；G_i——第i层重力荷载设计值，可取1.2倍的永久荷载标准值与1.4倍的楼面可变荷载标准值的组合值。

表 8.25 汇总了层间隔震车辆基地，隔震层、隔震层上部结构及隔震层下部结构除需满足表 8.24 的各项结构设计控制指标外，尚需满足层间隔震结构特有的各项控制指标。

表 8.25　层间隔震车辆基地上盖开发项目主要结构设计控制指标汇总表

序号	项目		控制指标
1	隔震支座	隔震支座拉压应力	重力荷载代表值下，压应力不大于 15MPa； 大震作用下，考虑三向地震作用产生的支座压应力不大于 30MPa； 大震作用下，考虑三向地震作用产生的支座拉应力不大于 1MPa
		隔震支座水平位移	不应超过支座有效直径的 0.55 倍和支座内部橡胶总厚度 3.0 倍二者的较小值
		弹性恢复力	见式（8.1）
		偏心率控制	应尽量使隔震层的刚度中心与隔震层上部结构的总质量中心重合偏心率不宜大于 3%
2	隔震层上部结构	水平地震作用	水平地震作用由水平向减震系数确定；隔震层以上结构的总水平地震作用不得低于非隔震结构在 6 度设防时的总水平地震作用；各楼层的水平地震剪力尚应符合抗震规范对本地区设防烈度的最小地震剪力系数的规定
		竖向地震作用	9 度时及 8 度且水平减震系数不大于 0.3 时，隔震层以上的结构应进行竖向地震作用计算；竖向地震作用标准值，8 度（0.2g）、8 度（0.3g）和 9 度时分别不应小于隔震层以上结构总重力荷载代表值的 20%、30% 和 40%
		抗震措施	当水平向减震系数大于 0.40 时（设置阻尼器时为 0.38）不应降低非隔震时的有关要求；水平向减震系数不大于 0.40 时（设置阻尼器时为 0.38），可按降低 1 度采用抗震构造措施，与竖向地震作用有关的抗震构造措施不应降低
		结构倾覆	抗倾覆安全系数 ≥ 1.2
		最大层间位移角（rad）	小震 1/1000；大震 1/120（剪力墙结构） 小震 1/800；大震 1/100（框架剪力墙结构） 小震 1/250；大震 1/50（钢结构）
3	隔震层下部结构	刚度比	隔震层以下的结构（包括地下室和隔震塔楼下的底盘）中直接支撑隔震层以上结构的相关构件，应满足嵌固的刚度比和隔震后设防地震（中震）的抗震承载力要求，并按罕遇地震（大震）进行抗剪承载力验算
		楼层最大层间位移角（rad）	小震 1/800；大震 1/200（框架剪力墙结构） 小震 1/550；大震 1/100（框架结构）
4	抗风工况	水平力限值	风荷载下的总水平力，不宜超过结构总重力的 10%
		抗风装置	见式（8.2）
5		竖向隔离缝	缝宽不宜小于各隔震支座在大震下最大水平位移的 1.2 倍且不小于 200mm；对两相邻隔震结构，其缝宽取最大水平位移之和，且不小于 400mm
6		水平隔离缝	缝高取 20mm，并用柔性材料填充；当设置水平隔离缝确有困难时应设置可靠的水平滑移垫层

$$K_{100} \cdot t_r \geqslant 1.40 V_{Rw} \tag{8.1}$$

式中，K_{100} 为隔震橡胶支座在水平剪切应变 100% 时的水平等效刚度；t_r 为隔震橡胶支座橡胶层总厚度；V_{Rw} 为隔震层抗风承载力设计值。

$$\gamma_w V_{wk} \leqslant V_{Rw} \tag{8.2}$$

式中，γ_w 为风荷载分项系数；V_{wk} 为风荷载作用下隔震层的水平剪力标准值。其余符号意义同前。

隔震层结构布置基本原则为：①隔震层刚度中心宜与隔震层上部结构的质量中心重合；②隔震支座的平面布置宜与隔震层上部结构和隔震层下部结构竖向受力构件的平面位置相对应；③隔震支座底面宜布置在同一高度上；④同一结构选用多种规格的隔震支座时，应注意充分发挥每个隔震支座的竖向承载能力和水平变形能力；⑤同一支承处选用多个隔震支座时，隔震支座之间的净距应满足安装和更换时所需的空间尺寸要求；⑥铅芯橡胶支座宜布置在结构角部及周边的墙柱下，以提高结构整体抗扭性能；中间区域布置刚度较小的无铅芯橡胶支座，在满足刚度要求的前提下尽量采用剪切模量较小的橡胶支座类型；⑦对层间隔震车辆基地，宜在隔震层的两个水平方向均匀布置黏滞流体阻尼器。阻尼器的速度指数应小于 1.0。

（2）规范要求外的其他控制指标

车辆基地工程结构复杂，除满足现行《建筑抗震设计规范（附条文说明）（2016 年版）》（GB 50011—2010）和现行《高层建筑混凝土结构技术规程》（JGJ 3—2010）的基本规定外，为使结构整体抗震性能更加合理，本书推荐实际工程进一步考察下述各控制指标：

① 整体结构沿两个主轴方向的抗侧刚度相差不大，结构前两阶平动周期之比 $T_{2\text{平}}$（第二平动周期）/$T_{1\text{平}}$（第一平动周期）$\geqslant 0.8$。

② 框架剪力墙结构中剪力墙的数量及刚度占比相对合理，剪力墙承担的地震倾覆力矩百分比介于 50%~90%；框架+支撑结构中支撑承担的地震倾覆力矩百分比可适当降低。

③ 下盖结构尽量在上盖"塔楼相关范围"布置剪力墙或支撑，有助于提高分塔结构的整体抗侧刚度。

④ 车辆基地上盖开发项目属复杂高层结构，在考虑偶然偏心的规定水平力作用下，结构的层间位移比尽量不大于 1.4。

⑤ 对塔楼范围及周边 1~2 跨范围内的下盖结构竖向构件，适当提高其性能指标并进行性能化设计。

⑥ 车辆基地大底盘多塔结构关键部位应采取必要的加强措施：下盖大底盘二层顶塔楼相关范围梁板、塔楼底部两层周边竖向构件及对应的大底盘竖向构件应做加强处理；下盖大底盘首层顶"塔楼相关范围"梁板、上盖开发塔楼首层及二层顶梁板也应做适当加强处理。

8.2.2　上盖地铁车辆基地结构设计步骤

1. 框架结构、框支剪力墙结构基本设计思路与步骤

框架结构、框支剪力墙结构基本设计思路及步骤如下所述。基本流程如图 8.3 所示。

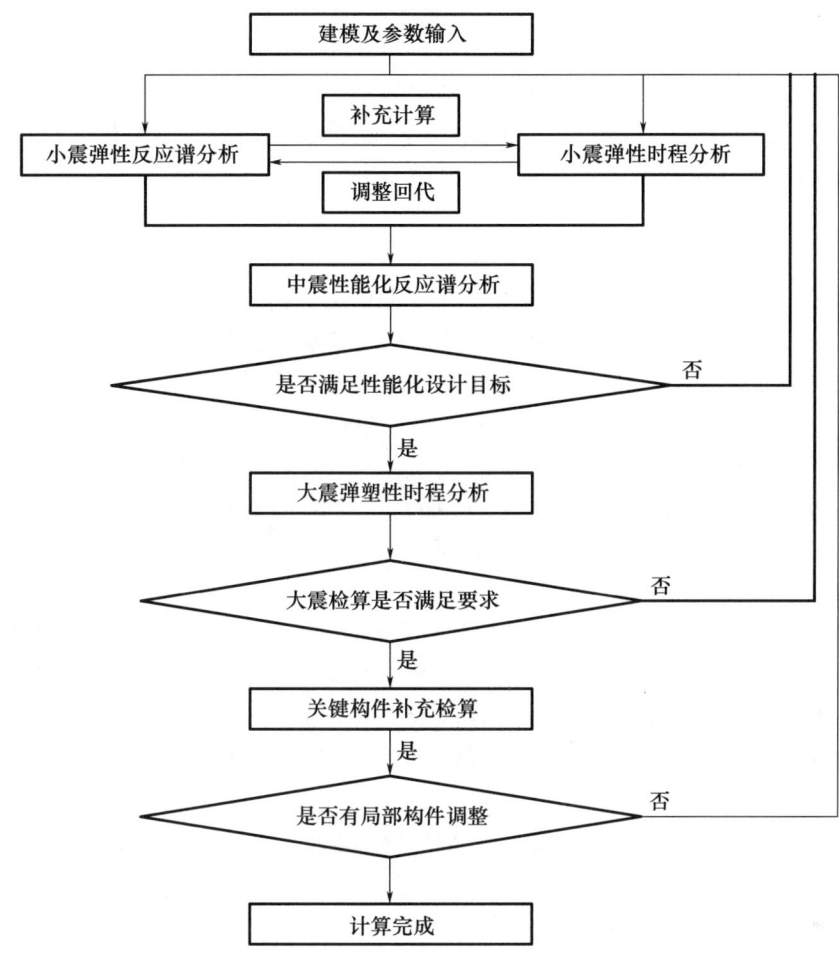

图 8.3　框架结构、框支剪力墙结构车辆基地设计基本流程图

（1）按整体模型和各塔楼分塔模型分别进行小震反应谱分析。当塔楼周边的裙楼超过两跨时，分塔模型至少附带两跨裙楼结构。通过调整模型，使得小震计算主要控制参数满足规范相应要求。原则上应有至少两个相互独立的有限元计算软件进行小震对比计算。

（2）补充小震时程分析，可选取 7 条小震地震波（5 条天然波，2 条人工波）进行检算。先判断所选地震波的适用性，再对适用的一组 7 条地震波检算整体模型及各分塔模型的小震整体指标。小震下的计算结果应取各小震地震波时程分析法计算结果的平均值与反应谱法计算结果的包络结果。

（3）在小震计算完成的基础上，进行中震性能化设计。首先针对不同类型的构件确定合理的性能化指标，再进行相应的抗震性能化设计使其满足各自的性能化指标要求。如步骤"（1）"、步骤"（2）"小震计算的构件截面尺寸、配筋等不满足中震性能化设计的计算要求，则需根据中震性能化设计的要求做相应调整，并按调整后的信息重新回到步骤"（1）"、步骤"（2）"再次核算，直到满足要求为止。

（4）在小震反应谱及时程、中震性能化设计全部通过的基础上，导入大震模型进行大震动力弹塑性分析。大震分析应考虑材料非线性，必要时考虑几何非线性。其基本步骤如下：①根据弹性分析模型，输入配筋信息并进一步细分网格后导入大震程序；②考虑结构施工过程，进行重力加载初始分析，形成初始内力及变形状态；③计算结构基本信息及基本自振特性，并与小震模型进行对比校核，保证大震弹塑性分析模型与小震模型一致；④输入大震记录，进行结构大震作用下的弹塑性动力时程分析。经过大震弹塑性计算，对结构不甚合理部位重新布置及修改，并重新回到步骤"（1）"～步骤"（3）"再次检算，直到满足要求为止。

（5）通过以上所有步骤后，应对结构当中的关键构件进行补充检算，包括转换层楼板应力分析；转换梁、转换柱人工复核；框支墙应力分析等。

2. 框架＋支撑（普通支撑/防屈曲支撑）结构基本设计思路与步骤

对框架＋支撑（普通支撑/防屈曲支撑）结构，其设计思路与步骤和框架结构、框支剪力墙结构基本相似，重复部分不再赘述。在此基础上，还需补充以下步骤"（1）"～步骤"（3）"内容，基本流程如图8.4所示。

（1）在小震建模计算时，应对加入支撑的必要性比选分析，当明确纯框架结构不能满足要求时（如房屋高度超高、柱截面尺寸过大、塔楼层间位移角过大等），再行考虑加入支撑。

（2）在确定采用框架＋支撑结构形式后，应对普通支撑及防屈曲支撑二者再次比选。采用框架＋普通支撑相对常规，当采用纯框架结构仅因侧移较大而需增大结构整体刚度时，可考虑采用框架＋普通支撑结构形式。当采用纯框架结构框架柱承载能力不能满足要求时，如采用框架＋普通支撑结构形式，则按照现行《建筑抗震设计规范（附条文说明）（2016年版）》（GB 50011—2010）附录G的要求，框架部分应采用"框架＋支撑"模型和"纯框架"模型二者的包络设计结果，因此无法通过在框架结构中加入普通支撑减小框架柱截面尺寸或配筋。此外，中、大震作用下，普通支撑易受压屈曲退出工作，当上盖开发塔楼在中、大震下要求较高时，普通支撑不能胜任。此时可考虑采用框架＋防屈曲支撑结构形式。

（3）采用框架＋防屈曲支撑结构形式的车辆基地，还应补充消能减震专项设计。具体操作步骤为：

① 按照实心等效截面尺寸与防屈曲支撑芯材杆件有效截面尺寸相等的原则，初拟等效防屈曲支撑芯材截面尺寸，建立小震计算模型并按照上文"1. 框架结构、框支剪力墙结构基本设计思路与步骤"的步骤"（1）"～步骤"（3）"内容进行小震弹性及中震性能化分析。等效截面尺寸确定原则为，不考虑支撑失稳（防屈曲支撑不存在失稳问题）且使整体结构计算指标（如层间侧移角）满足要求的前提下，尽量减小等效截面尺寸，从而有助于防屈曲支撑在大震下屈服并滞回耗能。防屈曲支撑应尽量布置在杆件内力较大及层间侧移较大的中部及下部楼层。

② 步骤"（1）"～步骤"（3）"计算完成后，将等效截面尺寸及计算所得内力提供给防屈曲支撑厂家选取适宜的防屈曲支撑产品，并根据所选的防屈曲支撑产品实际参数修正原计算等效截面尺寸，并再次回到步骤"（1）"～步骤"（3）"复核检算，反复迭代直到满足要求为止。

③ 当上述计算全部通过后，将所有信息输入大震模型进行大震动力弹塑性计算，考察大震下结构整体及构件性能（包括一般构件、关键构件、耗能构件）是否满足要求。如不满足，则需回到初始步骤调整结构模型及参数重新计算，直到通过为止。

8 上盖地铁车辆基地结构设计

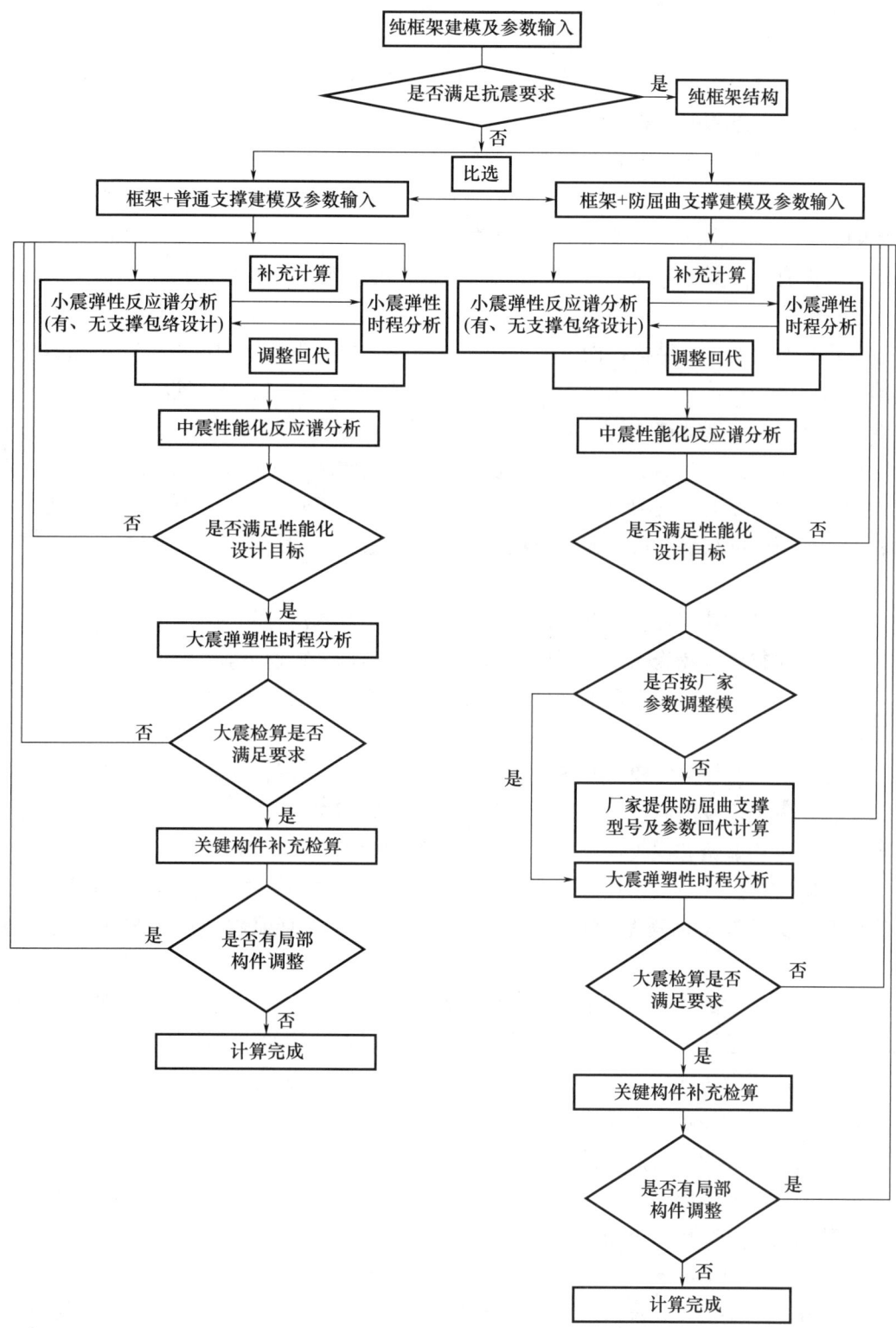

图 8.4 框架+支撑（普通支撑/防屈曲支撑）结构设计基本流程图

3. 层间隔震结构基本设计思路与步骤

隔震层的位置通常选择设置于刚度突变部位（即下盖大底盘与上盖开发塔楼之间），通过隔震支座延长隔震层上部结构的自振周期，从而降低隔震层上部结构的地震作用，提高隔震层上部结构的抗震性能。

层间隔震结构存在一定的合理性。首先，对于 8 度区车辆基地上盖开发多层或小高层项目，需设置一定数量的剪力墙才能有效保证塔楼整体结构的抗侧刚度。受下盖车辆限界的影响，库区横向剪力墙几乎全部不能落至地面，不能满足规范关于"部分框支剪力墙结构需有一定数量落地剪力墙"的要求。采用层间隔震结构以后解决了横向剪力墙不能落地的问题。其次，层间隔震结构的隔震层充当转换层，上盖开发塔楼墙柱实现灵活布置，基本不受下盖结构柱网条件的影响。再次，层间隔震结构可有效减小隔震层上部结构的地震作用，从而减小隔震层上部结构的梁柱截面尺寸。根据设计经验，8 度区基本可实现减小 1 度地震作用（7 度）处理。最后，隔震支座除减小水平地震作用外，一定程度上还可减小车辆引起的竖向振动，竖向减振效果虽然远不及弹簧隔振支座，但相比未设隔振支座的工程项目，其对上盖开发塔楼的减振降噪起到一定的积极作用。尤其对住宅类塔楼的车辆基地上盖开发项目，改善住宅塔楼的舒适性是特别重要和关键的课题。

层间隔震结构基本设计思路及步骤如下所述，基本流程如图 8.5 所示。

（1）建立整体非隔震结构分析模型与整体隔震结构分析模型，确定隔震结构减震系数，如图 8.6 所示。对于高烈度地区，尽量满足降低 1 度的要求，并验算各项整体结构控制指标。

（2）分别对整体隔震模型及各分塔隔震模型进行时程分析。隔震模型应包括隔震层上部结构、隔震层及隔震层下部结构。隔震支座如采用铅芯橡胶支座，本构关系为非线性模型；如采用非铅芯橡胶支座，本构关系为线弹性模型。

（3）隔震层上部结构单独建立分析模型，按减震后的地震作用进行结构设计。应当注意的是，上盖开发塔楼基底剪重比不应小于未隔震时原地震烈度下最小剪重比的规定。

（4）隔震层下部结构大震下的层间位移角应满足规范要求。隔震层以下的结构（包括地下室和隔震塔楼下的底盘）中直接支撑隔震层以上结构的相关构件，应满足嵌固的刚度比和隔震后设防地震（中震）的抗震承载力要求，并按大震进行抗剪承载力验算。

（5）隔震层构件及相关隔震层下部结构关键构件按性能化要求进行复核。隔震层顶梁、支承隔震支座的隔震支墩按大震抗弯抗剪不屈服复核；直接支撑隔震层构件的隔震层下部结构框架柱按中震弹性、大震抗弯不屈服抗剪弹性复核，直接支承隔震支座的隔震层下部结构转换梁按大震弹性复核。上述关键构件应全部满足大震截面控制条件。此外，还应检算大震下隔震支座的极限位移及极限拉压应力。

（6）在前述小震计算及性能化设计全部通过的基础上，将所有信息导入大震模型进行大震动力弹塑性分析。大震分析应考虑材料非线性，必要时考虑几何非线性。其基本步骤如下：

8 上盖地铁车辆基地结构设计

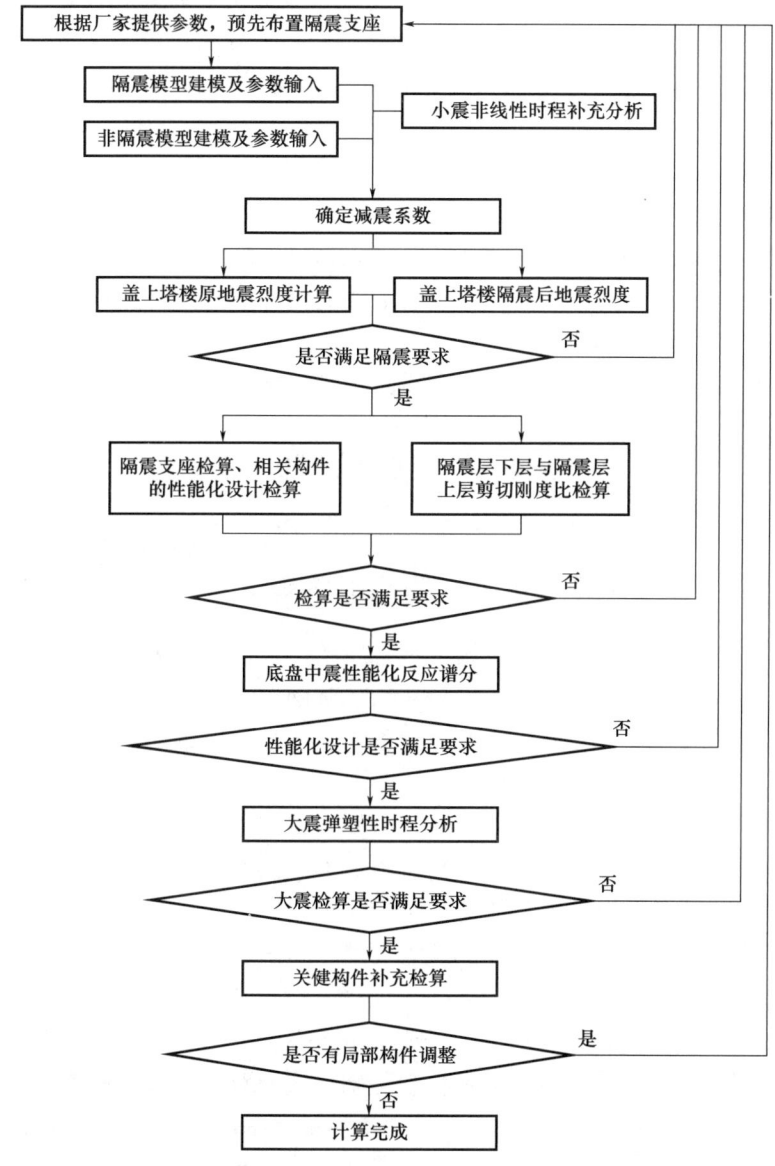

图 8.5 层间隔震车辆基地结构设计基本流程图

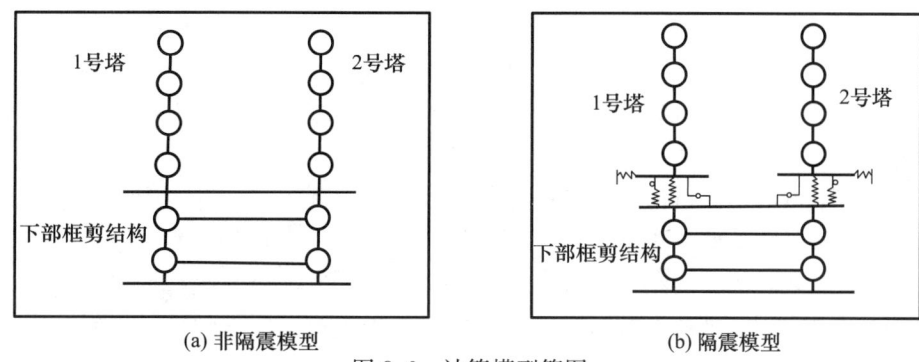

图 8.6 计算模型简图

① 根据弹性分析模型，输入配筋信息并进一步细分网格后导入大震程序；
② 考虑结构施工过程，进行重力加载初始分析，形成初始内力及变形状态；
③ 计算结构基本信息及基本自振特性，并与小震模型进行对比校核，保证大震弹塑性分析模型与小震模型一致；
④ 输入大震记录，进行结构大震作用下的弹塑性动力时程分析。

经过大震弹塑性计算，对结构不甚合理部位重新布置及修改，并重新回到步骤"（1）"～步骤"（5）"再次检算，直到满足要求为止。

（7）通过上述全部计算后，应对结构当中关键构件进行补充检算，包括：
① 隔震层顶楼板应力分析；
② 隔震层下部结构塔楼相关范围二层顶楼板应力分析等。

8.3 基础设计

8.3.1 车辆基地上盖开发项目的基础形式

众所周知，建筑基础形式主要根据工程地质条件、地上建筑结构形式、跨度、荷载分布及大小、有无地下室、相邻建（构）筑物的基础形式及埋深等因素综合确定。

首先，车辆基地上盖开发项目一般无地下室，故与地下室结合设置的箱形基础不能适用。

其次，通常情况根据柱底反力计算结果可知，采用柱下独立基础、墙下条形基础或十字基础等浅基础形式，天然地基较难满足承载能力的要求，尤其对上盖开发塔楼范围的首层墙柱浅基础，天然地基承载能力差距较大。

最后，联合检修库首层库区股道部位需要设置检修坑，如采用梁式筏基，则横向基础梁可能与检修坑冲突；如采用板式筏基或仅沿向设置基础梁，则基础底板会由于结构横向跨度较大而较厚，且板式筏基房心回填土也较多。

综上，实际工程较多采用独立桩基承台基础形式（对首层采用框架剪力墙结构的车辆段，剪力墙/内藏钢板混凝土剪力墙下采用条形承台基础），不但可以解决浅基础地基承载能力不足问题，而且独立承台可以有效避让检修坑、检修设备基础等构筑物。

车辆基地首层库区一般铺设整体建筑地面与主体结构相连，当地下水位或抗浮水位较高时，结构设计人员可考虑利用这一条件将此整体地面设计为结构抗水底板。

在独立桩基承台间设置拉梁可提高基础的整体刚度，从而对预防基础的不均匀沉降起到有利作用。在高烈度抗震地区，设置拉梁也是提高基础抗震能力的主要构造措施之一。对车辆基地上盖开发项目，结构纵向跨度不大且通常有条件设置基础拉梁；而对结构横向，股道下方的检修坑可能与基础拉梁位置冲突，此时结构专业应与工艺、建筑等专业配合，在不影响检修坑设置的前提下，尽可能布置横向基础拉梁。

此外，为有效减小首层结构层高，车辆基地上盖开发项目一般在首层柱脚处设置柱墩。当柱墩满足嵌固刚度的要求时，首层柱的计算长度可从墩顶起算。柱墩节点做法详见 8.4.4 小节的内容。

8.3.2 桩基承台结构设计

对车辆基地上盖开发项目独立桩基承台基础，承台埋置深度需综合考虑许多因素。

1. 原则上承台宜浅埋。埋深增大势必造成首层结构层高加高，不利于地上结构的整体计算。即便可以通过设置柱墩的方式减小首层结构层高，但如果承台埋深过大，柱墩的线刚度也较难满足首层柱底嵌固的要求。
2. 按照现行《高层建筑混凝土结构技术规程》（JGJ 3—2010）的规定，承台埋置深度不宜小于房屋总高度的1/18，以保证整体结构抗倾覆稳定性要求。
3. 应结合地勘报告确定合理的承台埋置深度，主要是确保承台底置于原状土层上，避免承台下存在松散且承载力低的杂填土、腐殖土或耕植土、新近回填土等。
4. 车辆基地上开发项目大量使用包括型钢混凝土及钢管混凝土在内的组合结构构件，承台埋置深度需满足组合结构构件型钢插入深度的构造要求。
5. 承台底应位于地基土冻土层以下。

上述5个因素中，"2~5"项要求承台有必要的埋置深度，虽然"2"项不满足时可以增加结构整体抗倾覆检算；"3"项不满足时可采用地基处理的方式解决，但"4、5"两项也应得到满足；而"1"项明确了承台的浅埋原则。兼顾各项因素可知，承台基础的埋置深度既不宜过大也不宜过小。

根据以往工程经验，车辆基地上盖开发项目独立桩基承台基础，承台埋置深度以3.5m~4.0m为宜。承台基础上设置柱墩以减小首层结构层高，柱墩顶面通常可延伸至首层建筑地面以下1.0m左右，可确保其不与其他设备基础或检修坑等构件冲突。

独立桩基承台基础，桩基的直径、桩距、数量及长度需要根据首层柱底计算反力及地质条件综合确定。通常是根据工程勘察报告及当地工程经验，预先选定桩径、桩端持力层、桩基类型及成桩工艺，然后根据勘察报告土层参数计算所需桩数并布桩。当桩数过多或过少时，调整预先选定的各项参数重新设计，直到结果满意为止。

中国地大物博幅员辽阔，各地区地质条件差异显著。总体来讲，北方地区地下水位较低，土质较硬，承载力较高，如华北地区以沉积的粉黏土或砂卵石地层为主；南方地区地下水位较高，以淤泥及淤泥质土、饱和软黏土为主。故北方地区桩基类型主要采用以桩周摩擦为主、桩端承载为辅的端承摩擦桩；南方地区则主要采用以桩端承载为主的摩擦端承桩或嵌岩桩。

当遇到液化地基土时，桩身应穿透液化土层；在计算桩基竖向承载力时，应根据勘察报告提供的土层液化折减系数对液化土层的桩周摩阻力进行折减。当遇到新近回填土地层时，不但应扣除该土层范围的全部摩阻力，且应计及该土层产生的负摩阻对桩基的不利影响，桩身也应穿透新近回填土层。此外，车辆基地工程所选桩径一般较大（0.8m、1.0m、1.2m直径均属正常），设计中应注意按现行《建筑桩基技术规范》（JGJ 94—2008）考虑大直径桩基的尺寸效应。

这里还需指出的是，在条件许可的情况下，尽量采用后压浆技术的桩基础。根据以往工程经验，在不过多增加造价和工程难度的情况下，后压浆对提高桩基竖向承载力十分有效，竖向承载能力提高1.5~2倍均属正常。尤其对北方以粉黏土及砂土为主且土质较硬地区，无论抗压还是抗拔，后压浆技术对提高桩基竖向承载力十分有效，是很好的桩基施工工艺。对地下水位较高且以饱和软黏土、淤泥质土为主的南方地区，慎用后压浆技术。

8.3.3 变刚度调平设计

对于车辆基地上盖开发大底盘多塔项目，主楼与裙房之间一般不设结构缝。整体计算塔楼楼座范围与其他非塔楼楼座范围柱底反力差距较大。此时需要结构设计人员通过基变刚度调平设计，确保不同部位基础变形及受力的合理性。

所谓变刚度调平，对于独立桩基承台基础就是综合考虑地上建筑的结构形式及刚度、荷载大小和分布、地质条件等因素，通过分区域采用不同的基础形式，调整桩径、桩长、桩距等桩基设计参数，优化不同区域桩基支承刚度及承载能力的设计方法。其目的是使上盖开发塔楼楼座范围基础变形与裙房范围基础变形基本保持一致，从而防止建筑不均匀沉降，并减小结构内力。

对车辆基地上盖开发项目，塔楼楼座范围内采用桩基，塔楼楼座范围以外的部分，基形式应充分考虑各种因素综合比选确定。如果地基土承载能力较强且压缩性较小、裙房柱底反力不大且均匀，则完全可以采用天然地基，如柱下独立基础或墙下条形基础；反之，如果地质条件不良，裙房也可与塔楼楼座范围一样采用桩基，但其桩长应根据地质条件及柱底反力情况适当减短，或减小桩基数量增大桩距，以达到"变刚度调平"的目的。

需注意，车辆基地上盖开发项目对传统的在上盖开发塔楼周边的下盖结构设置沉降后浇带来解决不均匀变形的做法是没有意义的。沉降后浇带可以调整塔楼与裙房不均匀沉降的前提是，后浇带需待其两侧主体结构全部建成（加载完成）并沉降稳定后再行封闭。但对车辆基地上盖开发项目，上盖开发塔楼近期并不施工（无法加载完成），为保证下盖车辆基地正常使用，后浇带需先于塔楼建成封闭。因此设计中不能通过传统的在上盖开发塔楼周边的下盖结构设置沉降后浇带的做法调整基础不均匀变形，此时变刚度调平设计显得更加重要。

8.3.4 试桩

1. 试桩的分类及必要性

根据现行《建筑基桩检测技术规范》（JGJ 106—2014）的规定，对于设计等级为甲级、乙级的桩基工程，地质条件复杂、施工质量可靠性低的桩基工程，采用新桩型或新工艺的桩基工程，宜通过现场试桩确定土层参数并进一步确定单桩竖向抗压或抗拔承载能力。

在工程桩基设计与施工之前，设计方首先根据勘察资料提供数据预先选择桩径、桩长，并初步估算单桩竖向承载力标准值（特征值），随后三方检测单位根据设计初步计算结果在实际工程场地按照试桩要求及数量试桩，通过压桩试验确定桩基荷载-变形曲线（p-s曲线），进而反推土层参数，准确确定单桩竖向承载力，以及验证设计初步计算结果是否正确。车辆基地上盖开发项目桩基工程设计等级一般为乙级，复杂及重要性相对一般民用建筑高，大多采用试桩确定工程桩基竖向承载能力，并对勘察报告提供的土层参数给予一定的校核及修正。

试桩的数量应按照设计中的不同桩基类型（抗压与抗拔）、不同桩径及桩长等因素确定。每种桩型试桩数量应不少于3根，且应选择场地有代表性的位置分散测试。遇场地面积较大或地基土分层起伏不均等地质条件复杂情况，还应适当增加试桩数量。

试桩一般由建筑单位委托具有专业检测资质的第三方检测单位负责，试桩主有两种方式。方式一：破坏性压桩，即试桩中不设定加载上限，逐级增大荷载直至桩基破坏（变形不能稳定或者出现过大变形等情况）并绘制完整的p-s曲线图，第三方检测单位为设计方提供单桩竖向承载力依据。方式二：检验性压桩，即试桩中按设计初步计算的单桩竖向承载力标准值并放大一定倍数设定加载上限，实际仅加载至此上限值即停止并完成试验，第三方检测单位仅对设计单位所提供的单桩竖向承载能力是否可以达标给出结论意见。采取此种试桩方式时，单桩竖向承载力标准值实际还是通过勘察报告土层参数计算得出，只是通过现场试桩进行了检验和确认而已。

上述两种试桩方式虽然均可满足工程要求，但作为结构设计人员固然希望第三方检测单位按照上述方式一进行，理由是设计方希望通过试验为自身设计提供较为准确的单桩竖向承载力数据。事实上，第三方检测单位通常不愿意采用方式一，原因是方式一破坏性压桩试验难度大、成本高，所得数据离散性显著，检测报告结论不容易确定；即便能够按照方式一完成试验并给出明确结论，由于单桩竖向承载力标准值由第三方检测单位提出，且按照此数据进行基础设计安全储备相对低，故第三方检测单位实质上承担了很大的责任。基于上述客观因素，实际工程第三方检测大多是按方式二开展的。

实际工程中，业主有时不愿开展试桩工作，认为此项工作既浪费资金又耽误工期，完全是一种资源浪费。但设计人员要充分站在专业的角度给业主阐述试桩的必要性，如桩基工程对整体结构的安全性起到关键作用，而试桩是其质量达到要求的可靠保障；通过破坏性压桩试验可以得到真实的单桩竖向承载力数据，设计以此为依据可以优化桩基数量从而减少工程造价等。总之，结构设计人员要让业主充分意识到试桩是保证工程质量并节省造价的"有力武器"，博取充分信任后自然会征得业主的同意。还有些工程项目，为了节省工程造价，采取试桩兼作工程桩的方式。对方式一破坏性压桩，由于试验完成后桩基已经破坏，故不能作为工程桩使用；对方式二检验性压桩，需对试桩后的桩基重新进行桩身完整性检测，检测合格后，方可作为工程桩使用。

2. 试桩的主要操作步骤及试验内容

设计人员首先应根据勘察报告确定工程桩型、桩径、桩长及桩端持力层，根据勘察报告提供的土层参数初步估算单桩竖向承载力标准值，然后按照不小于单桩竖向承载力标准值2倍的原则提出试桩竖向最大加载值。明确试桩种类（不同桩径、不同桩长、抗压还是抗拔均为不同种类桩），并提供资料给第三方检测单位，可按每种试桩3根的原则确定试桩总根数。鉴于第三方检测单位不愿按方式一的破坏性压桩测试，设计方可以适当提高试桩竖向最大加载值要求，以尽可能地要求检测单位作出较为完整的p-s压桩曲线供设计参考，从而有助于设计人员对桩基实际的安全储备有更多了解。该数值也不宜过高，尤其当试桩兼做工程桩时，一旦桩基破坏则造成不必要的损失。按规定单桩竖向最大加载值不小于单桩竖向承载力标准值的2倍，根据以往工程经验，根据各地区地质条件可将此数值提高至2.5~3倍。

试桩通常情况包括以下三项内容：桩身完整性检测；单桩竖向抗压静载荷试验；单桩竖向抗拔静载荷试验。

桩身完整性检测，通常采用声波透射法。基本原理是在被测桩体内预埋若干竖向相互平行的声测管作为检测通道，将超声脉冲发射换能器与接收换能器置于注满清水的声测管中，测试时由发射换能器发射超声脉冲，此脉冲信号穿透待测的混凝土桩体，并经接收换能器被检测仪器所接收。由于超声脉冲信号在混凝土的传播过程中发生绕射、折射、多次反射和吸收衰减，使接收信号在传播时间、振动幅度、波形及主频等相对发射信号发生变化，因此接收信号携带了有关传播介质（即被测桩身混凝土）的各种信息（密实度、缺陷及完整度）。经专业检测仪器的分析软件，对所接收到的信号进行综合分析及各种研判，即可判别桩基混凝土的缺陷程度及位置，从而对桩身混凝土的完整性作出评价。

单桩竖向抗压静载荷试验是在被测桩顶设置配重平台，并在平台上堆载重物以施加压力进行单桩竖向抗压承载力测试的方法。试验采用相互并联的油压千斤顶逐级施加荷载，加载数值由量测载荷的压力传感器控制，并在桩头位置对称安装位移计测试桩基沉降量，取平均值。单桩竖向抗压静载荷试验装置如图 8.7 所示。

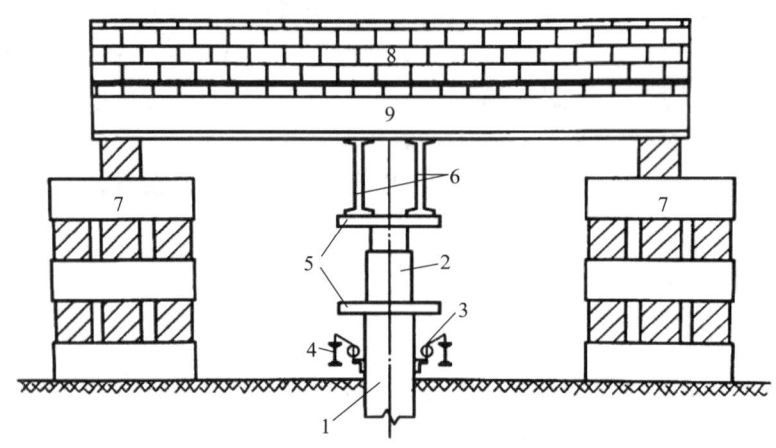

图 8.7 单桩竖向抗压静载荷试验装置图

注：1—试桩；2—千斤顶；3—位移计；4—基准桩；5—钢板；6—主梁；7—枕木；8—配重；9—次梁。

单桩竖向抗拔静载试验利用千斤顶横梁作为反力装置，用油泵及并联千斤顶组成抗拔桩竖向加载系统，由压力表控制加载数值，并用对称安装在桩头的位移计测定试桩的上拔位移量，取平均值。单桩竖向抗拔静载荷试验示意图如图 8.8 所示。

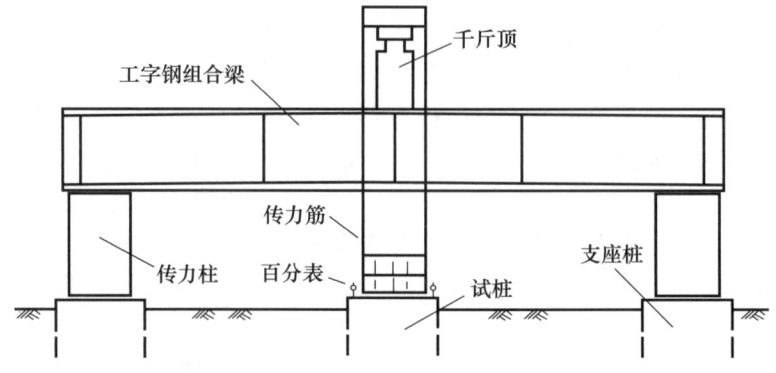

图 8.8 单桩竖向抗拔桩静载荷试验装置图

8.3.5 工程桩检测

工程桩基施工完成后,是否能够达到设计及质量要求,需要进行工程桩基检测,仍然是建设单位委托具备相应检测资质的第三方检测单位实施。

对于采用大直径冲、钻孔灌注桩基的车辆基地工程,桩身完整性检测可采用低应变法或声波透射法。虽然低应变法测试结果离散性较大,但由于低应变法避免了土建施工中声测管的埋设,实际工程仍较多采用。现行《建筑基桩检测技术规范》(JGJ 106—2014)规定,采用低应变法进行桩身完整性检测,每根柱下承台的灌注桩、抽检数不得少于1根。一类建筑桩基、地质条件复杂,成桩质量可靠性较低或有争议的桩基工程、抽检数不应少于总桩数的30%,且不得少于20根;其他桩基工程,抽检桩数不应少于总桩数的20%,且不得少于10根。车辆基地上盖开发项目场区总桩数较多(一般均有几千根桩),实际检测数量通常是总桩数的20%控制。

单桩竖向承载力检测采用抗压或抗拔静载荷试验。现行《建筑基桩检测技术规范》(JGJ 106—2014)规定,采用静载荷试验检测单桩竖向抗压承载力应采用慢速维持荷载法。检测数量不应少于总桩数的1%,且不少于3根;单桩竖向抗拔承载力检测应进行抗拔静载荷试验,试验桩数不应少于总桩数的1%,且不少于3根。对车辆基地上盖开发项目,上述抗压抗拔静载荷试验检测数量通常是总桩数的1%控制。

工程桩检测完成后,第三方检测单位应根据检测结果对桩基施工质量进行评定。成桩质量可根据实测桩身混凝土质量与实测桩身完整性分为Ⅰ、Ⅱ、Ⅲ、Ⅳ四类,分别对应优良、合格、严重缺陷与不合格四个等级。车辆基地上盖开发项目桩基工程要求检测结果中无Ⅲ、Ⅳ类桩且Ⅰ类桩占所检总桩数的百分比大于50%。当出现Ⅲ类桩时,应采用其他检测方法并扩大检测范围进一步判定质量是否合格。

8.3.6 结构抗浮设计

1. 压重抗浮

车辆基地上盖开发项目通常无地下室,地上结构压重远大于浮力,不存在整体结构抗浮问题。只有对"整体下沉"或"整体半下沉"车辆基地,抗浮水位较高时才可能存在整体结构抗浮问题。此外,对采用独立桩基承台+抗水板的车辆基地项目来说,由于库区内抗水板上房心回填土较少,当抗浮水位较高时,抗水板可能存在局部抗浮问题,结构设计人员需特别注意核查抗水板在水浮力作用下的变形。原因是车辆基地工程库区抗水板上方需要铺设轨道股线,如果抗水板在水浮力作用下变形过大,即便承载强度满足要求,也会造成道床及轨道线路过大隆起,不但影响地铁的正常运营,而且可能造成修复难度及代价较大的损坏。

2. CMC 静水压力释放技术

传统解决结构抗浮问题的主导思想就是"抗",属"被动抗浮"。主要是通过增加配重,如增加结构截面尺寸,增设底板襟边,增加面层厚度或采用密度大的压重材料覆盖等;借助土体的摩擦外力抗浮,如在基础底板下打设抗浮锚杆或抗拔桩,利用围护结构桩或连续墙与土体之间的摩擦作用等。简言之,传统的抗浮方式主要是通过提高结构自身的抗浮力来解决整体抗浮问题。

与传统"被动抗浮"思路不同，消浮的基本思想是主动减小基础底板下的水压力，使建筑物保持稳定，属"主动抗浮"。存在以下两种方式：降水或盲沟排水，此方法适用于地下水类型为潜水且水位不高、抽水量不大的情形；CMC静水压力释放技术，该方法不是设法降低地下水位，而是通过透水系统、导水系统、集水系统等将地下水收集起来并及时导走，以降低基底压力水头从而达到消浮目的。

图8.9为结构整体抗浮方法分类图示，表8.26为传统抗浮方式与CMC静水压力释放技术的优缺点比较。

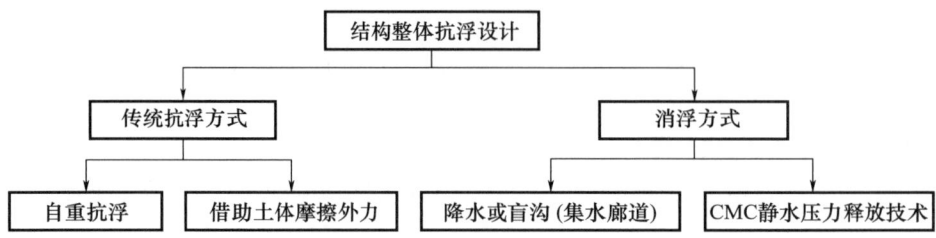

图8.9 结构整体抗浮方法分类

表8.26 传统抗浮方式与CMC静水压力释放技术的优缺点比较表

比较项目	传统抗浮方案	CMC静水压力释放技术
结构安全性	好	好
施工时间	相对较长	相对较短
工艺成熟度及施工难度	工艺成熟，难度较小	相对复杂，需专业施工队伍作业施工
适用条件	基本没有限制	对地层及土质的渗透性有一定要求
抵抗异常气候的能力及受环境影响情况	较低，抗浮效果受环境影响较大	较高，消浮效果基本不受环境影响
节能减废等社会效益	较差	较好
耐久性及长期使用性能	好	好
工程造价	相对较高	相对较低
维护费用	基本没有	存在设备检修及用电等日常维护费用
附加价值	无	渗流水可与中水回收系统结合再利用，作为绿化、灌溉及景观用水，特殊时期亦可作临时生活用水

8.3.7 中、大震下的桩基检算

现行规范仅规定了非抗震和小震下的桩基竖向承载力检算要求，而无中、大震下的桩基竖向承载力检算要求。车辆基地上盖开发项目通常需要进行性能化设计及大震分析，故某些项目超限评审专家提出桩基需进行中、大震下的抗震竖向承载力检算。原因是即使地上结构可以满足中、大震的承载和变形要求，但桩基工程不能满足，整体结构仍然不安全。之所以进行中、大震下桩基竖向承载力检算，主要目的是与地上结构抗震设防标准相适应。现阶段因尚无规范具体规定，中、大震下的桩基竖向承载力检算给结构设计人员带来不小的困扰。

结构设计检算构件承载能力时，一般采用分项系数法。而在进行桩身强度检算时，建议采用安全系数法，计算公式如式（8.3）所示。

$$A_p f_{ck}/N_{kmax2} \geqslant K_1 \tag{8.3}$$

式中，K_1 为安全系数；A_p 为桩基桩身截面面积；f_{ck} 为混凝土抗压强度标准值，中、大震下桩身强度检算允许适当计入钢筋的抗压贡献（中震下应采用钢筋屈服强度标准值 f_{yk}，大震下可采用钢筋极限强度标准值 f_{stk}）；N_{kmax2} 为中、大震工况荷载效应标准组合下桩顶最大竖向力。

单桩竖向承载能力的检算按式（8.4）和式（8.5）进行。

$$Q_{uk}/N_{k2} \geqslant K_2 \tag{8.4}$$

$$Q_{uk}/N_{kmax2} \geqslant K_3 \tag{8.5}$$

式中，K_2 为平均安全系数；K_3 为最小安全系数；N_{k2} 为中、大震工况荷载效应标准组合下群桩（或单桩）顶平均竖向力；N_{kmax2} 为中、大震工况荷载效应标准组合下桩顶最大竖向力；Q_{uk} 为单桩竖向极限承载力标准值。

中震下不允许桩基损坏，应全部满足式（8.3）～式（8.5）的要求。大震下允许部分桩受损，故应先用式（8.3）和式（8.5）判断哪些桩受损，然后用其余未受损桩基重新计算桩顶平均竖向力 N_{k2}，并判断是否满足式（8.4），检算通过则可认为满足要求。

李宗凯认为可以安全系数作为不同地震工况下结构安全度的控制指标，因此，不同地震工况下桩基承载力安全系数并不相同。非抗震工况安全系数不小于 2，小震时安全系数降低为 1.6。由于中、大震发生的概率依次比小震递减，所以安全系数下限也可依次适当降低。表 8.27 中给出中、大震工况下，桩基竖向承载力检算的安全系数取值建议。

表 8.27 中、大震工况桩基竖向承载力安全系数取值建议表

工况	桩身强度检算安全系数 K_1	单桩竖向承载能力检算安全系数 K_2	群桩竖向承载能力检算安全系数	
			平均安全系数 K_2	最小安全系数 K_3
中震	1.2～1.4	1.2～1.4	1.2～1.4	1.2
大震	1.0	1.0	1.0～1.1	1.0

由于中、大震工况下结构底部倾覆力矩较大，故不排除出现边桩受拉的情形。对此，李宗凯认为可用同样的方法控制桩基抗拔承载力安全度，安全系数仍可按表 8.27 采用。中、大震下按式（8.3）检算桩身强度时允许适当计入钢筋的抗拉贡献，中震下应采用钢筋屈服强度标准值 f_{yk}，大震下可采用钢筋极限强度标准值 f_{stk}。

8.4 节点设计

对大量使用包括型钢混凝土、钢管混凝土等组合结构构件的车辆基地上盖开发项目，节点设计的好坏将直接决定整体结构的安全性能。然而，现行《组合结构设计规

范》(JGJ 138—2016)、《型钢混凝土组合结构构造》(23G523—1)、《型钢混凝土结构施工钢筋排布规则与构造详图》(12SG904—1)和《钢管混凝土结构构造》(06SG524)中所示范例不能涵盖实际工程中遇到的所有复杂节点情形。下文针对车辆基地工程组合结构构件节点设计普遍遇到的一部分问题做一定的总结和论述。

8.4.1 基础节点

1. 框架柱与承台的连接

车辆基地工程一般无地下室，首层结构框架柱与桩基承台相连。当首层框架柱采用型钢混凝土或钢管混凝土组合结构构件时，设计可采用图8.10或图8.11做法。

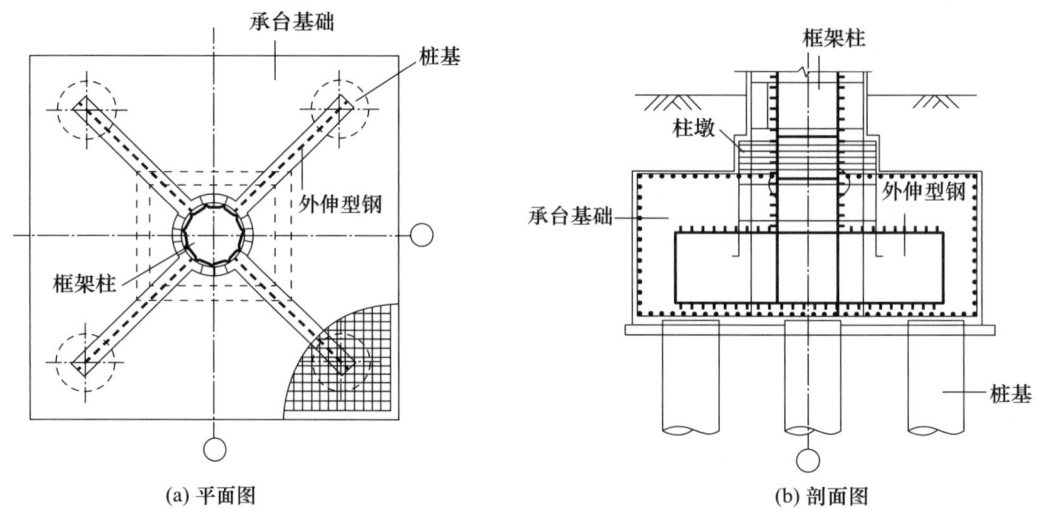

图 8.10 型钢混凝土与承台的连接

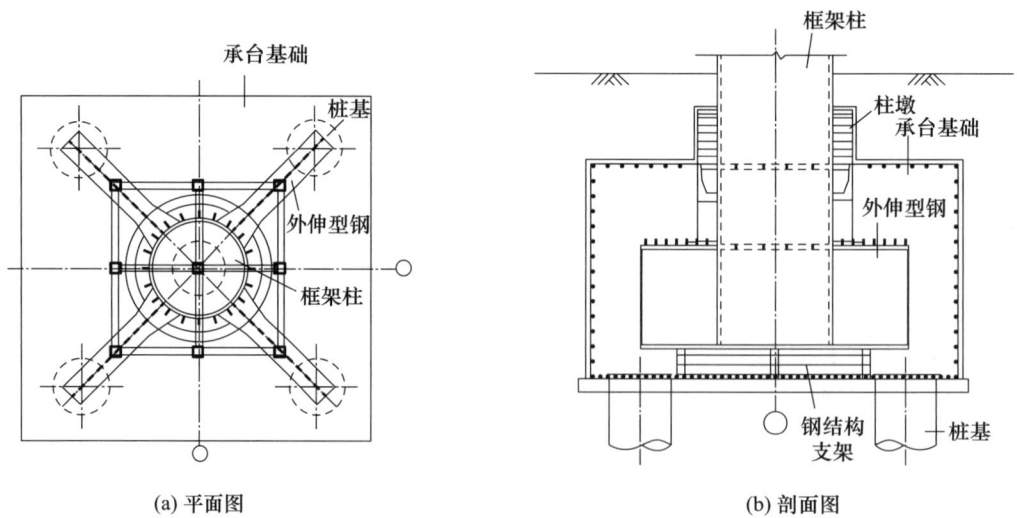

图 8.11 钢管混凝土与承台的连接

框架柱型钢钢骨（或钢管）插入承台后，在承台内部，柱型钢钢骨（或钢管）至周边各桩基中心连线之间配置外伸型钢。外伸型钢与柱型钢钢骨（或钢管）翼缘或缀板连接。采用此种连接方式的优点如下：

（1）有效减小承台插入深度及承台高度

按照现行《组合结构设计规范》(JGJ 138—2016) 的规定，型钢（或钢管）需插入承台不小于 2.0D（型钢）或 2.5D（钢管）（D 为型钢的长边尺寸或圆钢管外径），如首层柱底弯矩较大，还需根据柱底弯矩计算确定插入深度。当型钢截面尺寸较大时，插入深度也相应较大。采用图 8.10 或图 8.11 所示连接方法后，参照机械锚固的相关原理和规定，型钢（或钢管）的承台插入深度满足计算所需插入深度的 0.6 倍，即不小于 1.2D（型钢）或 1.5D（钢管）即可。因此可有效减小型钢（或钢管）的承台插入深度，从而减小承台高度。

（2）有效传递竖向压力至桩基

型钢混凝土柱（或钢管混凝土柱）竖向轴力较大，当为多桩承台基础时，采用图 8.10 及图 8.11 的连接方式可有效将框架柱的竖向压力通过外伸型钢传递至桩基，传力途径明确。

（3）框架柱底与承台连接部位设置柱墩

其目的是：设置柱墩后，首层结构层高可从柱墩顶面起算，有利于整体结构抗震计算；有利于首层柱型钢（或钢管）满足承台插入深度要求。型钢（或钢管）的承台插入深度可从柱墩顶面起算，相当于增大了承台高度。

此外，根据现行《型钢混凝土组合结构构造》(23G523—1)、《型钢混凝土结构施工钢筋排布规则与构造详图》(12SG904—1) 和《钢管混凝土结构构造》(06SG524) 的要求，为了吊装和就位过程中型钢构件的有效固定，埋入式柱脚均需设置安装螺栓。实际设计可在承台基础垫层之上铺设钢结构支架，如图 8.11 所示，该支架在承台混凝土未达到设计强度前对型钢（或钢管）起支撑固定作用。

对未采用独立桩基承台的其他基础类型（筏形基础、十字交叉梁基础等），也可仿照上述做法设置外伸型钢，目的是增加型钢构件施工安装中的稳定性。此时外伸型钢可采用较小的截面尺寸，满足基本构造即可，避免对框架柱及柱墩的钢筋布设造成不利影响。

2. 内藏钢板混凝土剪力墙与承台的连接

内藏钢板混凝土剪力墙在条形承台内的连接方式为，沿条形承台内设置 H 型钢，剪力墙钢板底部与 H 型钢等强焊接。剪力墙内排钢筋避让绕过 H 型钢并在承台内锚固。

8.4.2 框架梁柱连接节点

为降低施工难度，对型钢混凝土柱与普通钢筋混凝土梁的连接，施工方通常选择采用"钢牛腿＋钢筋焊接"的连接方式。即在梁柱节点核心区部位的柱型钢翼缘外焊接钢牛腿，钢筋混凝土梁的上下铁钢筋分别与钢牛腿的上下翼缘焊接。

对梁上铁和下铁为两排钢筋情形，考虑采取将钢牛腿翼缘"打折"的方式，两层钢筋分别焊接在弯折前后的翼缘板上。此种连接方式要求钢牛腿翼缘板承受两层钢筋总拉力，按式（8.6）复核。

$$1.2(f_y A_{s1} + f_y A_{s2}) \leqslant f b_f t_f \tag{8.6}$$

式中，f_y 为钢筋抗拉强度设计值；A_{s1} 为第 1 排钢筋的总截面面积；A_{s2} 为第 2 排钢筋的总截面面积；f 为钢板抗拉强度设计值；b_f 为型钢翼缘宽度；t_f 为型钢翼缘厚度；1.2 为考虑不均匀受力的安全系数。

将钢牛腿"打折"翼缘设计为一顺边形式，支座处的上下铁钢筋均焊接于翼缘板上表面，可有效避免仰焊。

当型钢混凝土柱纵筋较少时，可将钢筋尽量布置在柱截面四角以保证其上下贯通；但当柱配筋较大时，柱纵筋在钢牛腿翼缘宽度范围内不可避免地被切断。实际设计中考虑分别在钢牛腿上翼缘上方以及下翼缘下方柱纵筋对应位置设置搭筋钢板，焊接上柱及下柱纵筋。在钢牛腿上下翼缘之间的腹板两侧与上述搭筋钢板对应位置设置加劲钢板，以确保上下柱纵筋的连续传力。

此处需要说明的是：设计中应尽量避免出现梁 3 排及以上钢筋的情形，当出现 3 排钢筋时，尽量使第 3 排钢筋布置于钢牛腿两侧并穿过节点核心区；现行《型钢混凝土结构施工钢筋排布规则与构造详图》（12SG904—1）提供了套筒、搭接、焊接等多种钢筋连接方式，原则上都是允许采用的有效连接方式，实际可根据工程具体情况采用多种连接方式的组合，以更好地满足施工需求。

对于钢管混凝土柱与普通钢筋混凝土梁的连接，"钢牛腿＋钢筋焊接"的连接方式与前述做法基本一致，此处不再赘述。因钢管混凝土柱并无柱钢筋深入节点核心区，故连接形式相对简单。

8.4.3 内藏钢板混凝土剪力墙与梁柱的连接构造

1. 内藏钢板混凝土剪力墙内拉筋及栓钉的设置

现行《混凝土结构施工图平面整体表示方法制图规则和构造详图（现浇混凝土框架、剪力墙、梁、板）》（22G101—1）关于剪力墙章节明确规定，当剪力墙厚度超过 400mm 但不超过 700mm 时，应该配置 3 排水平分布钢筋，当剪力墙厚度超过 700mm 时，应当配置 4 排水平分布钢筋。车辆基地上盖开发项目下盖结构剪力墙通常较厚，配置 3～4 排水平分布钢筋均较常见。对配置 4 排水平分布钢筋的内藏钢板混凝土剪力墙，建议采用拉筋在内藏钢板两侧断开的方式。仅需配置 3 排水平分布钢筋的内藏钢板混凝土剪力墙，也可增加 1 排变为 4 排分布钢筋，并采用同样方式处理。如确遇剪力墙厚度不超 400mm 且内藏钢板较薄的情形，也可采用剪力墙穿孔拉筋布置方式或两种方式的组合。实际工程尽量采用拉筋在内藏钢板两侧断开的方式，以便于施工。

对于钢板上的栓钉，应避让钢筋布置。

2. 内藏钢板混凝土剪力墙与端柱的连接

内藏钢板混凝土剪力墙与端柱的连接需根据剪力墙、端柱及柱内型钢尺寸采取不同的构造措施。墙内水平分布钢筋锚入端柱后通常可采取柱型钢腹板穿孔、绕避、弯折焊接于端柱型钢腹板或翼缘等构造形式。情况复杂时，也可采取上述三种形式的组合。因剪力墙分布钢筋较多，墙内水平分布钢筋建议尽量不采取钢筋接驳器与端柱型钢连接。

3. 内藏钢板混凝土剪力墙与框架梁的连接

内藏钢板混凝土剪力墙内竖向分布钢筋需锚入上下框架梁内,根据内藏钢板混凝土剪力墙截面尺寸及墙内钢筋排数、上下框架梁截面尺寸及内置型钢截面尺寸,考虑采用墙竖向分布钢筋绕过梁内型钢,或通过钢筋接驳器与型钢翼缘连接,应避免梁内型钢翼缘穿孔。

8.4.4 上下柱的连接

1. 上下柱连接节点构造

对不同截面形式的型钢混凝土柱,现行规范和图集的连接方式有以下四种:(1)十字型钢之间的连接;(2)方管型钢之间的连接;(3)十字型钢与方管型钢之间的连接;(4)圆管型钢之间的连接。

对于情形"(1)""(2)""(4)",均为同类型钢骨之间的连接或转换,较易实现。对于情形"(3)",规范给出了"梁下穿袖"的构造方式,如图8.12所示。此种构造方式要求穿袖范围内的大部分焊缝均采用全熔透对接,通常由于操作空间狭小且距离大于焊枪长度而施工困难。实际当中,将此穿袖范围转移至梁柱节点核心区内进行过渡,即将十字型钢延伸至核心区范围并通过角部焊接的四个"角钢"将十字型钢围合成"田"字形,利用核心区部位的加劲隔板充当穿袖范围封端板。上述改造带来的好处是施工时可将"田"字格内部的对接焊缝全部施焊完成后,再围合四块"角钢",从而可基本实现内部焊缝的全熔透对接。缺点是焊缝较多,且受工艺的限制最后一块"角钢"只能部分熔透,如图8.13所示。

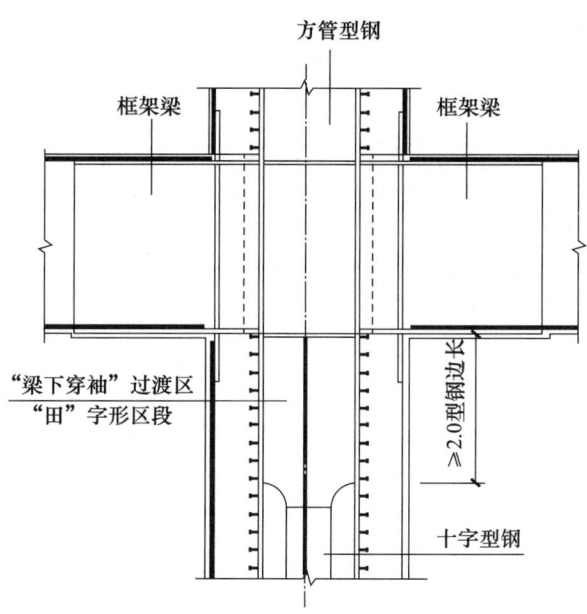

图 8.12 规范十字型钢与方管连接详图

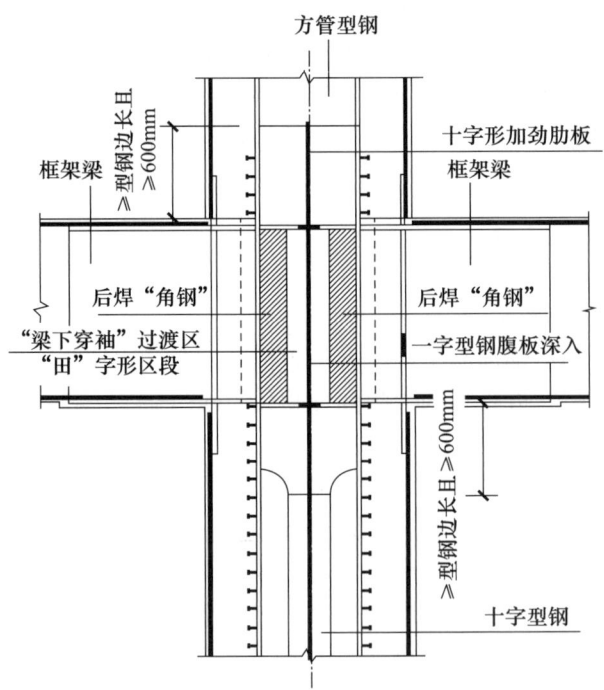

图 8.13 改造后十字型钢与方管连接详图

现行规范和图集并未给出十字型钢或方管型钢与圆管型钢连接的做法，原因是此连接节点较为复杂且不易保证连接质量，设计中应尽可能避免此方式。当确需按此设计时，李宗凯建议采用如下组合连接方式。首先在节点核心区范围按前述方法将十字型钢围合成"田"字形，以柱对应楼面梁上铁的加劲横隔板为转换端板，然后将圆管柱等强对接焊在转换端板上。由于建筑专业一般不能接受柱脚加劲肋凸出楼面，为确保圆柱在核心区的可靠刚接，核心区"田"字格的中部十字钢板应深入圆柱内不小于 500mm 且不小于 1D（D 为上柱直径）。此做法梁柱节点核心区的"田"字转换段类似埋入式钢柱脚的"靴梁"，而十字型钢延伸至钢管内的做法在一定程度上弥补了不能设置柱脚加劲肋的不足。

2. 不同截面尺寸的组合结构柱型钢在核心区的过渡

对于不同截面尺寸的型钢混凝土柱或钢管混凝土柱，现行规范和图集推荐的连接方式主要为转换隔板方式和变径方式。当上下楼层型钢截面尺寸相同或变化较小时（一般不超过 100mm，即单侧不超过 50mm），可通过设置转换隔板的方式连接过渡，如图 8.14 所示。当上下楼层型钢截面尺寸相差稍大时，可采取锥管变径的方式在节点核心区内实现过渡，如图 8.15 所示。

当上下柱型钢截面尺寸差距更大时，如仍采用规范 1∶6 锥管变径的连接方式，则很可能在梁高范围内不能完成过渡，变径段将突出梁柱核心区范围，这是建筑专业不能接受的。因此，可采用"穿袖"方式加以解决，即利用核心区框架梁上下翼缘处的柱内加劲横隔板作为"穿袖"端板，上下柱钢管在核心区高度范围内互插。

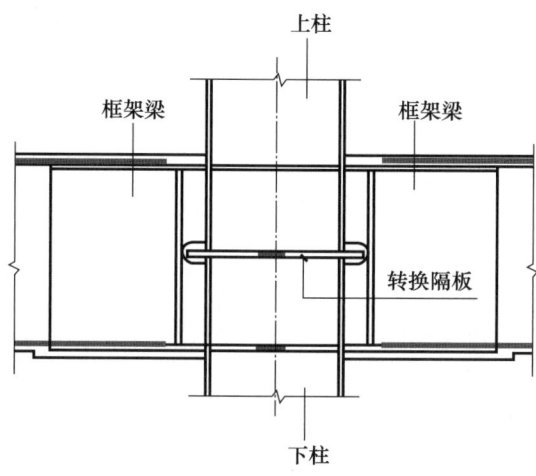

图 8.14 规范转换隔板过渡连接详图

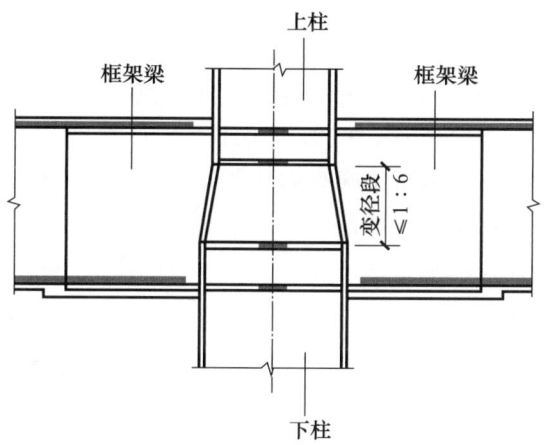

图 8.15 规范变径过渡连接详图

8.4.5 核心区箍筋的处理与构造

梁柱节点核心区域范围，各类钢结构板件及钢筋均较密集。应根据实际情况采取适当的措施减少或替代箍筋的设置，以便于施工。

1. 梁柱连接钢牛腿范围箍筋处理与构造

对梁端钢牛腿长度范围内的箍筋，可以适当减小箍筋肢数，因为计算中未予考虑钢牛腿的有利作用，牛腿腹板可替代部分梁箍筋承担梁端剪力作用，减小的箍筋肢数按式（8.7）计算。

$$1.2nf_{yv}A_{sl} \leqslant f(h-2t_f)t_w \tag{8.7}$$

式中，n 为减小的箍筋肢数；f_{yv} 为箍筋抗拉强度设计值；A_{sl} 为单肢箍筋的截面面积；f 为型钢的抗拉强度设计值；h 为型钢梁高；t_f 为型钢翼缘厚度；t_w 为型钢腹板厚度；1.2 为考虑不均匀受力的安全系数。

当计算后确需多肢箍时（如 4 肢箍或 6 肢箍），在钢牛腿范围内除最外层封闭箍筋较易施工外，内层箍筋均不易操作，考虑其作用主要是为梁端截面抗剪及满足规范箍筋肢距的要求，可按图 8.16 方式处理。

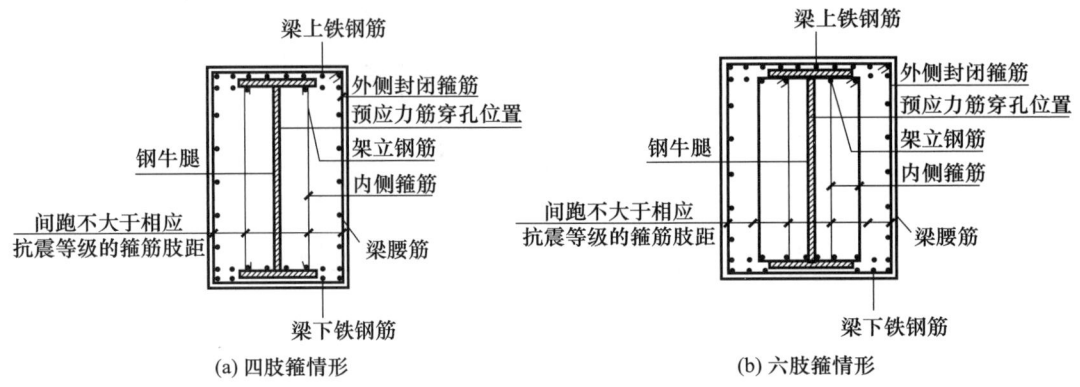

(a) 四肢箍情形　　　　　　　　(b) 六肢箍情形

图 8.16　确需多肢箍情况下，梁端钢牛腿范围内箍筋构造详图

2. 利用双腹板代替箍筋抗剪

现行《组合结构设计规范》(JGJ 138—2016) 规定对于钢管混凝土柱，梁端钢牛腿应承担全部剪力作用。原因是该处为钢管混凝土柱型钢与梁混凝土两种材料的交界位置，即通常所说的"两层皮"位置，抗剪较为不利，计算和构造上均应予以加强。此外，当型钢梁钢骨或混凝土梁端钢牛腿翼缘较宽时，翼缘外伸长度可能不满足规范宽厚比的规定。再者，上节所述钢牛腿范围，某些情况梁端剪力较大，需要增设抗剪腹板。上述几种情况下，设计可考虑采用"双腹板"钢牛腿的连接形式，如图 8.17 所示。

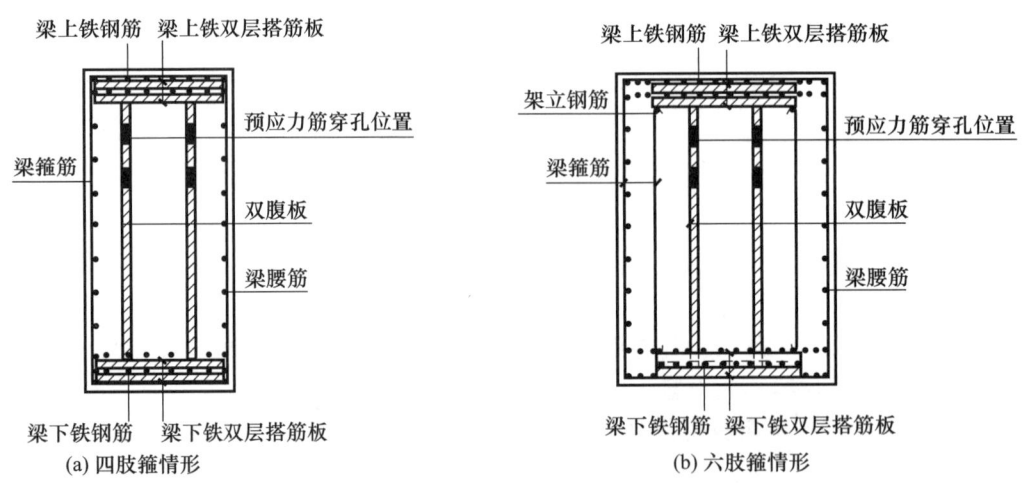

(a) 四肢箍情形　　　　　　　　(b) 六肢箍情形

图 8.17　梁端"双腹板"钢牛腿构造详图

3. 梁柱核心区范围内的箍筋设置

节点核心区范围内，板件数量众多，节点构造复杂，柱箍筋施工较为困难。虽然现行《组合结构设计规范》(JGJ 138—2016) 规定核心区范围柱箍筋的配置要求原则上同加密区，但同时也补充核心区柱箍筋的构造措施可给予一定放松。

根据实际工程经验，李宗凯认为：①节点核心区范围内的柱箍筋在满足规范最小体积配箍率的前提下，应尽量减小箍筋肢数和直径。但箍筋竖向间距需按柱箍筋加密区的要求配置，不宜加大。②除最外层箍筋需满足封闭箍筋要求外，中间箍筋均可采用拉筋。③为进一步方便施工，可根据实际情况对最外层封闭箍筋采取分段焊接的方式处理。矩形柱可考虑采用4根"L"形箍筋围合，于梁端牛腿腹板开孔穿过并在方形柱角部焊接；圆形柱可将箍筋拆分为四段弧形钢筋围合，或每段两端与柱纵筋搭筋板焊接闭合成环。

8.4.6 框架梁柱节点与钢支撑的连接

钢支撑与框架梁柱节点部位的连接构造较为复杂。框架柱内型钢及钢筋、框架梁内型钢及钢筋，以及钢支撑的连接节点板及加劲肋板均汇集于此，施工难度较大。下文重点介绍情况较为复杂的型钢混凝土梁柱节点与钢支撑的连接，包括普通钢支撑、防屈曲支撑两种类型。对于钢桁架转换结构，钢桁架与框架主体梁柱节点的连接同样可参考本小节设计。

中心支撑的常见布置形式包括如图8.18所示的"V"字形、"人"字形及单向斜杆形。显然，节点形式总体上分为两类，一类为支撑与梁柱核心区部位的连接节点，另一类为"V"字形或"人"字形支撑与框架梁跨中相交连接节点。

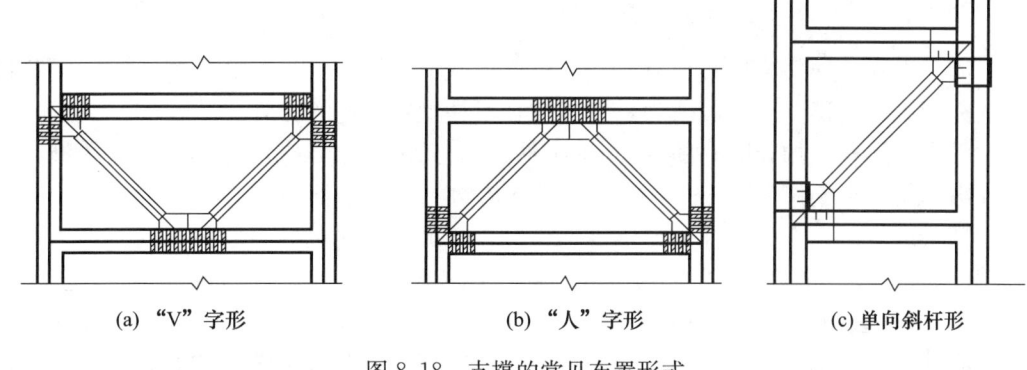

(a) "V"字形　　(b) "人"字形　　(c) 单向斜杆形

图8.18 支撑的常见布置形式

1. 支撑与梁柱核心区部位连接节点

支撑与梁柱核心区部位的连接节点一般为刚接，分为预埋件连接式及加劲板运式两种形式。

当支撑杆件内力较小时，通常情况下建议采用预埋件连接式节点，理由是此种连接形式板件较少，梁柱钢筋基本均可贯通，节点构造相对简单。具体做法为，梁柱型钢混凝土构件表面在支撑节点板连接部位设置预埋钢板，该预埋钢板通过连接加劲钢板等，强焊接于梁柱型钢翼缘并与型钢腹板位置对应，确保支撑构件内力通过预埋钢板及连接加劲钢板传递至梁柱型钢。实际中，为了不影响梁柱封闭箍筋的敷设，也可采用条带连接加劲钢板的形式以避免板件过多开孔，此时梁柱箍筋可从条带连接加劲钢板之间的空隙穿过。

此处需要注意的是，支撑与梁柱核心区部位连接节点，梁纵筋与柱型钢的连接推荐采用钢筋接驳器连接方式，目的是方便上述连接加劲钢板的安装。另外，当框架梁为普通钢筋混凝土梁而无钢骨时，梁内连接加劲钢板（条带连接加劲钢板）可增加插入深度，按预埋件机械锚固的要求锚入混凝土梁内。

根据支撑所受的内力大小，钢支撑可有多种截面形式。除了上文所述工字型钢支撑，常见的截面形式还有十字形、方管形等。支撑与梁柱核心区部分连接节点形式也略有变化，如图 8.19 所示。

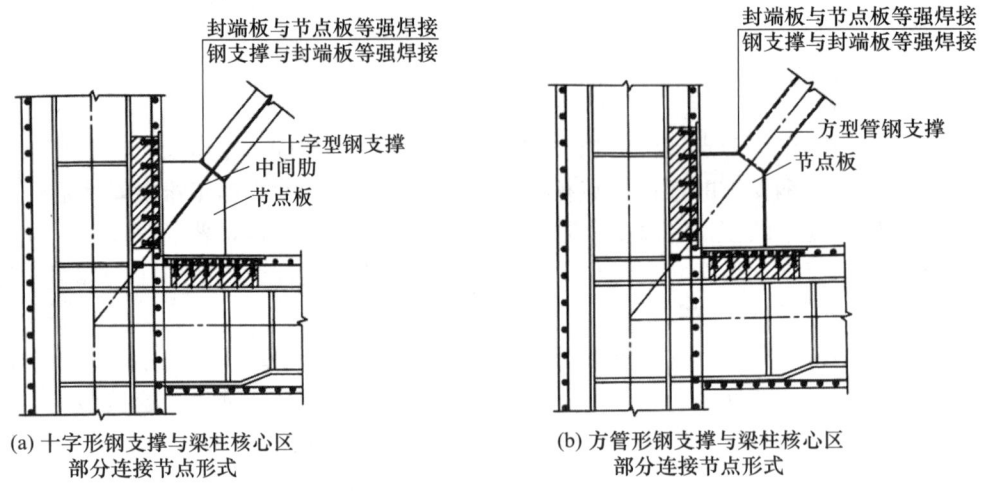

(a) 十字形钢支撑与梁柱核心区部分连接节点形式

(b) 方管形钢支撑与梁柱核心区部分连接节点形式

图 8.19　不同截面形式钢支撑的节点形式

不同于上述预埋件连接式节点，加劲板连接式节点适用于支撑杆件受力较大或直接承受动力荷载的情形。具体做法为，钢支撑在梁柱型钢翼缘连接处，梁柱型钢对应位置均需增设加劲隔板或加劲肋，图 8.20 中板件 M1 与 M3，节点核心区不能贯通的型钢混凝土柱纵筋与柱纵筋搭筋板 P2 焊接，并通过传力板 M2 上下贯通；型钢混凝土梁内置型钢端部采取变截面方式与柱内型钢等强连接，目的是焊接梁内纵筋并传递其内力，如图 8.20（a）中梁上铁钢筋的连接方式；当梁内型钢与梁截面尺寸相差较大时，也可将梁下铁钢筋通过搭筋板与柱内型钢连接，即图 8.20（b）中梁下铁钢筋的连接方式。在节点核心区及梁型钢变截面范围，外层柱箍筋及梁箍筋可与型钢翼缘或腹板焊接，确保形成封闭箍筋，如图 8.20（c）、（d）所示。

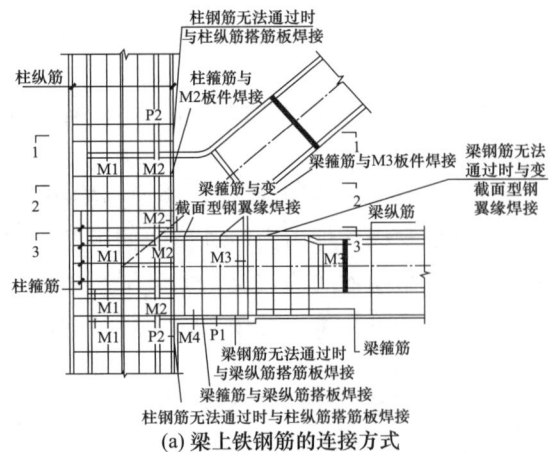

(a) 梁上铁钢筋的连接方式

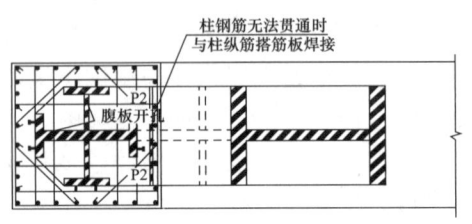

(b) 梁下铁钢筋的连接方式

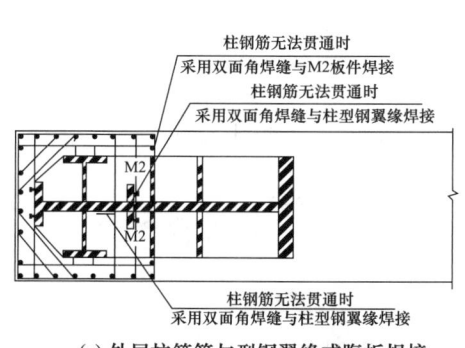
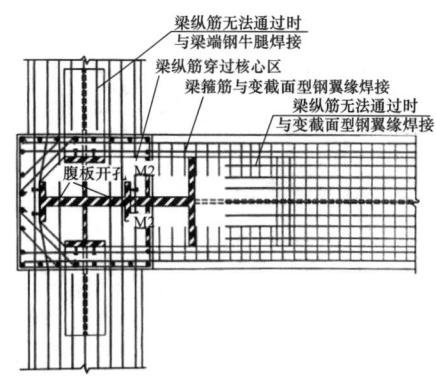

(c) 外层柱箍筋与型钢翼缘或腹板焊接　　(d) 梁箍筋与型钢翼缘焊接

图 8.20　支撑与梁柱核心区部位连接节点
M1、M2、M3、M4—板件；P2—柱纵筋搭筋板

这里需要注意的是，在节点核心区范围内，梁柱型钢的翼缘宽度不应小于钢支撑的翼缘宽度，以确保钢支撑翼缘全截面可靠与梁柱型钢等强焊接。如实际梁柱型钢翼缘宽度小于钢支撑翼缘宽度，应通过梁柱型钢水平变截面的方式加以解决。实际中为便于钢结构加工与制作，建议按等宽度梁柱型钢翼缘设计。

2. "V"字形、"人"字形钢支撑与框架梁跨中相交节点

与 8.4.6 第 "1" 点做法相仿，"V"字形、"人"字形支撑与框架梁跨中相交节点同样存在预埋件连接式及加劲板连接式两种连接形式。

当支撑内力较小时，通常情况下建议采用预埋件连接式节点。具体做法为，梁型钢混凝土表面在支撑节点板连接部位设置预埋钢板，该预埋钢板通过连接加劲钢板等强焊接于梁型钢翼缘并与型钢腹板位置对应，确保支撑构件内力通过预埋钢板及连接加劲钢板传力至梁型钢。实际中为了不影响梁封闭箍筋的敷设，也可采用条带连接加劲钢板的形式以避免板件过多开孔，此时梁箍筋可从条带连接加劲钢板件之间的空隙穿过。

当框架梁为普通钢筋混凝土梁而无钢骨时，梁内连接加劲钢板（条带连接加劲钢板）可增加插入深度，按预埋件机械锚固的要求锚入混凝土梁内。

不同于上述预埋件连接式节点，加劲板连接式节点适用于支撑杆件受力较大或直接承受动力荷载的情形。具体做法为，钢支撑在梁跨中型钢翼缘连接处，梁内型钢对应位置需在腹板两侧增设横向加劲肋，如图 8.21（a）中板件 M1，梁型钢可设置拉筋搭筋板 N3 并与不能穿过型钢腹板的拉筋焊接。梁内型钢下翼缘与钢支撑的连接部位推荐采用图 8.21（b）所示变截面形式，钢支撑及梁下铁钢筋与变截面型钢下翼缘焊接连接。变截面型钢底部框架梁内可设置钢筋网片，防止混凝土开裂。

3. 防屈曲支撑与梁柱核心区部位连接节点

防屈曲支撑与梁柱核心区部位的连接节点与普通钢支撑类似。防屈曲支撑的芯材截面形式可为 "一"字形、"十"字形，大吨位的还有 "王"字形等。防屈曲支撑的芯材截面尺寸较小，目的是确保其能在大震下屈服耗能；钢套管及芯材与套管之间的填充料不提供刚度及承载力，仅对芯材起侧向约束作用。以 "十"字形芯材防屈曲支撑为例，其与框架梁柱核心区部位的连接节点，及 "V"字形、"人"字形防屈曲支撑与框架梁跨中相交节点如图 8.22 所示。

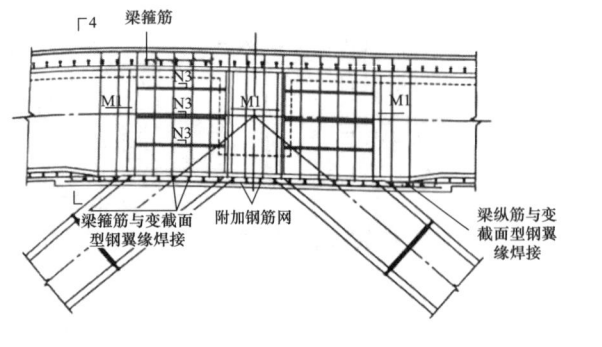
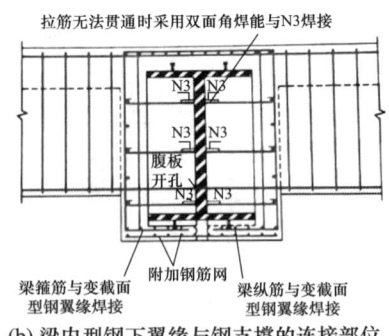

(a) 加劲板连接式节点　　　　　(b) 梁内型钢下翼缘与钢支撑的连接部位

图 8.21　"人"字形支撑节点

M1—板件；N3—拉筋搭筋板

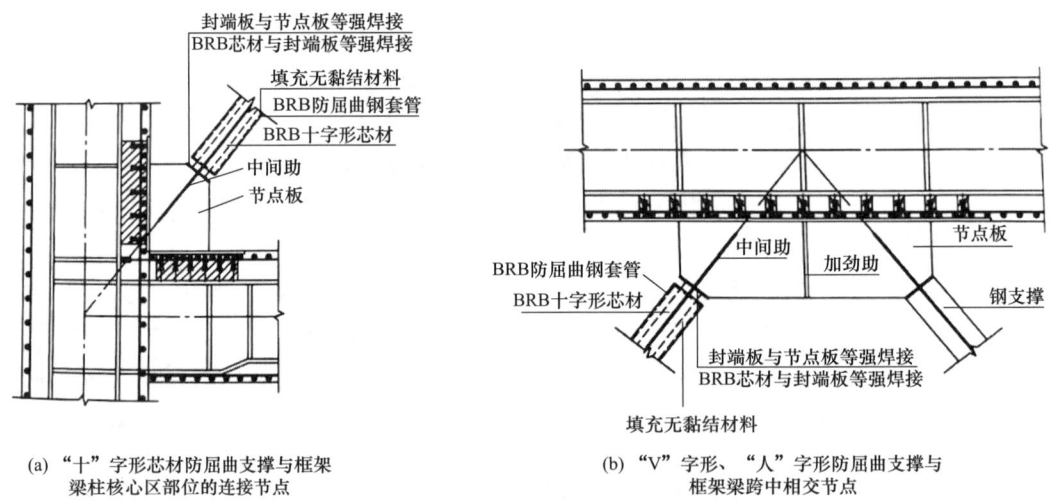

(a) "十"字形芯材防屈曲支撑与框架
梁柱核心区部位的连接节点

(b) "V"字形、"人"字形防屈曲支撑与
框架梁跨中相交节点

图 8.22　防屈曲支撑连接节点构造

注：BRB-Buckling Restrained Brace，屈曲约束支撑。

8.4.7　梁托柱转换节点

梁托柱节点形式主要分以下三种：（1）转换梁为混凝土梁，梁上柱为混凝土柱；（2）转换梁为型钢混凝土梁，梁上柱为钢管混凝土柱；（3）转换梁为型钢混凝土梁，梁上柱为型钢混凝土柱。

对于情况"（2）"，以工字型钢混凝土梁托圆钢管混凝土柱为例加以说明，其他情形可参照操作。首先，为满足柱钢管与梁上翼缘可靠连接，梁上翼缘宽度不得小于柱钢管外径，为此，转换梁型钢可采用水平向鱼腹形。其次，因整体竖向传力途径为梁上柱传递至转梁再向下传递至转换柱，故梁托柱节点应采用梁贯通型，并在型钢梁腹板两侧设置横向加劲肋。最后，为方便钢结构加工及安装，梁托柱节点核心区横隔板采用外环方式。

采用上述节点需特别注意：应严格控制梁上柱的截面尺寸并适当增大鱼腹形型钢混凝土转换梁的梁宽，其目的是尽可能多地使转换梁上铁纵筋贯通；在柱钢管截面范围内，转换梁无法设置封闭箍筋；实际中采用 U 字形箍筋代替。

对于情况"（3）"，以工字型钢混凝土梁托十字型钢混凝土梁上柱为例加以说明。梁上柱型钢与转换梁型钢连接部位对应转换梁型钢腹板两侧均应设置横向加劲肋，梁上柱纵筋下插进入转换梁并被梁内型钢阻挡部分，需在型钢梁上翼缘对应位置焊接钢筋接驳器与钢筋相连，对应梁型钢腹板两侧也应设置横向加劲肋。其余节点构造与前述钢管混凝土柱类似。

这里应指出的是：应严格控制型钢混凝土梁上柱的纵筋数量，避免设置双排柱纵筋；鉴于转换梁的重要地位，为使转换梁上铁钢筋传力可靠，梁上柱纵筋与转换梁型钢翼缘尽量采用钢筋接驳器连接方式，以便转换梁上铁钢筋直接与梁上柱型钢及其横隔板相连，确保转换梁上铁钢筋传力可靠；由于施工工序所致，梁上柱纵筋下插进入转换梁且未被转换梁型钢阻挡的柱纵筋，需要直锚在转换梁混凝土内，无法弯折锚固；当直锚长度不足时，应采取机械锚固等其他构造措施。

为避免施工中梁上柱插筋困难，当转换梁采用型钢混凝土梁时，梁上柱尽可能采用钢管混凝土柱。

8.4.8 隔震转换节点

隔震层由下部支墩，隔震支座及上部梁板结构组成。隔震层下部梁板结构施作时预埋隔震支墩插筋，且型钢混凝土柱内型钢延伸至支墩顶面并与型钢封端板焊接，隔震支墩浇筑后与隔震层下部梁板结构连为一体。隔震支座安置于隔震支墩上方的限位装置范围内。

根据现行《建筑抗震设计规范（附条文说明）（2016 年版）》（GB 50011—2010）的规定，层间隔震结构缝应满足主体结构上下盖的变形要求，缝宽计算如图 8.23 所示。

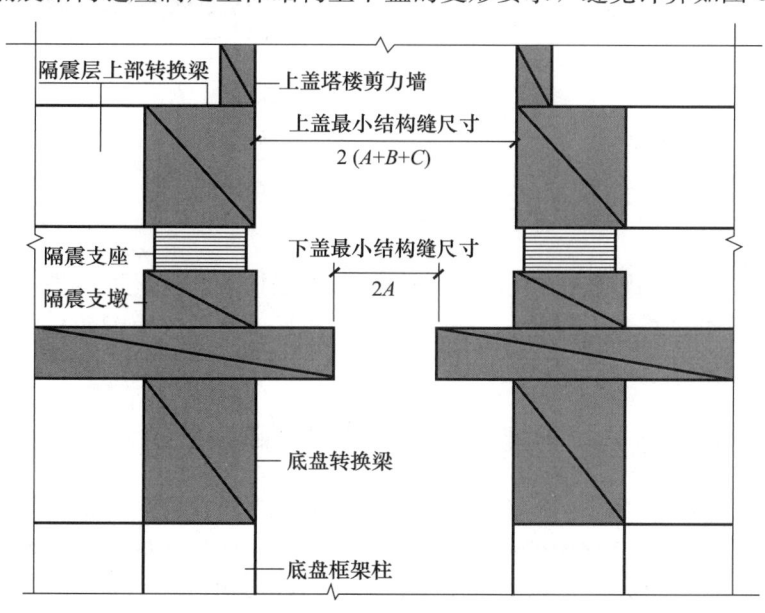

图 8.23 层间隔震车辆基地结构缝缝宽设置剖面图
A—计入扭转效应大震下的隔震层下部结构最大弹塑性位移值；B—计入扭转效应大震下的隔震支座弹塑性变形值；
C—计入扭转效应大震下的隔震层上部结构最大弹塑性位移值

8.4.9 梁柱核心区的预应力布置与构造

组合结构构件节点核心区内型钢、各钢结构板件、普通钢筋交错布置，构造复杂，很多情况下梁板结构中的预应力钢筋在核心区范围不便直接穿过。由于实际工程通常采用预应力钢筋水平弯折绕避的方式穿过节点核心区，故设计中需要增设梁柱核心区加腋，以满足预应力钢筋水平弯折绕避或封端锚固的要求，如图8.24所示。

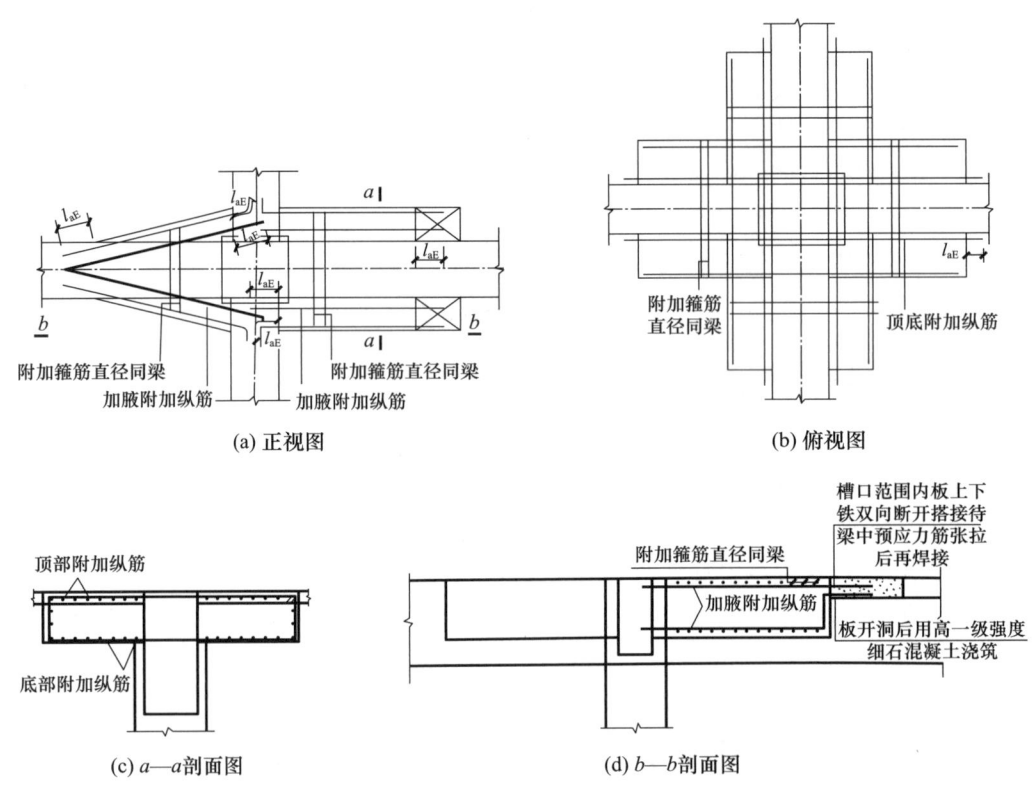

图 8.24 梁柱核心区加腋构造详图
l_{aE}—受力钢筋的锚固长度

为确保预应力钢筋顺利张拉，应在楼板板面的张拉端部处设置后浇槽口，槽口范围内板上下铁双向断开搭接，待预应力钢筋张拉完成后，将预应力钢筋与周边钢筋焊接固定，并用高一级标号的细石混凝土封闭槽口。

8.4.10 组合结构构件提高混凝土与型钢间抗剪能力的措施

混凝土与型钢毕竟属于两种不同材料，如何使二者组成的组合结构构件，协同工作抵抗荷载作用，是决定此类构件性能好坏的关键所在。所谓协同工作，本质就是使钢与混凝土变形一致，避免在二者接触面上出现相对滑动的现象。为此，必须采取有效措施提高钢与混凝土接触面上的抗剪能力。

1. 型钢混凝土构件栓钉的设置

现行《型钢混凝土组合结构构造》（23G523—1）关于型钢混凝土构件栓钉的设置

规定如下：

(1) 型钢混凝土柱脚部位及柱脚向上一层范围内，型钢翼缘外侧宜设置栓钉。

(2) 过渡层内的型钢翼缘外侧应设置栓钉。当结构下部采用型钢混凝土柱，上部采用钢结构柱时，设置栓钉的范围除过渡层外，向下延伸至梁底以下2倍柱型钢截面高度处。

(3) 当框架柱一侧为型钢混凝土梁，另一侧为钢筋混凝土梁时，型钢在混凝土梁中的延伸段范围内，上、下翼缘应设置栓钉。

(4) 对转换梁等结构重要构件，型钢上翼缘宜沿全长设置栓钉。

(5) 多、高层建筑顶层型钢混凝土柱的型钢翼缘宜设置栓钉。现行《组合结构设计规范》（JGJ 138—2016）则规定，型钢混凝土柱的埋入式柱脚，其埋入范围及其上一层的型钢翼缘和腹板应设置栓钉。

上述情况仅规定了某些较为关键部位的型钢混凝土构件应设置栓钉，且除了埋入式柱脚及上一层要求型钢翼缘及腹板均设置栓钉外，其他情况仅要求翼缘设置栓钉。针对车辆基地上盖开发项目，按照此规定：下盖结构首层柱型钢翼缘及腹板均应设置栓钉；型钢混凝土梁相邻跨为钢筋混凝土梁时，型钢外延1/4跨范围翼缘应设置栓钉；转换梁翼缘应设置栓钉。

栓钉是混凝土与型钢协同工作的有效构造保证。除上述规定必须设置栓钉部位以外，大跨型钢混凝土梁翼缘、转换层位于首层时的2层型钢混凝土框架柱翼缘、上盖开发塔楼首层型钢混凝土框架柱翼缘也宜设置栓钉。对转换梁构件，型钢翼缘及腹板均宜设置栓钉。

2. 钢管混凝土构件内壁螺旋钢筋的设置

钢管混凝土构件钢管内部通常采用自密实素混凝土填充浇筑，混凝土与外层钢管壁之间处于不同材质接触面的"两层皮"部位。在此，仿照型钢混凝土设置栓钉提高钢与混凝土接触面上抗剪能力的原理，建议在钢管混凝土构件的钢管内壁焊接螺旋钢筋，以提高外层钢管与内部混凝土接触面上的抗剪能力，螺旋钢筋可每隔一定距离与外层钢管点焊。由于螺旋钢筋可在钢管加工时工厂焊制，故加工难度不大。此做法已成功应用于某些上盖地铁车辆基地结构工程项目当中，效果甚是理想。

8.5 预留工程设计

本节以北京地铁北安河车辆段上盖物业开发的过程为例，总结其开发过程中所经历的规划探索、预留策略、城市设计优化等方面的经验。特别是该项目中所采用的二次开发弹性预留措施，可为其他上盖地铁车辆基地结构预留工程设计提供参考。

8.5.1 北京地铁第一、二代车辆基地上盖物业开发概况

车辆基地上盖物业开发与普通公共建筑最大的区别在于与开发相关的所有核心问题及可能性都需在一级阶段（即车辆基地建设阶段）形成定局。这一阶段往往在1~2年内集中完成从规划编制到工程实施的全部流程，且始终处于多阶段、多部门、多专业交叉的工作状态。每一个车辆基地开发项目都有其特殊性，其主要问题和矛盾不尽相同。

如何有效地建立关联用地规划、站场布局、维修能力、结构选型等工作的系统及梳理上盖物业开发的核心问题，显得至关重要。

北京是较早进行车辆基地上盖物业开发的城市之一，在过去的十几年内，无论从政策层面还是从技术层面，一直在对车辆基地上盖物业开发进行积极的探索。表8.28为以地铁1号线四惠车辆段为代表的第一代上盖物业开发、以地铁6号线和10号线共用的五路停车场为代表的第二代上盖物业开发的项目情况。第三代上盖物业开发以地铁16号线北安河车辆段为代表，其在第一、二代上盖物业开发的基础上进行了技术升级和策略系统建构。

表8.28 北京地铁第一、二代车辆基地上盖物业开发案例概况

项目	四惠车辆段（第一代）	五路停车场（第二代）
总占地面积/万 m²	34.04	18.42
东、西向长度/m	129	800
南、北向长度/m	226	250
开发平台高度/m	11.6	15.25
列车配属数/列	40	38
列车车型	6节编组、B型车	6节编组、B型车
开发建筑面积/万 m²	60	33
项目完成时间	2007年	2019年

纵观北京地铁车辆基地上盖物业开发项目的发展历程，第一代项目虽有如结构不隔振、产权不清晰、交通功能欠缺、城市界面不协调等问题，但确实探索了这类项目实施的可能性，其所暴露的大量问题也给后续项目提供了可借鉴的经验；第二代项目是目前的主流，在结构的抗震隔振、交通流线的合理化、消防问题的处理、落地区的设置、咽喉区的景观化等方面都有了系统的解决方案，但所有的措施实际都是基于二级开发（车辆基地的盖上建设）意向而开展的刚性条件预留，这给二级开发的调整带来了非常大的局限性；第三代项目除了对第二代的各种系统作了整体优化，最核心的内容则是围绕二级开发的弹性条件预留展开。

8.5.2 北安河车辆段上盖物业开发的决策历程

北京地铁16号线北安河车辆段的工程选址确定后，面临了一个近年来国内车辆基地建设必然遇到的问题：是否需要考虑车辆基地上盖物业开发。这一问题在规划理论中一直是一个三元悖论：其一，车辆基地作为有粉尘和噪声污染的生产性市政配套用地，应远离市区，不应具备城市服务配套功能；其二，对车辆基地上盖物业而言，只需将已划拨的市政设施用地进行立体钉桩，就可额外获得一块通常是居住属性的建设用地；其三，一旦出现居住功能，反过来就需要增加相应的配套设施与社区服务。

在规划实践中，上述问题常常被如沿线路增设末端站位的便利、盘活存量用地的指标、改善市政用地形态以提升城市观感等优点所掩盖。这些显见的好处，让政府或轨道投资单位有足够的冲动推动车辆基地进行综合利用，也由此派生出了两种补救性的规划策略：一是置入式的方法，即在车辆基地选址阶段就将车场工艺用地选择在已

完成控制性详细规划编制的街区内，以便于充分利用既有规划内的各种城市资源及配套设施；二是补齐式的方法，即增加车辆基地开发的落地区，以便于增设相应的教育、卫生、商业等服务功能。这两种方法都是搁置矛盾、以发展为导向的城市建设方式。

北安河车辆基地就是补齐式方法的实践。该车辆段在选址之初并没有考虑综合开发，是典型的由工程可行性驱动场站规划的例子。该工程选址位于北京市海淀区山后浅山地区的北安河组团东部，具体位置在北清路南侧、西六环的西南角。因为这一地区属于北京市西部的生态涵养区，距西山风景区仅1km，在北京地铁16号线工程可行性研究之初主要考虑如何消减体量和控制规模，以尽可能减少对周边造成的影响。北安河车辆基地的开发契机源于16号线由地面架空线改为地下线后新增的30亿元工程资金投入，对车辆段进行上盖物业开发以平衡资金的原动力，推动了包括规划编制、工程设计在内的一系列调整。

经深入研究与评估，形成了该项目的四个开发依据：在16号线的末端设置居住社区，可调和因城市地铁客流潮汐性特征造成的线路运力浪费，在上行始发站配置进城客流，有助于提高上行列车的车厢满载率；由于有后续开发带来的资金保障，对车辆段出入段线和咽喉区加盖并进行覆土绿化得以实施，可改善轨道、道床、接触网等工业特征的设施对西山鸟瞰观感造成的不利影响；对利用车辆段开发形成的落地区进行配套设置，既能满足自身区域的服务需求，又能为车辆段北侧的大公村社区提供商业配套；可为东侧的稻香湖科创社区提供居住产品的供应，以实现职住平衡。这些依据在经充分沟通后，得到了相关市、区主管部门及有关实施企业的认可。

确立规划的基本逻辑后，为了解决上文的第一个悖论，该项目确立了首要控制性原则，即尽可能减少工业建筑对居住社区的影响，减少在生态敏感区的实体存在感，形成景观和谐的库区。同时，该项目在推进过程中遵循了由区政府作为主体对开发规模提出主张、建设单位组织和开展研究、市规划部门审批并上报的政府主导型决策流程。通过持续的前期研究并得到审批部门的认可后，北安河车辆段综合开发的目标逐渐明确，其设计重点围绕用地优化、上盖预留系统打造、基础设施设计优化三方面依次展开。

8.5.3 北安河车辆段上盖物业开发的策略组合

1. 场地规划布局

用地优化是车辆基地开发的首要内容。由于上盖物业开发的基础不能接触地面，因而需要一定规模的地面用地，以解决市政综合与垂直交通系统的布置问题。同时，还可利用这些用地布置多种业态，以改善原先的厂区立面，营造生活街区氛围。在吸取四惠车辆段因未设置落地区带来了交通不便、城市景观恶劣的教训后，北京地铁后续的车辆基地上盖物业开发均设置了一定规模的、可完全供二级开发使用的落地区用地，并将这些用地纳入车辆基地的总用地规模中。因此，用地优化的工作核心在于尽可能在少增加整体用地规模的前提下保证原生产功能，并将原先功能单一的市政生产用地转化为居住、商服、办公等功能与市政生产用地功能并存的混合用地。为实现这一目标，需要对原先的厂区用房、库区工艺与结构进行优化设计，以充分利用畸零地。

北安河车辆段是目前国内建设规模最大的地铁车辆综合基地。该车辆段配备了44个停车列位（列车为8节编组、A型车）及调试检修股道，并配有试车线与回转线。通过对生产功能用房的整合、缩小柱网及优化生产流程和调整咽喉区布局等措施，该车辆段用地由最初的30.0万 m^2 减少到26.6万 m^2，其A型车单车平均用地面积为国内最低。加上新增的落地区面积后，北安河车辆段总用地仅为31.49万 m^2，其各项指标在北京已开发的车辆基地中均为最优。

利用节约出来的用地，北安河车辆段在北侧形成了沿北清路的带状可开发落地区，并取得了向北清路开口的重力流管线出线通路。车辆段内人员用房主要集中布置在基地东侧由回转线圈出的半圆形用地内，形成了开发区与非开发区相互独立、生产区内有人值守与无人值守区相互独立的基本规划布局。

2. 上盖物业预留体系

车辆基地一级开发的本质是在停车列检库、架修库上完成地坪再造的过程，最终将架空的屋面层作为地坪进行立体钉桩后通过招标、拍卖、挂牌（以下简称"招拍挂"）方式上市完成土地出让，继而进行车辆基地的二级开发。

在允许车辆基地上盖物业进行一级开发和二级开发联动的城市，其上盖物业开发预留只需在一级开发阶段按潜在二级开发商要求提前进行二级设计、完成楼座位置预留，并进行相应的结构选型、计算。车辆基地开发的工作重点实际上是二级开发阶段的前置，主要关注交通流线、业态布局、户型设计等常规居住区设计专项。在此前提下进行上盖物业开发，从工程造价的角度看是最经济的，但因缺乏市场化竞争，车辆基地开发的社会效益、土地溢价未必能达到最优。因此，北京非政策性的上盖物业开发项目通常都采取一级开发和二级开发分开的模式。

一、二级开发分开模式下，车辆基地上盖物业开发的设计难点在于对未来上盖物业的二级开发业态进行合理的结构预留及建立小市政系统，困难的原因主要为上盖物业开发预留在一、二级开发之间因时间差而造成的严重的信息不对称。常见的场景是：在一级开发阶段按改善型户型进行布局与户型设计并预留了结构，待该土地在3～4年后上市时，市场风向变成大户型需求，届时所有的预留不仅失效，而且面临在车场已投入运营的条件下艰难的改造，之前的预留结构反过来影响了户型改造。车辆基地第二代上盖物业开发的五路停车场、郭公庄停车场、平西府车辆段都采取了限定性预留加"招拍挂"方式推进项目，最终在二级开发商拿地后都遭遇了预留不匹配、不充分的问题。因此，北安河车辆段上盖物业开发在考虑如何进行预留时就充分吸取了第二代车辆基地上盖物业开发的教训，建立了全新的逻辑模型，并依此搭建上盖物业预留体系。

（1）建立全新的预留目标

上盖物业预留体系首先应确立合理、可行的目标，将一、二级开发工作重点分开，在已有的限制条件下争取最大的灵活性，以避免本阶段信息不充分对未来造成的不利影响。五路停车场上盖物业开发和平西府车辆段上盖物业开发在二级开发阶段都修改了户型，因为预留限制无法实现产品的最优，进而造成了货值损失。如图8.25所示，在一、二级开发分离的模式下，在进行第三代车辆基地上盖物业开发的设计时，将预留目标由设计户型并准确预留，调整为研究适应性最大的产品体系，并为该产品搭配适应性最的结构体系，为该产品体系预留最大荷载条件，以达成"万能平台"的目标。当然，这种"万能"会有一些基本的限定，如只对符合开发条件位置的列检库柱网进行结构加强以作为未来的上部基础。当类似的开发区域被小幅限定后，可以使一级开发投资下降一个数量级。

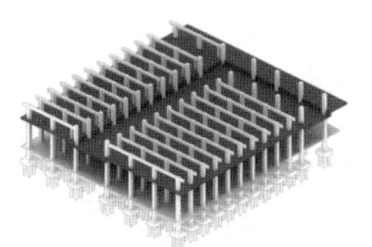
(a) 在汽车库层根据线间距确定预留范围

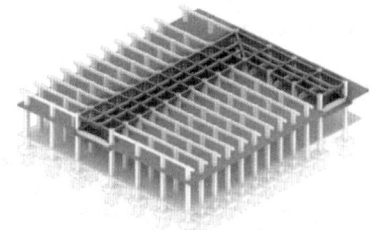
(b) 搭建灵活的一级预留结构基础

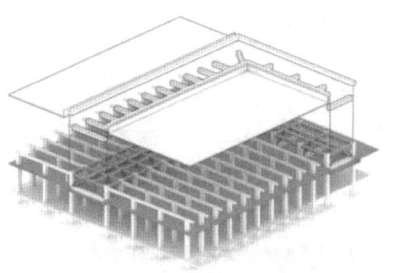
(c) 避开一级预留位置完成二级汽车库的顶板及转换梁

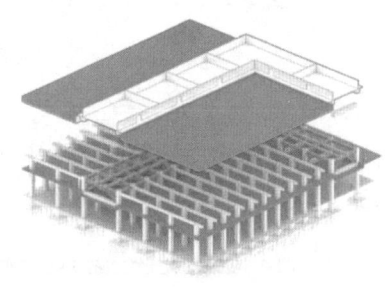
(d) 按二级开发方案在预留结构区域内完成楼座基础

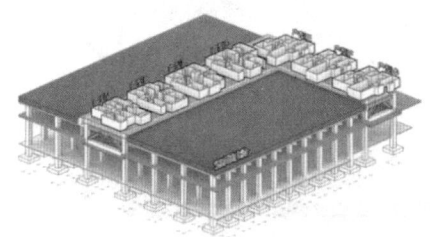
(e) 在一定范围内灵活调整户型

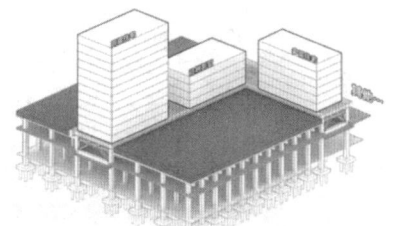
(f) 在一定范围内灵活调整楼座形态

图 8.25　北安河车辆段上盖物业开发的灵活预留系统示意图

（2）构建预留方法

在结构与设备走廊的限制条件控制下，首先应建立了一个广泛的户型库，通过户型比选建立基本单元模数范围，继而研究模数体系的可变性，建立扩大模数系统，利用该系统进行户型至楼座的预设计。通过这一过程，能够得到适应性户型的控制数据，其中最重要的是得到提供给小户型的限定要求。因为小户型是荷载最大的形式，小户型限定要求的确定，可为结构预留提供限值。其次，应确定一个组合单元的长度。结构可以接受的地坪大板设缝长度在 50m 以下，在此前提下通过组合比选，最终将基本结构的留洞跨度设定在 12m，即每三个组合长度形成一个 48m 的设缝区间。

12m 跨长的布局，具有布局灵活性和结构合理性，设定跨距的实质是判定核心筒与预留梁的最小冲突位置。如图 8.26 所示，以 12m 作为一个开发单元面的宽度，相应户型能构建 3 个高品质的南向居住单元，保证大三居、小四居的设计可能性。如果面宽超过 12m 但增幅小于 6m，虽然一梯二户的品质可以再提高，但不足以成模数地增加南向居住单元的最小数量，非 6m 倍数的面宽组合会造成未来纯小户型的布局有较大的浪费，而更大户型的需求则可以利用 1/2 模数不断升级。在最基本的 24m 两跨范围内，可实现一梯三户（房型可为三居室/两居室/两居跃层）和一梯四户（房型可为两居室/一居室）的灵活布局，加上扩大模数后则能基本覆盖产品需求。

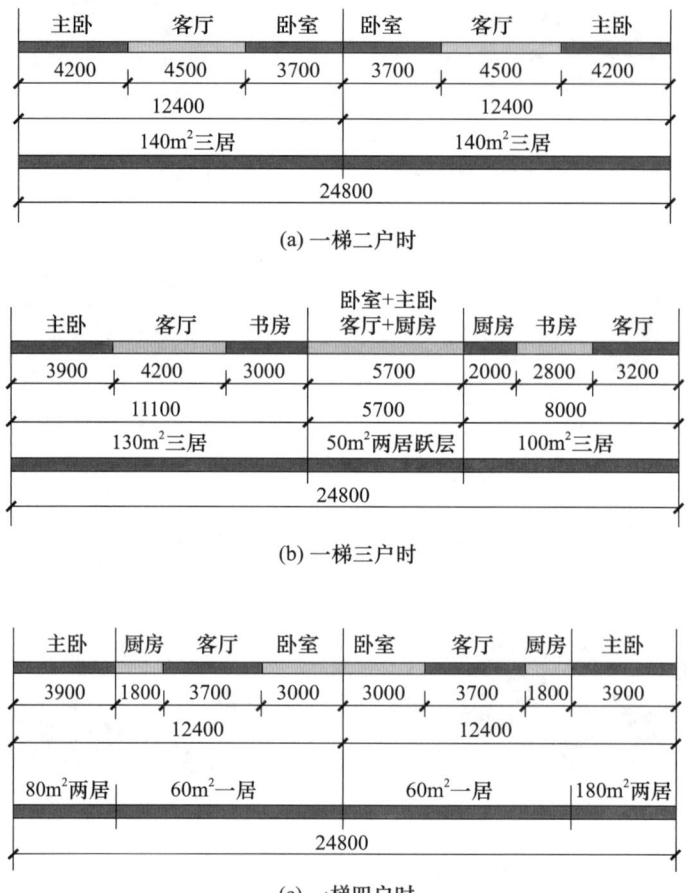

图 8.26　以 12m 为开发单元面宽度时的南向居住单元适应性分析（单位：mm）

（3）竖向关系设计

车辆基地库区由运用库和联合检修库两大部分构成，其中，运用库的高度约为 10m。为解决上盖物业的停车问题，通常将汽车库设置于运用库之上。为避免二级开发阶段上盖施工影响运用库安全，通常在一级开发阶段建成上盖的汽车库，并将此作为出让条件随上盖物业开发一并出让。北安河车辆段首次在联合检修库上尝试上盖物业开发，联合检修库的高度超过 12m，为保证二级开发阶段施工不对车辆段干扰，对未布置天车区域的顶板局部降板加设汽车库，12m 面宽区域内采用双板的剖面形式。由此，上盖物业开发的整体策略研究应按不同库区分别进行。

（4）预留措施要点

北安河车辆段上盖物业开发在借鉴北京地铁第一、二代车辆基地上盖物业开发经验的基础上，对于一定会出现的二次调整和二次施工条件有了明确的把握，并在一级开发阶段进行了弹性预留。当结构不能直接设置落地基础时，车辆基地的上盖开发大多采用高位结构转换的方式，在上部结构与作为基础的梁之间设置橡胶隔震垫，以满足上部结构达到抗震规范的要求。但由于二级开发方案与预留结构产生的差异，往往造成预留隔震措施的浪费。

为了避免这一情况，北安河车辆段上盖物业开发的构造设计策略包括以下几点。

① 为避免再次出现第二代车辆基地上盖物业开发时所有结构板和隔震垫均产生的拆改困难、预留结构缺乏保护因而发生老化等问题。此次一级开发对包括隔震垫、上部转换梁、下部结构等局部加强部位均不实施，只实施预留节点，以保证预留的最大灵活性，避免预留浪费；同时，在可能设置核心筒的位置均做了降板处理。

② 为了保护汽车库库顶预留洞，设计时采用了更便宜的波纹板做遮盖。

③ 采用降板实施小市政综合管沟的方式，以避免出现重力流管线高度不足及穿板漏水的问题。

3. 优化北安河车辆段区域的城市设计

北安河车辆段的北侧和西侧未来都是二级开发界面，可以形成较好的城市视感，但其南侧、东侧及上盖物业开发区的鸟瞰场区仍然是基础设施界面。应进一步优化北安河车辆段区域的城市设计，以形成整体统一的良好景观和视感，可最大限度地减少常规基础设施建筑对城市面貌的不利影响。

北安河车辆段毗邻海淀稻香湖组团，该组团内聚集了包括华为研究所、中关村创新园在内的众多科技企业建筑群，城市设计需求被定位为简洁精致的现代主义基调，因此车辆段立面构成需要与之相协调。

北安河车辆段工艺区建筑立面沿城市道路展开，是城市面貌的重要构成部分，车辆段生成的城市界面由一系列的建筑物、构筑物、围墙立面共同构成。建筑的构成手法均采用了主体与表皮分离的方式实现视觉一致性。在北安河车辆段立面细部设计上，采用了模数化设计手法。对整个空间序列建立基本模数系统，在基本模数上再建立多级分模数系统，并利用分模数系统重新进行多种立面的构成设计，以期在丰富外立面景观的同时使界面统一。在北安河车辆段室内立面上采用高纯度的色卡系统对不同功能区域进行划分，使功能和色系产生对应关系。北安河车辆段的围墙需具备山洪来时挡水的功能，因此在模数构成的系统上采用了预制混凝土组合板的方式予以实施，用最简单的表达方式构建良好的建筑节奏感。

北安河车辆段在限定工期的条件下，整个车辆段的城市设计优化工作都基于造价与工期这两个约束条件下进行，城市设计优化必须做到使用最高效的手段达到改善城市形象的目的，同时具备便于匹配二级开发的特性。

北安河车辆段在经历了较长的规划决策阶段后，其设计、施工、通车调试的总工期仅为一年半，并于2016年11月随北京地铁16号线的投入运营而正式启用。在随后的三年内，一级开发的业主单位进行了相应的交通影响评价、环境影响评价等工作，完成了土地上市程序。该项目所属的二级地块，最终2019年年初完成了土地"招拍挂"流程。

8.6 超限结构抗震设计

8.6.1 超限建筑抗震分析基本方法

1. 静力弹塑性分析基本原理

结构静力弹塑性（Pushover）分析，是近年发展的一种计算地震反应的简化方法，多年来一直作为抗震性能分析的重要方法之一被广大技术人员广泛采用。它既能校核结构在多遇地震下的弹性设计，又能通过计算分析确定结构在大震下潜在的破坏机制，通过判断塑性铰的分布情况和塑性铰发展的先后顺序，发现对应的薄弱环节，从而可以指导设计者对局部薄弱环节进行修复和加强，使整体结构达到预期的使用功能。

静力弹塑性（Pushover）分析方法，本质上是一种与设计反应谱相结合的静力非线性的分析方法，通过计算建筑结构在给定的地震作用下的峰值响应，从而对结构的抗震性能进行评估。选择一定分布形式侧向水平力沿结构高度施加侧向荷载，并通过逐步单调增加水平荷载，使各个结构构件由弹性阶段向弹塑性工作阶段发展，推覆直至达到预设的终止条件停止，获得结构的荷载-位移曲线（即能力曲线），然后将其转换为等效的单自由度体系的加速度谱——位移谱曲线（即能力谱曲线）；同时将"加速度-时间时程谱曲线"转换为"加速度-位移格式"的需求谱曲线，并将能力谱曲线和需求谱曲线在同一个坐标系中反映出来，而这两条谱曲线的交点，即性能点，也就是满足该水准地震作用下极限承载能力和变形能力的点。通过定义不同的需求谱（大震、中震），对结构在当前地震水准作用下的性能，从而实现《建筑抗震设计规范（附条文说明）（2016年版）》（GB 50011—2010）中的"三个水准，两个阶段"的设计原则。

（1）目前，静力弹塑性分析方法一般是基于以下两个基本假定。

① 假定一般的建筑结构（多自由度体系）可以等效为一个与其对应的单自由度体系，那么它在地震作用下的效应可以用等效的单自由度体系在地震作用下的反应去求取，则结构的响应主要由第一振型起控制作用。

② 假定结构的形状向量在整个推覆分析的过程中保持不变。

（2）静力弹塑性（Pushover）分析方法的基本思路如下。

① 建立准确合理的结构分析模型。计算结构在竖向荷载作用下的结构自身特性，并分析此时结构构件是否屈服或者开裂。

② 沿着结构高度施加水平荷载，并将水平荷载产生的内力与竖向荷载产生的内力进行叠加，随着水平荷载的逐步增大，部分结构构件先后出现塑性铰，直至整个结构的塑性铰数量过多或者位移达到极限条件，停止分析，从而得到基地剪力-顶点位移曲线，即能力曲线。

③ 计算目标位移，在目标位移下评估结构的抗震性能，可从层间位移角、层位移以及塑性铰的分布情况来评价结构整体的抗震性能。

2. 动力弹塑性分析基本原理

动力弹塑性时程分析方法是基于考虑结构的弹塑性性能，通过对结构直接施加人工波或天然地震波，采用逐步积分的方法求解结构的动力方程，从而来获得结构在大震、中震作用下的结构响应过程，运用计算结果描述每个时刻结构构件的内力和变形情况，在弹塑性时程分析中，还可以给出各个构件出现塑性铰的先后顺序，因此，时程分析法能从变形和强度两个方面对结构在地震下的反应进行比较全面的描述。动力时程分析方法经过多年的发展，在结构分析模型、单元计算模型、材料本构关系等方面都取得了较大的进展。

地震作用下多自由度结构体系的运动方程可表示为式（8.8）。

$$M\ddot{u}(t)+C\dot{u}(t)+Ku(t)=-MR\ddot{u}_g(t) \tag{8.8}$$

式中，M 为结构体系的质量矩阵；C 为结构体系的阻尼矩阵；K 为结构体系的刚度矩阵；$u(t)$ 为结构体系的位移；$\dot{u}(t)$ 为结构体系的速度；$\ddot{u}(t)$ 为结构体系的加速度响应向量；$\ddot{u}_g(t)$ 为地震地面运动加速度向量；R 为地震激励作用位置矩阵；t 为载荷的作用时间。

在结构弹塑性地震反应过程中，质量和刚度矩阵随时间变化，所以无法获得解析解，只能通过数值方法求解。在求解过程中，可将地震历程划分为相等的而且又相当短时间增量 Δt，并且将每个时间区段内的结构体系的各个物理参数视为常数。式（8.8）适用于结构的任何时刻，因此在 $t+\Delta t$ 时刻也能成立，即式（8.9）。

$$M\ddot{u}(t+\Delta t)+C\dot{u}(t+\Delta t)+Ku(t+\Delta t)=-MR\ddot{u}_g(t+\Delta t) \tag{8.9}$$

式中，Δt 为在两个邻近的时间点的增量；$u(t+\Delta t)$ 为结构体系在 $t+\Delta t$ 时刻的位移；$\dot{u}(t+\Delta t)$ 为结构体系在 $t+\Delta t$ 时刻的速度；$\ddot{u}(t+\Delta t)$ 为结构体系在 $t+\Delta t$ 时刻的加速度响应向量；$\ddot{u}_g(t+\Delta t)$ 为地震地面在 $t+\Delta t$ 时刻运动加速度向量。其余符号意义同前。

另见式（8.10）～式（8.13）：

$$\Delta f=f[u(t+\Delta t)]-f[u(t)] \tag{8.10}$$

$$\Delta \ddot{u}_g=\ddot{u}_g[(t+\Delta t)]-\ddot{u}_g(t) \tag{8.11}$$

$$\Delta \ddot{u}=\ddot{u}[(t+\Delta t)]-\ddot{u}(t) \tag{8.12}$$

$$\Delta \dot{u}=\dot{u}[(t+\Delta t)]-\dot{u}(t) \tag{8.13}$$

式中，f 为结构外载荷矢量矩阵；Δf 为结构外载荷矢量矩阵变化；$\Delta \dot{u}$ 为结构速度变化；$\Delta \ddot{u}$ 为结构加速度响应向量变化；$\Delta \ddot{u}_g$ 为地震地面运动加速度向量变化。其余符号意义同前。

由式（8.9）减去式（8.8）可得运动方程的增量表达形式，见式（8.14）。

$$M\Delta \ddot{u}+C\Delta \dot{u}+\Delta f=-MR\Delta \ddot{u}_g \tag{8.14}$$

式中，符号意义同前。

当 Δt 较小时，结构的位移变化 Δu 的计算见式（8.15）。

$$\Delta u=u(t+\Delta t)-u(t) \tag{8.15}$$

式中，符号意义同前。

则 Δf 可以根据 t 时刻的结构切线刚度 $K(t)$ 近似计算，见式（8.16）。

$$\Delta f=K(t)\Delta u(t) \tag{8.16}$$

式中，$\Delta u(t)$ 为 t 时刻的结构位移变化。其余符号意义同前。

由此可得考虑结构弹塑性响应的地震反应运动方程增量形式，见式（8.17）。

$$M\Delta \ddot{u}+C\Delta \dot{u}+K(t)\Delta u=-MR\Delta \ddot{u}_g \tag{8.17}$$

式中，符号意义同前。

一般而言，动力弹塑性时程分析方法的基本过程如下：

（1）建立合理的结构几何计算模型，选择合理的恢复力模型，合理选用结构构件及材料的结构模型。

（2）结合工程实际情况及与地震相关的设计参数（如场地条件、地震分组、设防标准等），按照结构抗震规范的要求合理选用符合情况的地震波。

（3）建立结构在地震作用下的运动微分方程，选择合适的积分方法求解运动方程，运行分析非线性时程分析工况。

（4）查看计算结果，包括结构的塑性铰开展状况、层间位移角等关键数值，提取所需要的数据，判定结构是否满足抗震要求。

3. 结构抗震性能设计的基本要求

超限高层建筑应根据其使用功能的重要性分为甲类、乙类、丙类三个抗震设防类别。抗震设防类别的划分应符合国家标准《建筑工程抗震设防分类标准》（GB 50223—2008）的规定，各抗震设防类别建筑的抗震设防标准应不低于国家标准《建筑抗震设计规范（附条文说明）（2016 年版）》（GB 50011—2010）的规定。

超限高层建筑所在地区遭受的地震影响，应采用下列规定的设计地震动参数：

（1）一般情况下，应采用建筑所在地区的抗震设防烈度（中国地震动参数区划图的地震基本烈度）的设计基本地震加速度和设计特征周期。

（2）对已做过抗震设防区划的地区、厂矿和小区，可按批准的抗震设防烈度或设计地动参数确定。

（3）对已进行过场地地震安全性评价的工程项目，可按具体情况进行地震动参数确定。对于多遇地震，应通过各个主轴方向的主要振型所对应的底部剪力的对比分析，按地震安全性评价结果和规范结果二者的较大值采用，不能部分采用规范参数、部分采用安评参数，且计算结果应满足规范最小剪力系数的要求。对于设防烈度地震和罕遇地震，地震作用的取值一般可按规范参数采用，也可根据经济条件取大于规范值的地震安全性评价参数，此时不考虑最小剪力系数。

（4）抗震设防烈度和设计基本地震加速度取值的对应关系、设计特征周期的取值按国家标准《建筑抗震设计规范（附条文说明）（2016 年版）》（GB 50011—2010）和地方规范规程采用。

4. 实施结构抗震性能设计的方法

（1）抗震性能水准为运行的具体要求

① 关键部位（含薄弱部位）的竖向构件（如墙肢、框架柱、支撑等）应保持弹性或不屈服。

② 对于高度超过 B 级较多且特别不规则的超限高层建筑，结构全高的竖向构件均保持弹性或不屈服。

③ 对于超限大跨空间结构，关键杆件的应力比不应大于 0.85。

④ 水平转换构件、连体、悬挑、连接节点应保持弹性。

⑤ 次要构件（如框架梁、连梁等）应提高构造措施的抗震等级。

（2）抗震性能水准为基本运行的具体要求

① 关键部位（含薄弱部位）的竖向构件（如墙肢、框架柱、支撑等）宜不屈服或

提高等级。

② 水平转换构件、连体、悬挑、连接节点宜保持弹性。

③ 次要构件（如框架梁、连梁等）可提高构造措施的抗震等级。

（3）保持弹性的抗震验算要求

① 取不考虑构件内力调整和风荷载的地震作用组合内力设计值及材料强度设计值对抗震承载力进行验算。

② 计算模型中可以考虑部分次要构件进入塑性，结构阻尼比可适当提高。

（4）不屈服的抗震验算要求

① 取不考虑荷载分项系数的地震作用标准组合、材料强度标准值及不考虑抗震承载力调整系数对抗震承载力进行验算。

② 计算模型中可以考虑部分次要构件进入塑性，结构阻尼比可适当提高。

（5）在中震弹性或中震不屈服的抗震验算中，对于出现偏心受拉或截面边缘压应力接近混凝土抗压强度的钢筋混凝土构件，应按抗震等级为特一级的要求采取抗震构造措施。

（6）对于抗震设防类别为乙类或抗震设防类别为丙类且高度超过B级或高度属于B级但特别不规则的超限高层建筑，还应进行罕遇地震作用下的抗震验算。

5. 结构抗震计算分析的基本要求

进行结构抗震计算分析过程中，应注意以下问题：

（1）结构抗震计算分析应采用2个或2个以上的符合结构实际受力情况的力学模型且经建设主管部门鉴定的计算程序。

（2）通过车辆基地结构各部分受力分布的变化，以及最大层间位移的位置和分布特征，判断结构受力特性的有利和不利情况。

（3）车辆基地结构各层的地震作用标准值的剪力与其以上各层总重力荷载代表值的比值（即楼层地震剪力系数），应符合抗震设计规范的最低要求和特殊要求。当楼层最小剪力系数不满足要求时，应对结构方案进行分析。若结构方案不合理，则宜对建筑结构方案进行调整。

（4）由于车辆基地结构竖向刚度不连续，可采用弹性时程分析法进行多遇地震下的补充计算。结构时程分析所用的地震加速度时程应符合规范（规程）的要求，持续时间一般不小于结构基本周期的5倍；弹性时程分析的效应，一般取多条时程的平均值，超高较多或体型特别不规则时应取多条时程的包络。

（5）弹塑性分析时，应采用构件的实际尺寸和配筋，整体模型应采用三维空间模型，应考虑结构空间地震反应在该方向的组合作用。梁（柱）、剪力墙和筒体可采用层间模型，钢筋混凝土构件的骨架曲线和恢复力关系可采用国际通用的模型。

8.6.2 郑州地铁中州大道车辆段超限结构抗震设计案例

1. 工程概况

郑州地铁5号线设置1段1场，本工程为中州大道车辆段的联合检修库。该工程纵向长度约220m，宽度约107m，主要跨度为5m、7.8m、11m、17m，柱间距为7m、8.5m、9.0m，联合检修库含静调库、定修库及附属用房等；检修库进行上盖开发设计。

联合检修库库房的顶面高度 13.2m，二层为盖上住宅小汽车库，层高 6.6m；二层平台顶预留不少于 1.7m 的覆土，用作景观绿化，上部不设置消防车道。01～03 区均存在一定程度的平面不规则和竖向不规则，属于超限高层建筑。郑州地铁 5 号线车辆段上盖开发楼座示意如图 8.27 所示。

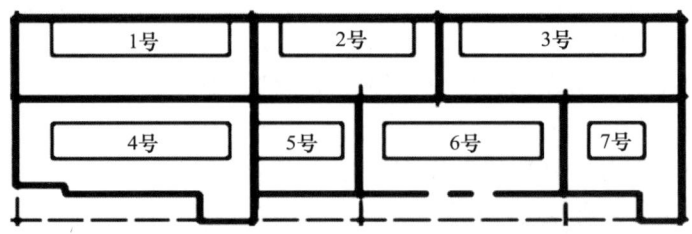

图 8.27　郑州地铁 5 号线车辆段联合检修库上开发楼座示意图
注：1 号指 1 号楼，以此类推

2. 工程结构体系超限情况统计

(1) 结构不规则项统计

① 扭转不规则。以 1 号楼为例，考虑偶然偏心的裙房楼层位移比最大值为 1.35（三层 1 塔），楼层层间位移比最大值为 1.26（三层 1 塔），裙房以上楼层位移比最大值为 1.15，层间位移比最大值为 1.16。

② 偏心布置。以 1 号楼的质心偏心距为例进行分析，三层和四层的 y 向质心偏心距/相应边长约为 12.2%，满足小于 15.0% 的要求；三层和四层的 x 向质心偏心距/相应边长约等于 20.1%，此值已高于 20.0%。

③ 竖向构件不连续。受地铁应用库轨道限界的影响，在一定限界范围内无条件布置墙柱，线路正上方的剪力墙只能通过梁拖柱转换来实现。

④ 尺寸突变。本工程上盖建筑总高度 H 为 69.75m，其中 1～3 号区大底盘高度 H_1 为 20.1m，盖上 15 层住宅楼高度为 49.65m，H_1/H 为 28.8%＞20%；大底盘宽度 B 为 25.75m，收进尺寸 B_1 为 15.1m，B_1/B＝58.6%＞25%。

(2) 结构超限情况判定

本项目的超限情况根据超限高层抗震专项审查技术要点，超限的情形为：

① 偏心布置导致在考虑偶然偏心的扭转位移比大于 1.2。

② 偏心布置导致偏心率大于 0.15。

③ 多塔下的尺寸突变导致竖向构件收进位置高于结构高度 20% 且收进幅度大于 25%。

④ 上、下竖向构件（墙、柱、支撑）不连续，含加强层、连体类的构件间断。

本项目存在 2 项竖向不规则、1 项平面不规则的情况。根据整体不规则性的程度，本项工程属于结构抗震超限工程，需要对结构抗震设计进行专项论证。

3. 结构计算及分析论证

(1) 多遇地震计算

采用两个不同的力学模型进行结构抗震计算，1 号楼结构整体计算结果见表 8.29～表 8.31。

表 8.29 1号楼结构整体计算结果（一）

计算软件	计算振型数	结构的总质量/t	最小刚度比（所属楼层）		转换层下部等效侧向刚度/上部结构的等效侧向刚度		最小抗剪承载力比		最小剪重比/%	
			x	y	x	y	x	y	x	y
SAP2000	83	39992.7	1.00 (17)	1.00 (17)	38.61	7.52	0.83	0.83	5.00	5.68
YJK (SATWE)	80	40782.8	1.00 (17)	1.00 (17)	39.22	7.41	0.82	0.81	4.95	5.75

结论：x、y 向均大于规范限值 2.40%。

表 8.30 1号楼结构整体计算结果（二）

计算软件	前3阶周期			扭转（第1周期）/平动（第1周期）	有效质量系数/%	
	T_1	T_2	T_t		x	y
SAP2000	1.29 (x—)	1.16 (x—)	0.94 (t—)	0.73	91.00	91.20
YJK (SATWE)	1.20 (x—)	1.16 (y—)	0.88 (t—)	0.73	90.04	90.20

结论：①x、y 向均大于规范限值 90%。②T_1 为平动为主的第一自振周期；T_2 为平动为主的第二自振周期；T_t 为结构扭转为主的第一自振周期。

表 8.31 1号楼结构整体计算结果（三）

计算软件	地震作用下的基底剪力/kN		最大层间位移角（所在楼层）				最大位移比（所在楼层）			
			x 方向		y 方向		x 方向		y 方向	
	x	y	风	地震	风	地震	楼层位移比	层间位移比	楼层位移比	层间位移比
SAP 2000	27288.34	32613.57	1/6674	1/1360	1/2631	1/1145	1.34 (3层)	1.07 (18层)	1.21 (3层)	1.25 (3层)
YJK (SATWE)	23193.25	31062.00	1/7827 (9层1塔)	1/1293 (10层1塔)	1/2871 (11层1塔)	1/1196 (14层1塔)	1.35 (3层)	1.08 (18层)	1.22 (3层)	1.26 (3层)

结合1号楼结构整体计算结果可了解到，采用不同的计算软件，对一个结构进行计算，二者的结构总质量、周期、振型模态和基底剪力基本一致，可以得出结论如下。

① 第1、2种振型主要为平动，第3振型为扭转。扭转周期比 T_t（结构扭转为主的第一自振周期）/T_1（平动为主的第一自振周期）均满足相关规范的要求，结构有着良好的抗扭刚度。

② x、y 向有效质量系数均大于90%，满足规范要求。

③ 各楼层抗剪承载力比均大于0.80，无薄弱层。

（2）多遇地震下时程分析

《建筑抗震设计规范（附条文说明）（2016年版）》（GB 50011—2010）规定特别不规则的建筑及按规范规定超限的高层建筑应采用时程分析方法进行多遇地震下的补充计算，结果见表8.32。

表 8.32　1 号楼底部剪力、最大层间位移角比较（YJK）

地震波	底部剪力				最大层间位移角	
	x 方向		y 方向		x 方向	y 方向
	基底剪力/kN	V（CQC）/%	基底剪力/kN	V（CQC）/%		
天然波 1	25878.7	88	36204.8	96	1/1410	1/1069
天然波 2	24717.0	84	36058.6	95	1/2041	1/1455
天然波 3	29113.6	99	30723.9	81	1/1534	1/1413
天然波 4	27564.6	93	30321.8	80	1/1605	1/1185
天然波 5	31481.4	107	25842.5	68	1/1190	1/1120
人工波 1	29223.9	99	37823.4	99	1/1503	1/1159
人工波 2	29978.9	102	33190.9	88	1/1578	1/1218
时程平均值	28276.8	96	32867.8	87	—	—
CQC	29323.6	—	37675.4	—	1/1345	1/1153

注：V—比值；CQC—Complete Quadratic Combination，完全二次项组合方法。

对比表 8.32 和图 8.28 的计算结果如下：

① 1 号楼由弹性时程分析法求得的结构底部剪力的平均值/振型分解反应谱法求得的底部剪力不小于 80%，每条时程曲线结构底部剪力大于采用振型分解反应谱法的底部剪力的 65%。

② 采用 7 组时程曲线的平均值和振型分解反应谱法结果的较大值展示出地震作用效应。CQC 法计算结果均大于时程分析法的平均值，工作人员在进行结构施工图设计时，楼层剪力放大系数可为 1.0。

③ 1 号楼层间位移角满足相应规范要求，未超过限制的 1%。

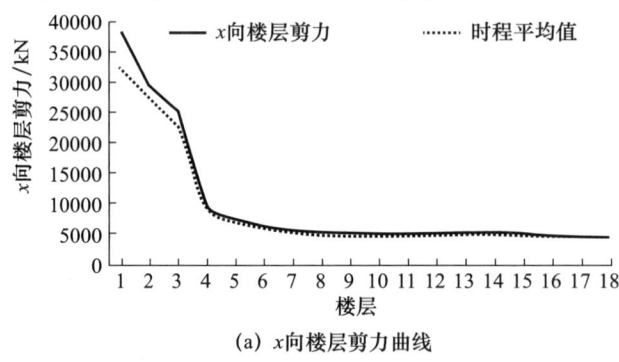

(a) x 向楼层剪力曲线

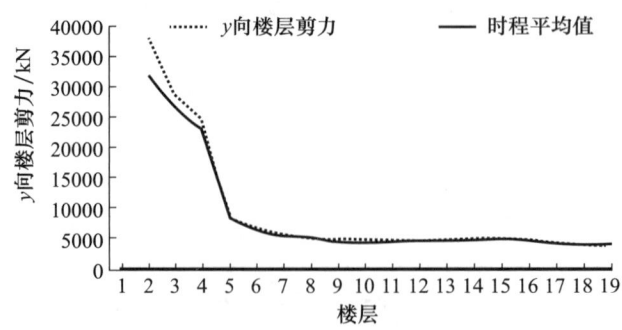

(b) y 向楼层剪力曲线

图 8.28　1 号楼弹性时程计算楼层剪力曲线对比

两种计算方法得出的结论基本一致,该结构的整体承载力一级变形能力均能符合弹性结构的相关要求。

(3) 设防地震下结构计算

① 中震不屈服分析概述。中震不屈服计算按《建筑抗震设计规范(附条文说明)(2016年版)》(GB 50011—2010)及《高层建筑混凝土结构技术规程》(JGJ 3—2010)相关要求执行,采用等效弹性分析方法。外部作用效应不计入风荷载效应的标准组合,在构件验算时应考虑内力增大系数(与抗震等级有关的),结构构件的抗震承载力按材料强度标准值计算,整体结构的附加阻尼取0.01。

② 中震抗剪弹性分析概述。结构的中震弹性计算分析应按相关的规范内容执行,采用等效弹性分析方法。中震弹性是指不考虑内力调整的抗震验算,材料取强度设计值。

③ 构件承载力验算。根据计算结果,可得出在中震不屈服下,仅有部分耗能构件出现了正截面的屈服状态的情况,满足性能水准4的要求。中震抗剪弹性结果表明,关键构件斜截面受剪均保持弹性,满足性能水准3的要求。

④ 变形验算。以1号楼为例,在地震作用下x向最大层间位移为1/653,在地震作用下y向最大层间位移角为1/392。根据设防烈度地震作用计算结果进行分析,1号楼主体结构的刚度在中震作用下符合相关规范的要求,且该结构的关键构件、普通竖向构件也都有充足的承载能力储备。同时结构在设防烈度的地震作用下,此时一些耗能构件进入屈服状态。因此,结构选取在设防烈度地震下能够达到满足抗震性能目标。

(4) 罕遇地震下性能分析

通过分析罕遇地震下的计算分析结果,判断是否满足本工程的罕遇地震下的性能目标——水准5。根据《建筑抗震设计规范(附条文说明)(2016年版)》(GB 50011—2010)及《高层建筑混凝土结构技术规程》(JGJ 3—2010)的相关内容,结构弹塑性分析采用静力弹塑性分析方法。1号楼x、y方向的最大层间位移角分别为1/180和1/205,均小于规范规定层间弹塑性位移角限值1/135。计算结果表明,抗倒塌验算图和抗震性能点对应的层间最大位移角沿结构高度变化的曲线中x、y两个方向性能点在曲线上升段的中下部,反映该结构仍有变形能力,同时还有较大的强度,还未到达结构临界倒塌破坏的极限状态。因此,可以计算分析判定整体结构可以达到"大震不倒"的设定目标,即在50年超越概率2%的罕遇地震作用下可达到此设定目标。

4. 结构超限设计对策

(1) 整体结构在计算时,扭转位移比超过规范取值,容易成为不规则平面,故本次设计从加强结构抗扭刚度、控制扭转效应着手进行处理。具体内容如下。

① 通过竖向构件的调整布置,减小整体结构质心、刚心的偏离。

② 适当加高周边梁高,提高结构的抗扭刚度。

③ 严控竖向构件的轴压比、剪压比,设置型钢,适当增加竖向纵筋配筋率、配箍率。

(2) 针对结构竖向不规则由竖向构件间断造成的,可采取以下措施。

① 合理布局,增加竖向构件落地数量,增加转换层以下落地剪力墙厚度,确保落地剪力墙承担的地震倾覆力矩不小于结构总倾覆力矩的50%。

② 优化层高设置，降低首层层高，适当增加第 2 层层高，适当减小第 3 层层高，减小刚度突变、平稳过渡侧向刚度。

③ 将框支柱、剪力墙底部加强部位的抗震等级提高 1 级，竖向转换构件采取加强处理，并进行中震承载力验算。

④ 增加转换梁的刚度及抗震性能，转换梁采用型钢混凝土梁。

⑤ 提高落地剪力墙配筋率，增加转换层及上 1 层的楼板配筋率和厚度。

(3) 结构的尺寸上部变化较大，容易使结构竖向不规则，建议采用的措施如下：

① 上部结构进行收进的底层，侧向刚度和承载力比较小，需采用加强措施，进而达到减小层间位移角，控制在规范范围之内，同时可人为地增大住宅底部剪力墙的抗震构造措施。

② 结构的首层一直到转换层以及转换层以上的 2 层（即 1~5 层）竖向构件需要加强，建议定义为关键构件，同时提高此部分的结构性能目标。

③ 加强收进部位的楼板厚度并加强配筋构造。

8.6.3 无锡地铁新梅车辆段超限结构抗震设计案例

1. 工程概况

无锡地铁 3 号线西北起惠山城际站、东南至硕放机场，共有 29 座车站，全线设置一段两场，分别为新梅车辆段和钱桥停车场、洛社停车场。新梅车辆段为大架修车辆段，负责 3、4 号线车辆的大架修任务。车辆段选址于无锡新区硕放街道，硕放机场的西侧。

整个车辆段分为 A、B、C 三个区，A 区为出入段线区，B 区为咽喉区，C 区为库区。目前规划进行上盖物业开发的区域主要位于 C 区上方，规划为商务办公，设置 21 栋小高层办公塔楼，为符合机场净空限高（黄海高程 49.9m）要求，最大建筑高度不大于 30m。盖板分区图见图 8.29。

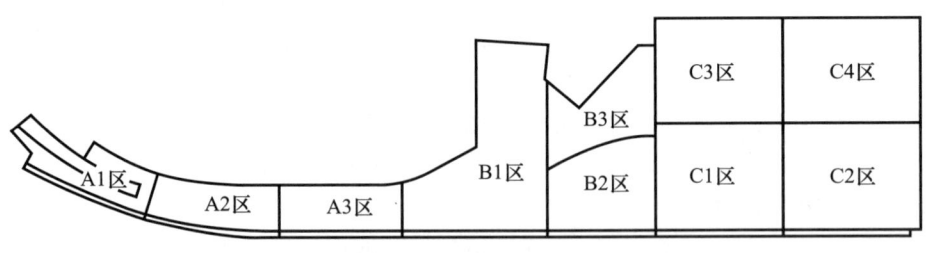

图 8.29　盖板分区图

开发物业的首层主要用于汽车停车库和设备区，二层上层为办公楼首层，在此标高处大平台上设计有 1.5m 厚的覆土种植绿化。

2. 结构体系

C 区总长 299.04m，宽 250.80m，设置两道结构缝将整个库区分为 4 个独立的抗震单位（C1、C2、C3、C4）。C1、C2 区为运用库，首层盖板标高 8.5m，2 层盖板标高 12.8m，上盖为 7 层办公楼。C3、C4 区为检修库，首层盖板标高 12.8m，2 层盖板标高

17.1m，上盖为6层办公楼。各区盖板及其上盖物业均采用框架结构，部分盖上物业结构柱需要采用托柱转换。柱截面的大小及位置主要考虑盖板上下结构受力及站场轨道等专业的限制。前期施工至首层盖板，预留柱钢筋，并进行保护，远期再进行上盖物业施工。

因C3区位于联合检修库处，首层层高较高，上部办公用房布置较其他区域复杂，因此对C3进行抗震性能分析。

3. 结构超限情况分析

（1）竖向抗侧力构件不连续

底层为联合检修库，功能要求上部办公楼部分柱子不落地，2层为转换层。

（2）侧向刚度比不规则

底层和2层的侧向刚度比小于0.7，不满足《高层建筑混凝土结构技术规程》（JGJ 3—2010）和《建筑抗震设计规范（附条文说明）（2016年版）》（GB 50011—2010）的要求。

（3）楼层抗剪承载力突变

由于联合检修库层高约为上部汽车停车库层高的3倍，层高相差较大，楼层的抗剪承载力存在突变现象。

（4）立面不规则，存在尺寸突变上部有多栋层数不等的办公楼，为大底盘、多塔楼结构。

本工程存在多项不规则，近期施工至首层盖板，为实现远期上盖物业开发建设，保证车辆段的正常运营和安全是本工程结构设计的重点。

4. 结构设计

（1）结构分析

针对本工程存在的竖向不规则，考虑在二层增加斜柱和支撑，增加二层刚度，计算层间刚度比值时可将首层与二层作为整体计算。经计算：

x方向：

$K12=K1×K2/(K1+K2)=8.97×143/(8.97+143)×10^6=8440547 kN/m$；

$K3=9940000 kN/m$；

$K12/K3=0.85>0.7$。

y方向：

$K12=K1×K2/(K1+K2)=8.97×210/(8.97+210)×10^6=8602548 kN/m$；

$K3=9940000 kN/m$；

$K12/K3=0.86>0.7$。

式中，$K1$为首层侧向刚度；$K2$为2层侧向刚度；$K12$为首层2层作为整体的侧向刚度；$K3$为3层侧向刚度。

将首层、二层作为整体，其与第三层的抗剪承载力之比计算结果为：x向2.282，y向1.778。

根据《高层建筑混凝土结构技术规程》（JGJ 3—2010）首层、二层作为整体的侧向刚度与3层侧向刚度比值以及抗剪承载力比值满足规范要求。

（2）结构抗震性能目标

根据本工程的特点并参考《建筑抗震设计规范（附条文说明）（2016年版）》（GB

50011—2010），采用基于性能目标的抗震设计方法，详见表8.33。

表8.33 抗震性能设计目标

抗震烈度水准		多遇地震	设防地震	罕遇地震
整体抗震性能目标		不损坏	可修复	不倒塌
关键构件抗震性能目标	二层转换梁	弹性	抗剪弹性	抗剪不屈服抗弯不屈服
			抗弯不屈服	
	首层柱、二层转换柱、斜柱、三层柱	弹性	抗剪弹性	抗剪不屈服抗弯不屈服
			抗弯不屈服	

（3）小震弹性时程分析

采用盈建科弹塑性分析软件进行小震弹性时程分析，进行多遇地震弹性性能分析计算，确保多遇地震下的结构的层间位移、结构构件的承载力及结构整体稳定性均满足规范有关规定。选取两组实际强震记录以及一组人工模拟的场地波进行弹性时程分析，小震时程与反应谱基底剪力的对比如表8.34所示。

表8.34 小震时程与反应谱基底剪力的对比表（单位：kN）

地震作用方向	x 向		y 向	
	基底剪力	与规范谱比较	基底剪力	与规范谱比较
天然波一	74191	95%	73458	95%
天然波二	56958	73%	56029	73%
人工波一	55594	71%	56832	74%
平均值	62247	80%	62106	80%
包络值	74191	95%	73458	95%
规范谱	77791	—	77188	—

时程分析结果满足三组地震波之平均底部剪力不小于振型分解反应谱法结果的80%，每条地震波底部剪力不小于反应谱法结果的65%的条件。

（4）中震作用分析

采用盈建科弹塑性分析软件计算结构在设防烈度地震（中震）作用下的各项指标，水平最大地震影响系数 $\alpha_{max}=0.23$，阻尼比 $\zeta=0.05$。按全楼弹性楼板计算的中震验算的整体计算结果见表8.35。根据计算结果，中震下的位移角满足设定的性能目标。

表8.35 中震计算结果

地震作用方向	x 向	y 向
中震作用下最大层间位移角	1/283	1/248
中震作用下首层层间位移角	1/520	1/476
中震作用下二层层间位移角	1/1876	1/2726
基底剪力	221591kN	218607kN
剪重比	11.591%	11.435%
基底弯矩	5361775kN·m	5344252kN·m

（5）大震动力时程分析

为保证车辆段在罕遇地震下的弹塑性行为，确认结构是否满足"大震不倒"的设防水准要求，本工程采用"AUSAGE 软件"分析动力时程弹塑性。本工程弹塑性计算选择了 2 组天然波及 1 条人工波，分析中采用双向地震输入，主次方向地震波峰值比为 1∶0.85，考虑竖向地震作用的情况，XYZ 地震波峰值比为 1∶0.85∶0.65。

结构在 3 条地震波作用下最大位移为 0.149m，最大层间位移角为 1/85，满足《建筑抗震设计规范（附条文说明）（2016 年版）》（GB 50011—2010）规定 1/50 限值的要求。从图 8.30 结构层间位移角曲线可看出，三层存在较大的层间位移角突变。因此判定第三层为结构薄弱层。

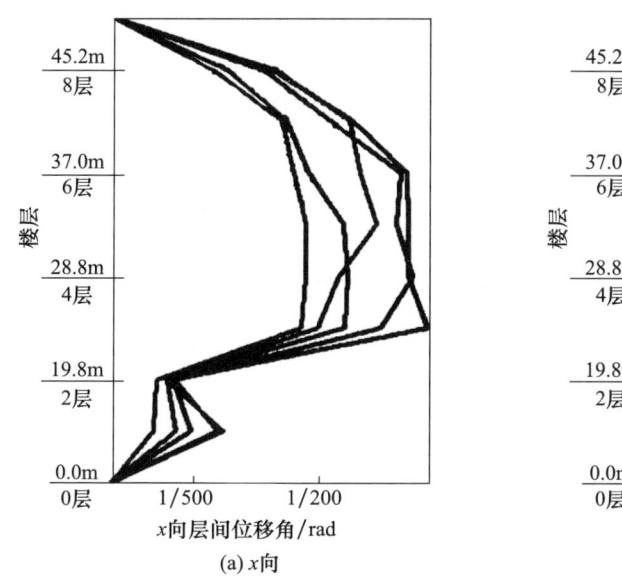
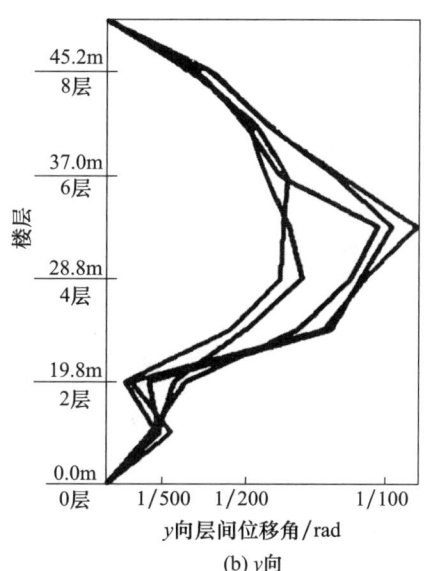

图 8.30 3 条地震波作用下的层间位移角曲线

在 3 组罕遇地震波作用下，框架梁和框架柱的混凝土最大受压损伤均小于 0.5，各构件的最大塑性应变均小于规定的极限塑性应变。大部分框架柱处于无损坏或轻微、轻度损坏，说明大部分框架柱在大震作用下没有屈服，没产生塑性铰；个别柱在柱脚部位出现中度损坏，发生屈服，形成塑性铰，但还具有承受竖向荷载的能力，对于这些位置，后期施工图设计时应给予加强。在考虑竖向分量的罕遇地震作用下，大跨度转换梁只有轻微的受压损伤和塑性应变，认为其在罕遇地震作用下是安全的。第 2 层加斜柱和支撑起到了一定的耗能能力，有利于整体结构的抗震性能。

综上所述，本结构抗震性能较好，在大震作用下，结构的整体性能、关键构件和普通竖向构件的抗震性能均可满足预设的罕遇地震作用下的抗震性能目标要求。该结构满足规范"大震不倒"的抗震设防要求。

5. 结论

（1）虽然底部层高 12.5m，计算高度 14.7m，但是由于底层结构布置方正，x、y 向刚度接近，两个方向刚度足够，超限分析时底层框架柱没发现破损点。也就是首层和二层刚度虽然突变很严重，但是通过把二层做得更刚（通过二层增加斜柱斜撑的方式），让二层结构在水平地震力作用下相对位移接近0（现在位移为0.8mm）。这种处理方式比强行增加首层的刚度，让首层、二层刚度比满足规范要求的方式要经济合理得多。

（2）破损部位发生在三层大底盘的位置，特别是三层裙房和主楼交接处，以及裙房转折处首先破损，因此要求主裙楼交接位置增加柱子的延性，增大连接部位配筋。裙房转折处，如果条件允许尽量分缝处理。

（3）局部大跨度转换处，在不影响其功能的情况下，可以将上下层的梁作为一层桁架的上下弦杆，如果影响车道，可以抽点桁架斜腹杆，这样处理转换梁不但能够减少大约40%，而且还能发挥斜杆增加整体刚度的作用，利于我们把首层、二层合为一个结构层的设计思路。

参考文献

[1] 蔡会衡.北京地铁 16 号线北安河车辆段上盖物业开发预留策略研究[J].城市轨道交通研究，2022，25（3）：121-126，131.

[2] 陈彦初.地铁车辆段停车场上盖开发利弊[J].中华建设，2012（9）：200-201.

[3] 法宝宝.地铁上盖物业综合体建筑设计研究[D].西安：西安建筑科技大学，2017.

[4] 付敏.地铁车辆段上盖物业开发各阶段主要问题研究[J].城市轨道交通研究，2022，25（4）：165-168，173.

[5] 何卫，谢伟平.地铁车辆段列车动荷载特性实测研究[J].振动与冲击，2016，35（8）：132-137.

[6] 李晨.地铁上盖物业开发车辆段减振降噪措施[J].科技创新与应用，2019（12）：130-131.

[7] 李宗凯.城市轨道交通车辆段上盖开发结构设计[M].北京：中国建筑工业出版社，2022.

[8] 林国进.基于已运营车辆基地的腾挪改造方案研究[J].工程建设与设计，2023（21）：119-122.

[9] 刘伯鸿.城市轨道交通车辆段信号技术[M].成都：西南交通大学出版社，2012.

[10] 刘亚琼，赵朝林.地铁车辆段上盖物业开发工程结构分析及设计[J].建筑技术开发，2021，48（15）：5-7.

[11] 麦盛江.广州地铁车辆段上盖物业综合开发策略分析[D].广州：华南理工大学，2018.

[12] 帅小霞.地铁车辆基地预留上盖小汽车库暖通设计研究[J].工程建设与设计，2020（17）：68-70.

[13] 宋波.轨道交通车辆基地上盖物业开发中的消防设计[J].工程建设与设计，2021（7）：47-49.

[14] 苏效杰.居住主导型地铁车辆基地上盖开发设计研究[D].北京：北京工业大学，2017.

[15] 孙美骄.地铁车辆段上盖居住物业交通组织设计研究[D].哈尔滨：东北林业大学，2016.

[16] 铁道部第二勘察设计院.地铁工程设计指南[M].北京：中国铁道出版社，2002.

[17] 王波.带上盖物业开发的半地下地铁车辆基地给排水设计探讨[J].工程建设与设计，2021（13）：88-90.

[18] 王唯楚.地铁车辆段上盖物业交通规划设计研究[D].深圳：深圳大学，2017.

[19] 王壹省.地铁车辆段站场设计方案可持续发展评价方法研究[D].北京：北京交通大学，2019.

[20] 卫芃秀.地铁车辆段上盖物业功能组合及其空间布局研究[D].深圳：深圳大学，2017.

[21] 夏靖.车辆段上盖结构振动控制关键技术研究[D].青岛：青岛理工大学，2018.

[22] 谢伟平，赵娜，何卫，等.地铁上盖物业振动舒适度分析[J].土木工程学报，2013，46（6）：90-96.

[23] 许红.城市轨道交通规划与设计[M].北京：北京交通大学出版社，2012.

[24] 许暮迪，袁葵，花雨萌，等.地铁车辆段试车线上盖建筑振动舒适度研究[J].世界地震工程，2021，37（1）：137-143.

[25] 杨林山.地铁停车场及车辆段上盖物业开发规划设计要点浅谈[J].江西建材，2016（7）：48+51.

[26] 张琳.城市轨道交通车辆段综合开发商业配套设计策略研究[D].广州：华南理工大学，2022.

[27] 张夏怡.穗港城市轨道交通车辆段上盖开发模式与景观优化研究[D].广州：华南理工大

学,2018.

[28] 张雄,等.地铁车辆段及上盖物业开发规划与设计:宁波天童庄车辆段及上盖物业开发[M].北京:人民交通出版社股份有限公司,2021.

[29] 张一纯.城市轨道交通车辆段上盖物业规划设计研究[D].哈尔滨:哈尔滨工业大学,2016.

[30] 赵娜.地铁上盖物业的振动舒适度研究[D].武汉:武汉理工大学,2013.

[31] 朱金凤,王攀.预留上盖开发的地铁车辆基地消防设计研究[J].城市建设理论研究(电子版),2015,5(14):2382.

[32] 朱铁梅.地铁车辆段上盖开发结构预留超限设计与研究[J].江苏建筑,2019(6):60-62.

[33] 邹超.地铁车辆段及上盖建筑物振动传播规律及减振技术研究[D].广州:华南理工大学,2018.

后　　记

　　随着城市发展，土地资源日趋紧张，合理地开发利用土地资源进行城市建设尤为重要。近年来，随着我国地铁产业的迅猛发展，TOD一体化开发模式不断深化和创新，地产商纷纷抢占上盖开发的高地，将地铁站点及其沿线土地资源的利用推向了高峰。

　　在东亚的高密城市建设中，基于轨道设施的TOD一体化开发仍将是值得探讨的课题。基于地铁站的TOD开发日趋成熟，但围绕地铁车辆基地的TOD一体化开发仍然需在实践中继续探索。

　　车辆基地TOD一体化开发在提高土地利用率和空间活力方面具有十分显著的效果，车辆基地上盖开发项目将城市地铁与城市整体规划有机结合，有效地提高了城市土地的综合利用率，同时解决了广大上班族的出行问题，逐步成为被社会广泛接受和认可的建筑形式。2012年发布的《国务院关于城市优先发展公共交通的指导意见》（国发〔2012〕64号）明确提出，要加强公共交通用地综合开发，更是吹响了以车辆基地厂房屋盖为平台，协同上盖物业综合体开发的号角。2020年，我国城市轨道交通协会正式发布《中国城市轨道交通智慧城轨发展纲要》，将智慧城市与轨道交通相融合，提升TOD生活圈的幸福感和获得感。地铁车辆基地上盖开发应积极响应智慧轨道号召，迎合数字化轨道交通运营趋势，将土地高效集约利用、环境生态绿色塑造、上盖数字化智能运营，作为新时代地铁车辆基地上盖一体化开发的新特征。